労働者の自立と連帯を求めて

◎道幸哲也先生の教えと実践の軌跡

國武英生・淺野高宏　編

旬報社

はしがき

生粋の研究者

二〇二三年八月二〇日、北海道大学名誉教授の道幸哲也先生が、心不全のため、ご家族に見守られながら亡くなられた（七五歳）。一ヶ月ほど入院が続いていたが、手術後に退院予定とうかがっていたので、訃報の連絡を受けたときには本当に信じられない思いであった。いまでも、研究会やワークルール検定の会議などに姿をみせる気がしてならない。

道幸先生は、一九四七（昭和二二）年に北海道函館市でお生まれになり、札幌西高等学校で学ばれたのち、北海道大学法学部に入学された。道幸先生は、高校時代から労働法を学ぶことを進路として決めており、保原喜志夫先生のもとで研究者としてのキャリアをスタートさせた。北海道大学法学部を卒業後に北海道大学大学院で学ばれ、北海道大学法学部助手、小樽商科大学助教授を経て、一九八三年から二八年間にわたり、北海道大学において教育と研究に従事された。また、放送大学教授、日本労働法学会代表理事、北海道労働委員会会長、北海道最低賃金審議会会長、日本ワークルール検定協会会長など、内外における要職を歴任された。

道幸先生は、物事の本質がどこにあるかを探求することを常に意識され、論文でも日々の行動でも、その姿勢は一貫されていた。また、自分の考えに固執するのではなく、他の人からいいアイディアがあれば、それを受け入れる柔軟性を持つことの重要性も折に触れて発言されていた。道幸先生は、物事の本質を捉えようと継続して努力する生粋の研究者であったと思う。多くの人がその人柄におおいに魅了され、強烈な求心力があった。

道幸先生は多作であった。単著二一冊、共著一四冊に加え、論文についても一三〇本以上があるほか、その他に判例評釈・エッセイが数多くある。もっとも、雑誌などの媒体に掲載されたまま、書籍化されていない論稿も多い。

そこで、本書は、道幸先生が書かれたエッセイや論稿のうち、書籍化されていないものを中心に四〇篇を辿ることによって、道幸先生の教えを多くの人に共有してもらうことを目的として企画した。道幸先生から教えを受けた者が解説をつけることによって、道幸先生の意図や執筆された背景をわかりやすいものにすることを目指した。

各章の構成

第一章の「労働法を学ぶ意味」では、労働法をなぜ学ぶのかという点について論じたものをおさめている。道幸先生は、職場において権利が守られることが働くことの前提であるとして、「市民教育としての労働法」が必要であると唱えられた。ワークルール教育に邁進された背景や問題意識がわかるとともに、労働法上の課題についても示されている。

第二章の「労働者の自立と労働契約法理」では、労働者が自立的に働き続けていくための法理を探求した論稿などを集めた。道幸先生は、不当労働行為の研究や集団法の問題を探求するだけでは、労働者が自立することは難しいと考え、一九九〇年代からは個別法の分野についても問題関心を広げている。なかでも、『職場における自立とプライヴァシー』（日本評論社、一九九五年）は、労働者の自立や労働者個人に必要な権利について、時代に先駆けて世に問いかけた本であった。第二章の論稿において、道幸先生の発想の源泉の多くがあらわれている。

第三章の「労働組合と不当労働行為」では、道幸先生の研究の中心をなす集団法に関する論稿を集めた。道幸先生が不当労働行為研究の第一人者であることは周知の通りである。道幸先生は、労働組合運動に興味があり、一九七〇年に北海道大学大学院に入学して以降、五〇年以上にわたって不当労働行為の研究を継続された。道幸先生は、労働者が人間らしく働くためには労働者の連帯が不可欠であるとして、労働者の連帯の重要性を強く信じ、労働組合のあり方を法的に分析し続けた。

第四章の「労使関係における集団的性質」では、職場での労働条件や問題の共通性に着眼することの重要性を論じた一連の論稿を集めた。近年の道幸先生の問題関心は、この「労使関係における集団的性質」に関するものであり、従業員代表制を含め、晩年までこの問題を論じ続けた。個別法の分野になると、労働者個人に着目しがちであるが、「集団的なルール設定・権利実現への支援」が必要であることなど、重要な指摘が含まれている。

第五章の「ワークルール教育の広がり」では、なぜワークルール教育が必要であるかを論じたものを中心に集めた。どのような問題意識でワークルール教育に取り組んだのかが、時代時代によってよくわかる内容になっている。道幸先生は、ワークルール検定は労使の立場を超えたものであるとしつつも、労働組合運動の一環としても位置づけていた。労働者自身が学び、連帯しなければ世の中は好転しないという思いが、ワークルール教育推進の根底にあった。

第六章の「労働委員会と紛争解決」では、労働委員会について書かれたエッセイなどをおさめている。道幸先生は、一九八二年から二〇一二年まで三〇年以上にわたり北海道労働委員会の公益委員を務められ、道内の労使関係の安定に永きにわたり尽力された。二〇〇八年から二〇一二年までの四年間は同会長を務めた。不当労働行為法理に精通しており、かつ、労働委員会の公益委員を長年にわたって務めた道幸先生にしか書けない論稿になっている。

第七章の「労働法教育と研究活動」では、教育や研究に関する道幸先生のスタンスが語られている。道幸先生の研究者としての知見の源泉には、継続的な研究会活動の存在がある。北海道大学の北大社会法研究会を長らく牽引され、折に触れて、継続的な研究活動には、議論をする場が重要であると道幸先生はおっしゃっていた。また、労働委員会の研究会や弁護士、社会保険労務士、労働組合関係者の勉強会など、さまざまな場で労働法を学ぶことの重要性を説いた。

第八章の「遺作」は、二〇二三年二月に発表された論文「契約法理の危機――労働契約法七条についての研究ノート」（労働法律旬報二〇二五号〈二〇二三年〉六頁）を掲載した。同論文は、就業規則と労働契約法理の問題についての論稿である。二〇二三年三月三一日に出版された『岐路に立つ労使関係——労働組合法の課題と展望』（旬報社、二〇二三年）が最後の著作となった。亡くなる数ヶ月前のことである。最後まで議論の鋭さは衰えることなく、物事の本質を追い続け、研究一筋の人生を貫かれた。

本書のタイトル『労働者の自立と連帯を求めて』は、道幸先生の研究テーマを象徴するものとしてつけることとした。本書におさめた論稿を読んでも、「自立」と「連帯」をテーマにしたものが多く、「労働者の自立と連帯」を探究された道幸先生にふさわしいと考えた。

また、道幸先生は、労働法の研究を継続されたのみならず、その労働法の知見をもとに実社会においても実践された。とりわけ、北海道労働委員会の公益委員を三〇年以上も務められ、また、NPO法人職場の権利教育ネットワークを自ら立ち上げ、ワークルール教育を実践された点は、特筆すべきものがある。まさに、労働者の自立と連帯を求め続けた生涯であった。

道幸先生は、死没日付をもって正四位に叙され、瑞宝中綬章を追贈された。また、北海道で最も栄誉がある北海道功労賞を受賞された。

本書に掲載した道幸先生のエッセイや論稿は、基本的に発表当時のものをそのまま掲載している。どこから読み進めてもらっても楽しめるものになっている。興味のあるところから読んでいただければ幸いである。

本書の刊行にあたっては、旬報社の木内洋育氏に大変お世話になった。旬報社の存在も、道幸先生の研究にかかせないものであった。快くお引き受けいただいた木内氏にこの場を借りてお礼を申し上げたい。

道幸先生の奥様の真里子さんには、学生時代から道幸先生の指導を受けていた私たちを温かく見守り、励まし続けていただいた。道幸先生と真里子さん、そしてご家族みなさんのおかげで、今があると心から思う。本書を、真里子さんと道幸先生のご家族に捧げたい。

執筆者を代表して

國武　英生

淺野　高宏

目次

第一章

労働法を学ぶ意味

國武英生

平成23年 道幸先生北大最終講義

1　市民教育としての労働法

道幸先生は、ゼミでも研究会でも、「よくわからないんだよな。」と率直におっしゃっていた。

このように書くと、もしかしたら、「よくわからない」と言うことが恥ずかしいことであると考える人がいるかもしれない。しかし、社会科学としての法学の世界では、どこまでが「わかる」ということができ、どこからが「わからない」のかを明らかにすることが、学問的態度としては正しい。「わかっている」人だけが、「わからない」といえるのである。

労働法学の世界においても、ある程度の合理的な説明ができるものの、原理的なところでは説明が難しい論点も数多くある。社会科学としての労働法がそういったものであることを学部生の時代から認識できたことは、師匠である道幸先生のそういった誠実な学問的態度によるところが大きい。

そうした道幸先生の手にかかると、「なぜ労働法を学ぶべきなのか」という問いも、原理的な問いになる。誰が、どうやって、何を目的として労働法を学ぶのか。

ここで紹介する論稿は、二〇〇五年、二〇〇六年、二〇一〇年のものである。当時、ワークルール教育という言葉は定着しておらず、労働法というものは、法曹資格をとる人や大学で学ぶ人にとっての学問という認識が一般的であった。しかし、道幸先生は、職場において権利が守られることが働くことの前提であるとして、「市民教育としての労働法」が必要であると唱えられた。ワークルール教育に人生の後半を捧げた道幸先生の発想の原点が、この当時の論稿にある。

2　第一章のポイント

1「働く市民の常識としての労働法」（日本労働研究雑誌五五六号〈二〇〇六年〉一頁）は、働く市民にとっての労働法が必要であることを提言する巻頭言である。「働く市民レベルの労働法教育のあり方については社会においてもほとんど議論されず、制度的にもきわめて不十分である」とし、「通常の市民が権利主張をする前提として、権利内容を的確に知っていることが必要であ」ると述べられている。二〇〇六年に発表された原稿であるが、まさにワークルール教育の活動を立ち上げようとしていた時期と重なる。「職場において権利が守られるということは『働くこと』の前提であり、営々と築き上げられてきた『文化』に他ならない」というメッセージが、労働法を学ぶ意味そのもののように感じられる。

2「労働法をどう学ぶか」（法学セミナー五〇巻二号〈二〇〇五年〉六頁）は、学生向けに労働法の学び方を指南する論稿である。「労働法をどう学ぶか」という問いに対して、道幸先生は、働くことの意味を理解できること、紛争観を確立し、法律以外のレベルにおける紛争処理能力も獲得できることが労働法のおもしろさであると指摘する。そして、「人間心理や紛争発生のメカニズムを適切に理解できない者は、労働法というより法律家に向かない」と断じる。後半には、就業規則の法理論の状況や、自分らしさを守る法律の必要性が語られ、理論的課題を端的に指摘している。

3「雇用と法」（法学セミナー五五巻六号〈二〇一〇年〉一四頁）も学生向けに書かれたものであるが、この論稿では、労働組合運動の退潮やコスト論に収斂する労働把握の問題性を率直に指摘する。そして、今後の課題として四つの観点を挙げ、労働市場政策、労働条件の実効的な確保、労働契約原理の確立、集団法の整備を課題として指摘している。いずれも今も模索されている論点である。

3　道幸先生と学んだ日々

道幸先生の研究者としての知見の源泉には、継続的な研究会活動の存在がある。北海道大学の北大社会法研究会を長らく牽引され、折に触れて、継続的な研究活動には、議論をする場が重要であると道幸先生はおっしゃっていた。

道幸先生が主導した研究会は、自由闊達に議論をするスタイルである。これは、師匠である保原喜志夫先生の影響もある。研究会では、それぞれの立場を超えて、自由に発言することが許容された。自由を許容する一方で、未熟な議論については不十分な点を率直に指摘する先生だった。

また、労働委員会の研究会や弁護士、社会保険労務士、労働組合関係者の勉強会など、さまざまな場で議論することや学ぶことの重要性を説いた。研究者だけでなく、多くの方が道幸先生から教わり、心のなかで師匠だと思っている人は多いのではないだろうか。その求心力で多くの人が集まり、多くの人に愛された先生であった。私は大学の学部ゼミから道幸先生の指導を受けたが、一言でいえば、道幸先生と学んだ日々は、おもしろかった。道幸先生が主導するゼミや研究会は、議論することが学びの中心であった。人に認められるかどうかを気にすることなく、学問を探究できる環境があった。

実際の裁判例を批判的に検討することによって、見えてくることがたくさんある。そのためには、自分以外の第三者と議論をすることが大切になってくる。他者と議論し、なぜそうなっているのかをお互いに探求し合うことにより、批判的思考が養われ、裁判例や法律の理解も深まるわけである。

道幸ゼミでは、三人でグループを作って事前に意見をまとめ、ディベートを行っていた。三人というのがこの方式の重要なポイントである。これは、二人という人数だと、意見の対立が先鋭的になりすぎることもあり、また、お互いに遠慮してあきらめも早くなる。逆に、人数が多すぎてもうまくいかない。三人という人数は絶妙であり、裁判例を題材に三人で議論していると、必ず対立点が生じる。二人の意見が対立しても、残りの一人が仲を取り持ってくれたりすることで、意見が深まることになる。こうした議論ができる関係になるには、相手の意見を受け入れ、頭ごなしに否定しない人間的素養と、お互いの信頼関係を構築する力が重要になってくる。

道幸先生は、自由闊達であることを推奨し、ゼミでは学生と同じ目線で裁判例を検討してくれた。ゼミ生から鋭い意見がでてきたときには、「いい意見だな。」といって先生は一緒に考えてくれた。大学教員になった今、道幸ゼミのメソッドがそのまま自分のゼミの指導方針になっている。

道幸先生は、教育者として学生や大学院生と関わることが好きであった。北海道大学の学部ゼミでは、ゼミが終わった後に先生の研究室で飲むのが通例であり、ゼミの後の飲み会で道幸先生から教わったことも多い。私も、大学四年生のときに飲み会で「勉強してもわからないことがある。まぁ飲めや。」と道幸先生に言われ、そういう学問の世界があることを学んだ。道幸ゼミでは、労働法の基本だけではなく、社会性や人格形成においても教育的指導がなされ、多くの者がその指導に感銘を受けた。

今思えば、道幸先生のもとで労働法を学ぶことができたことが、私が研究者としてのキャリアを選択した最大の理由である。道幸先生と出会えたからこそ、まがりなりにも労働法の研究者としての人生を歩むことができた。自由な発言を許容され、師と思える人と出会えたことは、幸運であったと心から思う。

1　働く市民の常識としての労働法

最近労働法教育のあり方が論じられることが多くなってきた。直接の原因は、法科大学院制度の確立によって大学における実務教育の必要性が高まったからといえる。つまり、新司法試験対策として、教育スキルが重視されるようになったわけである。また、労働紛争が増加するとともに身近になり、さらに、労働関係につき新立法や抜本的な法改正が頻繁になされていることもその原因といえる。同時に、組合の影響力の低下等によって、個々の労働者がそれぞれ自分だけで権利を守ることが必要になっている。まさに自己責任が正面から問われているわけである。

以上の他に、紛争解決システムの整備にともないその担い手（あっせん員・労働審判員）に対する教育の必要性が高まったことや、裁判員制度の導入等にともない法教育自体のニーズが高まったこともあげられる。さらに、伝統的にはかなり整備されていた職業教育においてもワークルール的側面からの見直しもなされ始めている。

では、実際にどのように労働法教育がなされているか。その一は、学校教育レベルであり、特に、高校の公民においてなされている。教科科目以外では、総合学習や進路指導でも取り上げられることがある。その二は、職業教育レベルであり、主に職業高校・専門学校等において学校教育の一環として学ばれている。その三は、就職した後の社員教育・組合員教育レベルである。その四は、大学教育レベルであり、労働法の体系的教育がなされ、専門基礎的な側面と働く市民向けという二つの側面がある。その五は、専門家教育レベルであり、大学院教育が中心となる。弁護士や労働法に関連するパラリーガル、さらに研究者を養成する教育である。

以上のうち働く市民を対象としては、基盤としての学校教育をふまえて働く主体たる組合員・従業員に対する教育さらに大学教育において一定の法的ルールが教えられる。しかし、働く市民レベルの労働法教育のあり方については社会においてもほとんど議論されず、制度的にもきわめて不十分である。

通常の市民が権利主張をする前提として、権利内容を的確に知っていることが必要であり、労働法上の権利についてもまったく同様である。しかし、実際には労働法の知識は驚くほど貧弱であり、これは労働相談や労働委員会における個別あっせんの経験を通じて日常的に痛感している。職場においても自己責任が強く要請されているにもかかわらず、自分（達）を守るために労働法の知識を獲得すべきであるという社会的要請もあまりない。実際にも学校教育や社会教育において、十分な教育はなされていないばかりか、そのような教育をすべきであるという問題関心にさえ欠ける。最近では、むしろ権利主張を行う人間を、協調性がないとして排除する危い傾向さえみられる。

一方、若年者の失業率の上昇やフリーター化、さらにニートの出現に関しては社会的に大きな注目を浴びている。その対応策につき活発な論議がなされ、キャリア形成のために学校教育や雇用促進施策につき多様な試みがなされている。たしかに勤労意欲の涵養やキャリア形成の必要性は否定しがたい。しかし、職場における権利やワークルールを全く無視して勤労意欲の側面だけが強調されることはやはり異常である。職場において権利が守られるということは「働くこと」の前提であり、営々と築き上げられてきた「文化」に他ならないからである。生きる力は、職業能力だけではなく、権利主張をする知識と気構えをも含むものと思われる。このような権利教育は、民主主義の担い手を養成するという市民教育でもある。

2 労働法をどう学ぶか

一 今、職場は大変

今、職場は大変な状態にある。景気回復の兆しがあるとはいえ、就職が困難な事態は続いており、特に、正社員等の安定雇用が少ない。たとえ、就職できたとしてもサラリーマンには激烈な競争が待っている。まず、成果主義賃金システムにより個々人の具体的成果が期待される。それでも営業職は成果の判定は容易であるが、事務職や企画職の場合には、目標管理制度によって個々の目標を設定し、その達成度によって成果が判定される。常により高度な目標設定が要求され、ある種の強迫状態で働くことになる。次に、成果を出すためにはそれだけ努力する必要があり、長時間労働を余儀なくされる。まさに、サービス残業、風呂敷残業、極端な場合には過労死の世界である。また、職場の競争環境ゆえに、そこでの連帯や豊かな人間関係の形成は困難な状況にある。企業社会に疑問を持つ者や勤務成績不良者は容易に排除され、窓際に行く余裕さえない。中高年労働者に対しても基本給や労働条件の不利益変更が容赦なく相次いでなされている。整理解雇とまではいかなくとも、転籍、退職勧奨はごく一般的な現象といえる。うつ状態にならなければ会社に「対抗」しにくいという悲惨な状態になりつつある。マジ切れで退職するという緊急避難は残されているが。労働法を学ぶためには、法的な知識とともに職場や労働の実態に関するリアルな関心・認識が必要である。

民間企業は大変なので、安定雇用として公務員志向となるが遅まきながらここでも競争原理の導入が問題になっている。もう、資格しかないとしてロースクール入学となっても、詰めこみ教育、予想合格率三四％ショック、資格取得後の受け入れ体制の不備等不満・不安材料に事欠かない。不満・不安・紛争の3Fこそが法律（家）の存立基盤なので皆さんの前途は洋々か。

二　労働法のおもしろさ

労働法は以上のような職場実態をチェックし、肉体的・精神的に働きやすい職場を作る法的ルール確立の目的を持つ。たしかに、自分の能力を生かし、一生懸命働くことは美しいし、貴重である。しかし、それがイヤな上司の下だったらどうか、業務命令内容が社会的に問題のあるものならばどうか、この場合にはやはり法的なルールが必要である。では、労働法はどこがおもしろいのか。生身の人間が働く場における紛争を対象とすることから、次のような興味深い問題に直面する。会社や労働、人間のあり方を正面から考える契機となる。

その一は、働くことの意味であり、自分なりの労働哲学が必要とされる。労働契約論の立場からいえば、労働は労働者の義務であり、賃金請求が権利といえる。では、職場イジメにみられるように会社が理由なく仕事を与えないことは許されるか。賃金さえもらえるならば仕事なんかと超ドライに考える人は別として、通常は職場でさびしい思いをし、退職という事態になりがちである。そこで近時、働くことは、それを通じてキャリアを形成するばかりではなく、仲間との関係を形成し、社会参加にもつながるとしてその権利性（労働者人格権）を認める傾向にある。理由なく仕事を与えないことはたとえ賃金を払ったとしても違法とされる。労働は義務でもあるとともに権利でもあるわけである。

同時に、仕事をすることの意味は多様な法的観点からも議論されている。まず、労働時間の概念については、主に賃金請求権との関連で問題になる。判例（三菱重工業長崎造船所事件・最一小判平一二・三・九労判七七八号一一頁）・通説では使用者の指揮命令下で働いた時間とされ、労働者が自主的に働いた時間は含まれない。しかし、就業時間前の体操やミーティング、就業時間後の後始末はどうか、仕事が終わらないので居残って仕事を継続したらどうか。実際には、指揮命令下かどうかはっきりしない作業が多いのでその判定は困難である。自主的に仕事をすればするほど賃金上不利になる事態も生じる。そのために裁量労働という発想が生まれたが、労働時間規制を緩和するデメリットも少なくない。労働時間の認定において、労働における強制と自主の関連が鋭く問われているわけである。

賃金額確定についても、とりわけ成果主義との関連において労働のあり方が問われている。成果主義といっても成果を判断する基準は必ずしもはっきりせず、会社が仕事のしやすさに配慮しなければ、また同僚との連携がうまく行かなければどうしても成果は上がらない。目標管理と連動するとしても目標設定の仕方が問題になり、納得性が必要となる。成果一つとっても、多くの関連する事項への目配りが必要とされ、職場というフィールドを全体として把握し、そのなかで勤務成績や成果を評価する視点がどうしても必要とされる。

その二は、職場における紛争処理を通じてリアルな紛争観の確立に役立ち、また法律以外のレベルにおける紛争処理能力をも獲得することができる。法律は紛争を前提にしているので、紛争の性質やパターンは、法理内容に決定的な影響を与える。その点、職場における紛争は、抽象度の低い、顔や表情が見え、話し声が聞こえるものである。たとえば、解雇のケースではその正当性判断のために、解雇理由の他に、会社の業種や規模、経営状態、労働者の特性（年齢、性別、職種）、勤務成績、解雇までの会社の対応、解雇についての労使・企業慣行等が考慮される。実際には、労使双方がこれらについてどのような主張・立証をしたかによって具体的論点や紛争状態の評価、さらに結果さえも変わる。「不器用だけど真面目で、上司のイジメでやる気をなくした」事案なのか「真面目そうに対応をしているが、努力が足りず上司の指導に理由なく反抗した」事案なのかで結論は決定的に異なる。法的な知識・能力とともに紛争の全体状況を把握するストーリーテラーとしての能力が不可欠である。それだけ個別の紛争を通じて社会や人間を考えることができ、裁判例はへたな小説・映画よりもずっと面白くためになる。人間心理や紛争発生のメカニズムを適切に理解できない者は、労働法というより法律家に向かない。

三　労働条件の維持改善を図る労働法

小説を読んだり映画を見たりするだけでは労働法はよくわからない。やはり労働法の全体の仕組みを適切に理解する必要があるので労働条件決定の法的システムを確認しておきたい。

まず、労働者と使用者との間の労働契約において、賃金、労働時間、仕事の内容等が決定される。誰と契約するか、またいかなる内容の契約をするかは労使の自由である。「契約の自由」こそが資本主義法の基本テーゼに他ならない。この契約内容は、契約書や会社面接時の発言内容から判断される。そうはいっても、面接時に「初任給はどうしても三〇万、退社はきっかり五時」と発言したとたん不採用となるのは目に見えている。契約締結時に自分の望みがかなえられることはほとんどない。せいぜい会社を選択する自由を行使するぐらいであるが、会社も労働者を選択する自由はある。交渉上の地位は決定的に不利である。

契約締結の際だけでなく、その後も実際には会社が一方的に労働条件を決定している。遠距離通勤や上司のイヤミがイヤでも、子どもの教育費と家のローンのことを考えると、気合で「やめてやる」とは到底いえない。そこで、適正な労働条件の確保のために、労働法は次の三つの仕方でこの「契約の自由」原則を大幅に修正している。労働条件の確保とともに、労働者の尊厳や人格を守るためでもある。

その一は、労基法等の立法による最低労働条件の設定である。労基法は、強行的な労働条件基準を定め、違反に対し刑事罰を課すとともに（労基法一一七条以下）、「この法律で定める基準に達しない労働条件を定める労働契約は、その部分については無効とする。この場合において、無効となった部分は、この法律で定める基準による」（一三条）と規定している。労基法以下の労働条件を定める契約は無効となり、労基法で定める基準が確保される。労基法は、札幌だろうが福岡だろうが内容が同じであり、オール・ジャパンの最低基準といえる。このような強行法規は、労基法だけではなく、最低賃金法、男女雇用機会均等法等をも含む。

ところで、労基法には致命的な欠陥があることも知る必要がある。それは、労基法違反に対し、刑事罰が課せられるので、その解釈・適用が厳格になされることである。使用者の人権尊重のためであり、罪刑法定主義も罪作りである。これが、労基法の柔軟な適用を阻害している。たとえば、賃金不払いは賃金全額払い原則を定めた労基法二四条に違反するが、使用者が、賃金額自体を争うと、違反かどうかがあやうくなる。「組合さんはボーナス二月分といっていますが、会社は一月と考えています。いつそんな合意をしたんですか」。こういわれると、労基法「違反」の認定は俄然難しくなる。そこで、最近は、労働条件基準を設定する法律であっても、刑事罰にこだわらないことが多い。均等法、育児・介護休業法、高齢者雇用安定法等である。これらの法律の主要規定は、刑事罰ではなく、民事的効力しか認められない。つまり、規定に反する使用者の措置を無効としたり違法としたりするわけである。強力でない分、自由、柔軟な解釈が可能となる。紛争処理の王道ともいえる。

労基法は常時一〇人以上を使用する使用者に対し、労働時間や賃金等の労働条件について詳細に定める就業規則の作成を義務づけ（八九条）、「就業規則で定める基準に達しない労働条件を定める労働契約は、その部分については無効とする。この場合において、無効となった部分は、就業規則で定める基準による」（九三条）と定めている。この就業規則は、使用者が一方的に決定、変更しうるが（事業所の過半数代表の意見聴取義務はあるが、同意までは必要ない。九〇条）、その内容は職場における最低基準となり、使用者をも拘束する。

具体的な労働条件はほとんど就業規則（だけ）で定められているので、実際の労使紛争においては、就業規則の定めやその解釈がキー・ポイントとなる。解雇・懲戒事件は当然として、配転事件（たとえば、東亜ペイント事件・最二小判昭六一・七・一四判時一一九八号一四九頁）や残業事件（日立武蔵工場事件・最一小判平三・一一・二八判時一四〇四号三五頁）でも結局は就業規則の解釈が問題となる。その意味では、労使とも就業規則内容をよく知っておく必要がある。労基法も、就業規則を労働者に周知させるよう規定している（一〇六条）ほどである。労働相談の際にまず相談者に聞くのは「就業規則はどうなっていますか」ということである。

この就業規則の法理論、特に不利益変更論は混迷状況にある割に、不自然な安定状態が続いている。小泉政権のようなものだ。使用者が一方的に決定する就業規則にそれに反対する労働者がなぜ拘束されるかの理論的説明は難しい。正直いって、不可能である。他方、円滑かつ集団的、継続的な労働条件決定のためには、就業規則はとても便利である。そこで、一人気をはいているのは裁判所であり、近時就業規則の不利益変更を企業経営上の必要から比較的容易に認める傾向にある。まさに経営上の必要は法理の母である。とはいえ、最近は、基本給の三―五割のカットとなるとさすがにいいかげんにしろという判断も示されているが。（たとえば、NTT西日本事件の一審京都地判平一三・三・三〇労判八〇四号一九頁と控訴審大阪高判平一六・五・一九労判八七七号四一頁を対比されたい）

以上のように、労働条件の労使対等決定原則（労基法二条）は風前の灯火である。その他に古典的問題たる懲戒「権」の法的根拠や成果主義賃金の契約論的説明等の難問もある。とはいえ、最近、労働条件の不利益変更への歯止めとして、また業務命令権の肥大化への制約原理として契約法理の再構築が試みられているのが注目される。労働契約法制の立法化の動きもみられ、労働契約論はもっともチャレンジングなテーマである。

四　連帯を支える労働法

以上の他に、労働組合と使用者の間で労働協約が締結されている場合には、協約基準も契約内容を規制する。労組法一六条は、「労働協約に定める労働条件その他の労働者の待遇に関する基準に違反する労働契約の部分は、無効とする。この場合において、無効となった部分は、基準の定めるところによる。労働契約に定めがない部分についても、同様とする」と規範的効力を承認している。すなわち、労使間における労働条件基準の設定により、協約基準以下の契約内容は、協約基準にまで引きあげられる。やっぱり組合に入っていて良かったというわけである。

ところで、この規範的効力については、契約内容よりも不利な協約にも規範的効力が認められるかの問題があり、協約による労働条件の不利益変更の事件で争われることが多かった。判例法理は、組合を通じて労働条件を決定するという団交制度の趣旨から、不利益変更についても規範的効力が及ぶと解している。つまり、不利益変更に反対の組合員をも拘束するわけである（朝日火災海上保険事件・最一小判平九・三・二七労判七一三号二七頁）。組合にそれだけ強大な権限が付与されているので、それに見合った責任、つまり組合員の利益を公正に代表する義務があると解されている。

労基法や就業規則に労働条件の最低基準を設定する効力が認められていても、前者はあくまでも最低基準にすぎない。また、後者も使用者の一方的な決定によるので必ずしも良好な労働条件を望むことはできない。結局、通常は、協約による労働条件の決定がもっとも労働者の意向を反映し、かつ有利なものになる（はずである）。そこで、協約締結の前提となる団結権の保障もなされている（憲法二八条）。

まず、組合の団結活動のプロセスについて検討しておくと、出発点として、組合の結成や自主運営（団結）があり、それを前提として、労働条件等の決定のために団交がなされる。団交の結果、労使間に合意が成立すると協約が締結される。協約には規範的効力が承認され、個別契約に優先する効力が認められる（労組法一六条）。他方、交渉が不調に終わると、組合は争議に訴え、再度交渉を続けることになる。つまり、団結→団交→（争議）→協約というプロセスとなる。労組法は、これをうけて団結権、団交権、争議権を保障し、労働関係調整法は、労使紛争を平和的に処理するために、斡旋、調停、仲裁の手続を規定している。

この組合法は、使用者と労働者の二極ではなく労働者・労働組合・使用者の三極構造に基づいているので、利害関係が複雑になり、法理の構築も難しい。三角関係になれば人間関係が突然緊張し複雑になるのと同じである。同時に、団結権や団交権という権利はその内容および保障方法が必ずしもはっきりしない。会社施設へのビラ貼りという「組合活動権」につき、ローマ法以来の所有権に打ち勝つことは困難といえる。今日のような清潔で安定した世界ではとりわけそうである。争議や組合運動は、タテカン、シュプレヒコール、労働者の汗の中でこそ権利性が認められやすい。そういえば、「セイフブ」「マルセイ」「タンロウ」も理解不可能な言葉になりつつある。しかし、職場における連帯を支える法理の構築は労働条件を守るためにも、自分らしさを維持するためにも不可欠である。

五　自分らしさを守る労働法

労働条件の維持確保を中心とする古典的な労働法理に対し、一九九〇年代には裁判例を通じて職場における労働者人格権ともいうべき新たな法理が形成された。そのリーディングケースとなったのは関西電力事件であり、最高裁（最三小判平七・九・五労判六八〇号二八頁）は職場における労働者に対する孤立化、尾行やロッカー調査は、「職場における自由な人間関係を形成する自由を不当に侵害するとともに、その名誉を毀損するものであり」また、労働者の「プライバシーを侵害するものであって、同人らの人格的利益を侵害する」と明確に判示している。事案は古典的であるが、法理は新鮮である。この人格権は、基本的には二つのパターン、つまり労働の仕方に関するものと労働者の私的領域確保に関するものに区別しうる。後者の私的領域に関する具体的権利としては、労働者のプライヴァシー権、自己決定権があげられる。たとえば、後者の例として、職場において制服の着用義務があるか、茶髪やヒゲについて規制を受けるかが問題となる。思想、表現の自由よりも、ピアスや髪型の方が価値がある社会になりつつある。健全かもしれない。ここでは、職場においても自分らしさを維持する新しい法理の構築が試みられている。

注目すべきは、その背景にある職場観・イメージの変化である。つまり、もっぱら労働する場から市民社会的なフィールドとしての側面をも有するとして、会社本位主義の見直しと同時に市民的権利概念の適用が図られている。つまり、プライヴァシーや人格権は、権利内容自体としてはさほど新しくないが、職場においてもその実現が目指されている点が特徴といえる。もっとも、職場や就労を前提としているので、理論的、実務的に適正な労務提供や職場秩序の維持との調整が必要となり、労働法独自の法理形成が不可欠とされる。職場の中でも自分らしさとはなにかが問われているわけである。

【参考文献】労働法全般について知るには、菅野和夫『労働法〈六版〉』(二〇〇三年、弘文堂)が、最近の規制緩和の持つ労働法的な意味を把握するには、西谷敏『規制が支える自己決定』(二〇〇四年、法律文化社)が、必読文献といえる。他人の宣伝だけではしゃくなので、労働者人格権について、拙著『職場における自立とプライヴァシー』(一九九五年、日本評論社)、拙稿「自分らしく働く——職場における自立法理の展開」法律時報七三巻九号(二〇〇一年)を、労働法学の新たな方向については、拙稿「権利主張の基盤整備法理」季刊労働法二〇七号(二〇〇四年)を、また団結権保障のあり方については、拙著『不当労働行為の基本構造』(二〇〇二年、北大図書刊行会)参照。

3 雇用と法

一　労働法の基本原則とその修正

わが国において、一九四五年から四七年にかけて労働組合法、労働関係調整法、労働基準法のいわゆる労働三法が制定され、さらに、憲法二八条において労働三権（団結権、団体交渉権、争議権）が保障されました。これら終戦直後に次々に制定された労働関係諸法に共有されている中核的な考え方は、以下の三つの原則です。

第一の原則は「従属労働の認識」です。具体的には、従属性には「経済的従属性」と「人格的従属性」の二つの側面があって、経済的従属性は取引上の地位が弱いこと、人格的従属性は基本的には「指揮命令下で働くこと」を意味します。第二は憲法二五条にいう「生存権」、第三は憲法二八条にいう「団結権」です。昭和二〇年代初頭の飢餓的な賃金状況を背景に、生存のためには団結せざるを得ないという規範が多くの人々に共有されていました。全国民レベルにおける貧困から出発したわけです。

終戦直後においては、労働者にアピールしたこの三原則はその後大幅に修正されます。

まず「従属労働の認識」については、労働形態や労働者意識が多様化し、「労働者」の概念が拡散しています。典型はいわゆるブルーカラー（工場労働者）とホワイトカラー（事務労働者）の分離であり、ホワイトカラーのなかには裁量的な労働者が多くなり、それに伴って意識も多様化します。

労働法が当初から前提としてきた「労働者」概念自体が拡散・解体しているので、労働法をどう構築すべきかの議論が困難となっています。労働法が解りづらくなっている最大の原因と思われます。

また、「生存権」および「団結権」については、昭和三〇年代以降、高度経済成長で国民生活が豊かになってくると、まず生存権がアピールしにくくなり、これに伴い、生存のために団結せざるを得ないとする従前の論理も崩れ、団結権も形骸化していきました。こうした変化を最も受けているのが労働組合です。個人主義の強まりや労働者利害の多様化などを背景に、団結権もアピールしなくなり、現在の組合組織率は一八％程度です。

このような変化は憲法把握にも決定的な影響を与えています。これまでは憲法の建前は二五条を踏まえて、二七条（労働基準関係）および二八条（団結権）との連動を考えてきたのですが、現在は以下の三つの顕著な傾向が見て取れます。

第一に、二五条と二八条が連動しなくなっています。たとえば、ワーキングプアや格差社会の問題が熱心に議論されているわりに、労働組合や団結権の問題がほとんど議論されていません。憲法上の原則としては、二五条と連動しなくなることで二八条が影響力を失い、二八条をセーフティネットとする議論はアピールしなくなっています。

第二に、二七条をめぐる議論が不毛のまま展開しないことです。二五条は生活の最低基準ゆえに最低賃金や生活保護との関連において法的な議論が比較的しやすいのですが、二七条は生存権以上の、より高い労働条件にかかわる規定であるために基準（規範）設定的な意味では議論がしづらいわけです。たとえば賃金の問題で、最低賃金をクリアした途端に、労使自治とか契約自由の問題になってしまい、憲法上の規範は出てこない傾向にあります。労働時間や年休についても同様です。

第三に、一三条に基づく自己決定権が労働法でも重要視されてきています。一三条自体は個人の尊重や幸福追求権を規定し、自己決定権の根拠となるものであり、これ自体尊重すべき規範と言えます。とはいえ、個人の自己決定権の重視ゆえに二八条の団結権を否認しうる側面もあります。典型例は組合加入を強制するユニオンショップをめぐる議論です。

もっとも、一三条論は職場における自己決定やプライバシーとの関係では非常に有効な規範です。職場における自己決定とは、たとえば髪型、服装（制服を着用するかどうか）、化粧のしかたなどの自由を含みます。また、職場におけるプライバシー問題の典型は健康診断の受診義務の適否であり、最近は私用メールのチェック等も争われています。

二　労働組合運動の退潮

労働法の顕著な特徴は、労働組合を通じて労働条件を確保するシステムを内在していることです。このシステムが機能するか否かは、現実の労働組合運動によって決定的な影響を受けます。では、労働運動はなぜ退潮していったのでしょうか。職場における連帯のあり方を考えるためにも不可欠な検討課題と言えます。

第一は、産業・就業構造の変化です。まず、二次産業の労働者によって発達してきた労働組合運動は、三次産業化の流れには必ずしも対応できていません。たとえば、ファストフード店の従業員が組合活動をやりにくいのは、職員同士が基本的に顔見知りであるという、組合の最も基本的な前提すら満たせないからです。三次産業、とりわけサービス産業になると、同じ会社、同じ店舗に勤めていても、たとえばシフトが違えば出会うこともなく、お互いの顔を知らないような状況が生じます。これは組合活動を続けていくことが困難になります。また、非正規労働者の増加という就業構造の変化は、これまで組合運動の中心的な担い手であった正社員の数を減らしており、このことも組合運動の弱体化に少なからず影響しています。

第二は、組合活動を抑制する労使関係上の仕組みです。既存の労使関係上のルールや制度のなかには、組合運動に対して抑制的な機能を果たしたものがあります。

一つは、現場に近いところから言えば、小集団活動（職員の小集団による自主管理方式の職場改善活動）やＺＤ運動（工場等で欠陥商品の発生を無くそうとする運動）のような、職場の不満を会社サイドで吸い上げていく仕組みの存在です。小集団活動は職場における組合の役割を弱めていきました。二つは、人事考課制度の導入です。これによって主にホワイトカラー層に個別査定が導入され、併存組合下における差別事件が急増しました。三つは、労使協議制が実効性のある団交を阻害しました。

この問題の厄介なところは、必ずしも組合運動を弱めるという狙いで導入されたとは限らない労務管理の一手法が組合活動に抑制的な方向にも働いてしまったということです。

第三は、組合自体の問題も組合運動が退潮する原因としてあげられます。

一つは、組合内の利害対立を前提とした調整システムが構築されておらず、組合民主主義が必ずしも適正に機能しなかったことです。実際には、内部対立が生じた場合は、内部で調整せず、組合を分裂させてしまうのです。嫌な人と一緒にものを決めなくてもいい、好きな人同士が集まって仲良くやればいいという結社的な考え方が一般化しました。自己決定は容易になるかもしれませんが、これでは組合総体の力は弱くなります。憲法二八条の団結権、団交権、争議権を人権でとらえると、考えの合わない人、嫌な人とは団結しなくてもいいとして組合の分裂や弱体化を助長する側面もあります。実は労働法のなかで最も議論をされていないのは、この組合民主主義の問題にほかなりません。

二つは、組合運動を基礎づける理論が構築されていないことです。終戦直後の組合運動は、GHQの支援もあり、誰しもが平等に豊かではないので団結せざるを得ないという団結必然論が広く共有されて盛り上がりました。しかし、高度経済成長を経て徐々に国民生活が豊かになり、個人主義化が進むと、価値観が多様化し、個人の人権（自己決定権）と団結権との間に軋轢が生じてきました。組合運動の理論の構築は難しくなっています。いまでも基本的には生存権なのですが、六〇年前の議論を持ち出しても、現代においてはなかなか通用するものではありません。

このほか、戦後日本の労働組合で強かったのは公共セクターの労組、すなわち、公務員、教職員、旧三公社の各労組だったのですが、とりわけ旧三公社の民営化以降、組合は組織としては残りましたが、使用者に対する影響力は急激に低下しています。

三　コスト論に収斂する「労働」把握

労働および労使関係の変貌については、大きな流れとしては、産業・就業構造の変化、国際化、高齢化、技術革新、組合運動の退潮といった観点から議論されています。

産業構造の面では、二次産業から三次産業へシフトし、また、就業構造の面では、パートや派遣といった非正規労働者が大幅に増えており、すでに労働者全体の三分の一程度が非正規雇用になっていると言われ、「非正規」という表現自体これからは使えなくなるかもしれません。一方、労働管理についても、個別処遇、能力主義（成果主義）、年俸制、裁量労働制、それらの帰結として転職が一般化してきています。

より最近の傾向としては規制緩和が大きな流れになっており、これには二つの傾向があります。その一は、本来的な規制緩和で、労働市場に対する規制緩和が中心となります。職安法、派遣法「改正」などがその典型です。また、労働時間についての規制緩和の議論も「ホワイトカラー・イグゼンプション」という形で出てきています。その二は、バーターとしての規制緩和で、たとえば男女平等に伴って女性に対する保護をなくするとか、労働時間短縮にともなって変形労働時間制（フレックスタイム制）や裁量労働制を導入するといった動きが見られます。

このほか、グローバリゼーションに伴う企業間競争の激化により、労働条件等の切り下げなどがなされています。労働法的な問題としては、就業規則による労働条件の切り下げ、リストラ、企業組織の変動など（企業の分割、事業譲渡など）が挙げられます。

また、グローバリゼーションに伴う会社観の変質もあり、関係諸法を統合して新たに「会社法」が制定され、二〇〇六年より施行されています。これにより、会社の目的は株主利益の最大化にあることがより強調されるようになりました。

以上のような一連の傾向から「労働」の概念がもっぱら「労働力」ないしそれへの「コスト」として集約されつつあります。具体的には以下の四つの現れ方をしています。

第一に、最も根本的な問題として、「労働」が持つ社会的意義づけや人間にとっての意味といったものが後退し、ほとんど議論されなくなっていることがあります。

第二に、個人の人生設計（ライフプラン）や年収（賃金）額への配慮がないことで、これは最近の労働立法に対する政府の立場全般にもワーク・ライフ・バランス論にも共通して言えます。たとえば、子どもが二人ほどいて、定年までには一軒家を持つという中間層的な労働者層を前提とした、一種のライフプランがつくりにくいのです。最近のワーク・ライフ・バランス論にしても、「ライフ」のあり方を具体的にどのように考えているかは必ずしも明確ではありません。またライフの基礎となる賃金額のモデルもはっきりしません。

第三に、使用者としてのコストの削減とリスクの回避であり、これは二つの方法で実践されています。一つは、会社全体の利益が親会社・持ち株会社など、いわば司令塔に集まるシステムをつくりながら、労働者を直接雇用せず、雇用にかかるリスクは負わないようにするという方法です。この場合、子会社の組合が親会社に団交要求しても、雇用関係なしとされて認められません。もう一つのリスク回避は派遣労働者を多用することです。これも労働者を使ってはいるが、使用者ではないことになるので、上記と同様の効果があります。

第四として「コスト・ベネフィット」の追求であり、ベネフィット（利益）を高めようとするなかでは、労働者には能力や生産性の向上が強く求められます。これは最近の能力主義（成果主義）および裁量労働制の導入論議で強調される部分であり、労働力をコストとして純化していく考え方の最たるものです。

四　最近の労働立法の傾向

このような状況下において最近の労働立法はどのような傾向を示しているでしょうか。規制緩和の延長ともいうべき立法もありますが、全体としては、二〇〇九年の政権交代に伴いむしろ以下のように市場化・自由化に対する歯止めの流れが顕著になりつつあります。注目すべきは、労使紛争が激化しているにもかかわらず、立法化されていない領域が少なくないことです。労働法の全体的見直しはまだなされていません。

第一は、ワーキングプア層への対応です。働き方の多様化として、派遣やパートといった不安定雇用たる非正規労働者が増加しました。そこで、雇用政策として、ワーキングプア層を一定程度保護するという動きに出ていながら、「非正規は非正規なりに保護していく」という方向に行っています。最賃法や派遣法改正の動きがその典型と言えます。その意味では、格差は拡大しないが正規雇用にもならないまま固定化することが適切かの問題は残されています。

第二は、個別紛争の増加に伴う紛争処理機関の整備です。個別的な労働条件紛争の増加に伴い、特に労働者からの相談件数が増えたことを受け、以下の三つの紛争処理の仕組みが整備されました。一つは労働委員会による労働紛争の個別斡旋で、これは各地の労委でも実施しています。また、法的にシステムを整備したものとして、「個別労働関係紛争解決促進法」に基づく労働局による斡旋と、「労働審判法」に基づく個別労働関係民事紛争の司法での解決があります。

第三は、二〇〇八年三月から施行された労働契約法です。とはいえ主要な内容は就業規則の変更法理であり、変更に合理性があれば使用者が労働契約内容を一方的に変更できるという内容を含み、契約法と言いながら、労働者にとってはきわめて不利なものと言えます。

むしろ、今後労働契約法の本格的整備が期待されます。労務管理の個別化に伴い、争われている年俸制、裁量労働制、成果主義人事に関する規定、退職や期間雇用等の雇用終了の法理、さらに労働者概念の見直しなどが緊急の課題と言えます。

第四は、規制強化に向かう動きもあります。具体的に一つは差別の禁止です。性差別は「雇用機会均等法」がほぼパーフェクトに禁止していましたが、これからは年齢差別と障害者に対する差別への対応が重要度を増すと考えます。二つはワーク・ライフ・バランスで、これには育児・介護休業と労働時間規制という二つの問題が関係してきます。

このほか、今後の展望として、個別紛争の増加の一方で職場における集団的な労働条件決定が難しくなっているので、集団法の見直しも必要と思われます。

五　今後の課題

雇用問題は、失業率の高止まり、ワーキングプア層の増加、年収額の低下傾向があるにもかかわらず、補助金中心の緊急雇用対策政策が主流です。政権交代に伴う立法政策としては、最賃額のかさ上げ、派遣法の改正が議論されているぐらいであり、閉塞状態は打破できそうにもありません。

そこで最後に、今後重視すべき労働法的な、立法的もしくは解釈的な緊急の課題を指摘しておきます。とりわけ、政策を基礎づける規範・権利の構築が重要と思われます。

第一は、労働市場政策であり、とりわけ、学校から職場へのスムースな移動をはかることがポイントと言えます。緊急の政策課題は、仕事自体を増やすことであり、労働政策というより経済政策の問題と言えます。同時に、雇用のミスマッチを是正することも重要です。法理論的には、労働権（憲法二七条）概念の豊富化と思われます。企業の市場原理的なビヘイビアにゆだねるだけでは解決できない国の法的な責任を基礎づける課題です。

第二は、労働条件の実効的な確保です。労働時間や差別禁止、さらには団結権については実定法的な規制はかなり備わっていますが、実際の権利主張が必ずしも適正になされてはいません。そこで、権利主張の基盤整備が是非必要です。具体的には、学校等における権利教育、労働条件明示システム、使用者の労働条件確保・管理責任等の整備、さらに労働相談や斡旋体制等の整備に伴う人材育成が不可欠です。

具体的な労働条件との関連では、生活できるもしくは既得の「賃金額」の保障法理の構築も重要でしょう。賃金は労働の対価とはいえ、長期的な生活（子育て等も含む）の糧にほかならず、経営状態や労働者の成績・能力だけで決定しうるかは疑問です。その意味では、賃金は他の労働条件とは明確に異なっていると考えます。

第三は、労働契約原理の確立です。労働契約法は成立しましたがその中核は就業規則、それも労働条件不利益変更法と言えます。一連の裁判例において論議されている、労働契約概念の拡張、労働契約締結・変更意思の真正さの実現、退職や期間雇用等の契約終了法理の整備等はほとんど立法化はなされていません。ここでは、会社に対しノーと言えない労働者像のリアルな認識とそれに基づく法理の構築が求められています。

第四は集団法の整備です。労働法は集団法と労働基準関係法が二元的に形成されてきたのですが、近年、労働基準関係法の改訂や関連立法が相次いでいる半面、集団法関係では一九四五年制定の労組法が四九年の大改正以降そのまま現行法であり続けています。この間組合の組織率や影響力が低下したことは周知のとおりです。そこで、組合は労働者の多様な利益を代表しえないとして、多様な利益を代表する強制的かつ集団的な労働条件決定システムを整備すべきだという提言がなされています。具体的には労基法上の従業員代表制の常設化等のアイデアです。私は、新構想の前に現行組合法の見直しが不可欠であると考えています。

【参考文献】西谷敏『規制が支える自己決定』(法律文化社、二〇〇四年)、道幸哲也『ワークルールの基礎』(旬報社、二〇〇九年)。

第二章

労働者の自立と労働契約法理

浅野高宏

海辺にてご両親と

1　労働者の自立を支える法理の探求

私が道幸先生と初めてお会いした当時（一九九八年）、先生は私たち学生を相手に「職場におけるプライバシー保護」と労働者の自立を支える法理について熱心に語っておられた。また、先生は、冗談めかして、「貧しくないと、労働法はアピールしないんだ。労働組合法の研究などは、誰もいない荒野で叫んでいるようなもんだ」などとも仰っていた。

⑥「面白い労働法——新たなコンセプトの必要性」（北海道労働委員会・随想〈一九九六年八月〉）を読み直しながら、その当時を振り返ると、道幸先生が、職場における自立とプライバシーというテーマに取り組まれた背景が見えてくる。個人主義化が進んだ現代において、従属労働を前提とした労働者の生存権・団結権保障といった労働法の理念が、〝労働者にアピールしな〟くなってきていた。しかし、現代の労働者が主体的に自分らしく自己主張し、生き生きと働けていたかといえば、現実はそうではなかった。むしろ多様な不満や不安があるのに、それが労働「問題」化しにくい構造が出来上がっていた。労働組合の機能低下も相まって、労働者自身の諦めや、退職することで不満を「解決」する傾向も生じていた。そんな時代だからこそ、先生は、現代の労働者の実像にマッチした法理の必要性を説き、職場の状況を生き生きととらえた、的確な「コンセプト」の提示が緊急の課題だという思いを持たれていたのだ。

もっとも〝職場で自分らしく働き続ける〟ことは、たやすいことではない。〝自分〟らしさを出すことで生じる摩擦と向き合う覚悟と人間関係を調整していく力量が必要とされる。日本の企業社会のように同質性の高い社会では、変わった人間や異端を排除するだけでなく、自立した者も変わり者とみなされやすく、〝私〟でいつづけるためには多大のパワーが要るものである（④「自立を求めて連帯をおそれてはならない」道幸哲也『職場における自立とプライヴァシー』日本評論社、一九九五年、i頁以下、二五三頁以下）。

自分らしく働いてほしいが、自立はつらい。しかし、だからこそ、道幸先生は、労働者が自立的に働き続けていくための法理を探求し、それを支える労働論と連帯論を構想されたのだと思う（⑨「法理を支える構想力」労働法律旬報一六九〇号〈二〇〇九年〉四頁）。

以下に紹介する七つの論稿では、個性を生かした仕事や生活をするために労働法が果たすべき役割につき、道幸先生の思索の軌跡のエッセンスが詰まっている。そのポイントを見ていきたい。

2　第二章のポイント

道幸先生が、プライバシー権が職場においてどのように保護されているかに関心をもたれたのは、アメリカ法の議論に触れたことがきっかけであったようだ（⑤「職場におけるプライヴァシー」北海道労働委員会・随想〈一九九一年二・三月〉）。他方、職場でのプライバシー保護についての日本の状況はどうか。道幸先生曰く、日本ではたとえプライバシーという発想があっても「それは個人単位のそれではなくあくまで集団単位のプライバシーである。まさに、会社の秘密、家の恥の延長にある」と評されていた。しかも、労働者が主体的な判断主体となることが期待されているわりには、職場自体には自立した労働者を受け入れる基盤がないことも鋭く指摘していた。先生は次のように述べる。「『最近の学生は覇気がなく、個性もない』とぼやく人事担当者に対してはこう反論することにしている。『覇気があり、個性的な学生（実際はそれほどいない）のための適切な仕事がありますか、上司はうまく使えますか』、さらに不愉快な場合は、『おたくの会社に個性的な従業員がいるんですか。そういえば、南アメリカで二年間ゲリラ活動していた学生がいますけど（これは嘘）』とくちばしる」。これに続き、ご本人も自嘲気味に、「まことに大人気ない対応」だと認めておられるが、主体的な判断ができる労働者を求める側の企業や役所が、現実には自立した労働者を活かすだけの基盤たりえていないという本質を突いている点には瞠目する。

道幸先生は、現実の労働者の姿を的確にとらえ、企業の本質を鋭く見抜いておられたが、決して実務追随の姿勢をとることはなかった。原理的に考えて筋が通らなければ、判例・実務・通説がどうであろうと、ご自身の疑問をストレートにぶつけて労働法学会に議論を挑む方だった。この先生の姿勢は次の文章にも表れている。「実務では『わからない』と言うことが負けを意味するので、わかったふりをすることが習い性になっている。その点、研究はわからないことにこだわるが、実務優先になると容易にあきらめてしまう。ある種の認知症といえる。相互にわからないことから出発する文化自体がなくなっていることは恐ろしいことである。」（⑩「わからない懲戒権法理」労働法律旬報一九六一号〈二〇二〇年〉四頁）。そして、労働者の自主性・自立性の要請が強まっている一方で、労働者を独立した契約主体とみる立場とは相いれない就業規則法理や懲戒権法理が、ほとんど疑問なく実務（場合によっては研究者にも）に受け入れられていることの矛盾を「わからない」問題として指摘するのである。そして私たちが、わかったふりをしているだけではないかと問いかけるのである（⑦「よくわからない就業規則と労働契約との関係」労働法律旬報一四五一号〈一九九八年〉四頁、⑧「容易ではない成果主義人事制度の導入」労働法律旬報一六六三・一六六四号〈二〇〇八年〉四頁、⑩「わからない懲戒権法理」労働法律旬報一九六一号〈二〇二〇年〉四頁）。

3 〝人間〟を洞察し続けた研究者

道幸先生は、映画がお好きで、私がまだ司法浪人ないし修士課程に在籍していた頃（二〇世紀末）も最新の映画を見たかどうかを聞いてきて、「まだ見ていません」と答えると、「受験勉強ばかりではろくな人間にならん」と仰っていたのを懐かしく思い出す。道幸先生は映画の感想を語られるときも、そこに〝人間〟の本質がどう表現されていたかを熱心にお話されていた。その感想を聞くたびに、先生の人間洞察力の凄まじさに驚嘆させられたものだ。

また、先生は法学とは縁遠い方から職業を聞かれたときには「〝人間〟相手の商売をしている」と答えておられたようである。労働法学における道幸理論が私たちを惹きつけるのは、生身の〝人間〟である労働者や企業経営者に対する確かな洞察が基盤にあるからなのだろう。北大労判研ならではの労働法学の源流はこの点にもあるような気がする。

さらに、道幸先生は連帯を語るときに、「弱い労働者が何人集まっても強い連帯は生まれない。それは烏合の衆だ。強い連帯には労働者自身も自立する必要がある」という趣旨のお話をされていたことがある。確かに労働者は使用者との関係では従属的立場にあり、これは法的にも、現実にも当てはまる。その点は百も承知の上で、道幸先生は、労働者自身が、従属的地位にあることに甘んじてしまうことに危機感を抱き、職場における自立した者同士の連帯や共生の鍵は何かを問い続けた。そして、先生は、長期的に、職場における労働者の自立と自己決定を支えるには、自立した者同士の連帯と共生が必要であるとし、以下のフレーズで表現されていた。

「自立を求めて連帯をおそれてはならない」

これは、学生運動を経験した道幸先生が、「連帯を求めて孤立をおそれず」（全共闘のスローガンと言われている）を捩《もじ》ったもののようであるが、先生から、卒業したゼミ生や門下生に対する応援メッセージ（叱咤激励）でもあったのだと思う。先生が残された、連帯のメッセージは職場で自分らしく働き続けたいと願う多くの働く人々を鼓舞するものだ。その思いを歌の歌詞でたとえるならば、「闘う君の唄を闘わない奴等が笑うだろう　ファイト！」（中島みゆき「ファイト！」）だろうか。本題と逸れてしまった感があり、よく考えると、生前、道幸先生は「中島みゆきは、歌詞が暗いからな」とも仰っていた気もする。ダメ出しする道幸先生の声が聞こえてきそうである。

4 自立を求めて連帯をおそれてはならない

北大法学部四年目労働法ゼミは負担が多い。毎回、テーマごとに裁判例をいくつか取りあげ徹底的(主観的には)に議論を戦わす。ほぼ、一年で判決文は正確に読めるようになり、議論もまずまずのレベルになる。その間にゼミ生は若干減少するが、給料は減らない。国家公務員のありがたさである。

教育は、相手に対する期待がその原点にある。そこで、入門編としては、判決文を正確に読み、それを的確に要約し、表現する(書く)ことを目的とする。他人の顔色を読み、人の裏をかく技術だけではなく、一定のメッセージを理解し、伝えることを重視する。これは、受験勉強の延長でクリアーすることができる。もっとも、四年生にもなると心許無いが。それでも、受験勉強の余後効はある。

中級編となると、紛争や事件の問題点自体を把握し、それに対し自分なりの見解を構築することが要請される。その点、具体的事件を取り上げると、多様な事実から、どこが法的に重要な事実であり、また、なにゆえこのような争いが生じたのかも知ることができる(たとえば、不当労働行為事件として争われていても、実質は社長派と専務派の対立が背景にある等)というメリットも有する。ゼミ生ならばせめてこのレベルまでいってほしい。

裁判官の事件処理アプローチをも検討の対象とし、どのような角度から事件に肉薄すべきかが分かれば上級者、免許皆伝の腕前である。法的な判断だけでなく、世間や人間についてそれなりの洞察が必要とされるからである。受験秀才的学生は、このレベルの作業、つまり裁判所の示した思考フレーム自体を疑うことは苦手である。思考フレームを疑わないことは受験の要諦にほかならないからである。

それ以上の超上級編となると、自由な論議を通じて物事を決める能力が要請される。多様な人間の意見をまとめるリーダーシップ能力、換言すれば、組織の中に自由な、それでいて緊張関係のあるネットワークを形成する能力といえるかもしれない。このレベルには私自身がほど遠いので、お互い修業の身と位置づけている。

結局、自立した判断主体になることを期待しているわけである。では、多くの学生がその一生を託す役所や企業は、自立した学生を受け入れる基盤があるのであろうか。「最近の学生は覇気がなく、個性もない」とぼやく人事担当者に対してはこう反論することにしている。「覇気があり、個性的な学生（実際はそれほどいない）のための適切な仕事がありますか、上司はうまく使えますか」、さらに不愉快な場合は「おたくの会社に個性的な従業員がいるんですか。そういえば、南アメリカで二年間ゲリラ活動していた学生がいますけど（これは嘘）」とくちばしる。まことに大人気ない対応であるが、本音といえばいえる。

……わが国の企業（組織一般に通じる）は、どうも変わった人間や異端を排除する構造になっており、さらに恐ろしいことに、自立した者も変わった人とみなされやすいからである（実際には、自立していない変わり者も多い）。同質性の社会では、私でいつづけるためには多大のパワーが要る。

しかし、過度なパワーを継続するのは困難である。そこで、最後に……検討課題についてもふれておきたい。自立を阻害するいらぬ老婆心かもしれないが。

第一は、パターナリステックな労務管理の見直し、再評価である。本書では、このような労務管理や処遇にかなり批判的な立場をとってきた。しかし、出世や競争に対する強迫観念から脱し組織にとりこまれるマゾヒズムから自由になりさえすれば、パターナリステックな管理は心地好く、働きやすい職場といえるかもしれない（人情味がある上司が一番ですよ）。それでも自立を望むのか、それだけの覚悟、力量、自己責任があるのかが鋭く問われる。自立はつらいのである。それだけの覚悟がなければ自立を主張しないほうが賢明といえる。

第二に、長期戦（戦略用語はオウムのTVを見すぎたため）のためにはどうしても、職場における自立した者どうしの連帯や共生を考える必要がある。自立はそのための前提である。職場は一つの社会であり、私もその一員にほかならないからである。顔もみたくない上司やえばるだけの先輩とどう関係を形成していくか。仕事もできないくせに口ばっかり達者な部下をどう指導するか。自分と同様に自分以外の「私」をどう尊重し、職場において良い関係を形成していくかは、労働のあり方や労働組合論に通じる論点である。具体的には、労働において共同性や（やや手垢のついた言葉であるが）協調性がいかなる意味を有しているか、また、組合運動の基礎となる共通の利益とはなにか、等につき検討することが必要である。自立を求めて連帯をおそれてはならない。

5 職場におけるプライヴァシー

環境権、平和的生存権、セクシュアル・ハラスメント。当初は耳慣れない言葉であっても、多く使われることによって次第にその内容が明らかになる法的な概念は少なくない。プライヴァシーという用語もその好例である。アメリカにおいてウォーレンとブランダイスがハーヴァード・ロー・レビュー誌上においてプライヴァシー権を主張したのは一八九〇年であった。当時は、ほっておかれる権利（right to be let alone）とやや消極的に位置付けられたが、現在では自己決定権をも含むとの見解が有力である。

わが国においても、このプライヴァシーという発想は定着している。もっとも、芸能人がフォーカスされない権利、勝手に自分の部屋に入られることのない利益とその使われ方はやや古典的である。学説では、自己決定権を重視したり、適切な均衡の下で他者と交流する側面を重視するもの、さらに自己情報コントロール権という見解もあるが、一般に受け入れられているわけではない。

ところで、このプライヴァシーという権利は、職場においてはどのように保護されているか。私がこのような問題に関心を持ったのは、アメリカ法における論議を知ってからである。さすがに、プライヴァシー権の母国だけあって、実に多様な観点からの検討がなされている。ドラッグ・アルコール・エイズについての検査、ウソ発見機、採用面接の在り方、健康診断、仕事ぶりの監視、交友関係を理由とする解雇、セクシュアル・ハラスメント等々。一九八八年には、職場におけるウソ発見機規制法が成立したほどである。

では、わが国の状況はどうか。近時、自己中心的な若年労働者が増加したとはいえ、職場におけるプライヴァシーの保護はそれほど問題となっていない。立地の良い社宅は引っ張りだこだし、結婚式の仲人は上司が多い。会社は従業員の私生活に配慮し、従業員もこれを干渉とは感じず、むしろ気配りと評価する。また、たとえプライヴァシーという発想がなされたとしても、それは個人単位のそれではなくあくまで集団単位のプライヴァシーである。まさに、会社の秘密、家の恥の延長にある。

夏休み、冬休み、リクルートの季節になるとゼミの卒業生が北大のキャンパスに戻ってくる。時折、企業人としての顔を見せつつも、多くの若者は自分の私生活を大切にしており、会社の気配りを大きな御世話と評価する意見も有力である。「日曜日まで会社の運動会があるんですよ!」。文化的対立・葛藤はなにも中東に限ったことではなさそうである。

〈注〉この問題に興味のある方は、拙稿「職場におけるプライヴァシーの保護(上)(中)(下)」判例タイムズ七二一、七二二、七二三号(一九九〇年)を参照してください。

6 面白い労働法――新たなコンセプトの必要性

学問の魅力は、その専攻を選択するゼミ生の数に反映する。魅力的な研究分野についてはゼミ生は増える。もっとも、就職に有利かとか、負担が少ないことも重要なファクターとなる。というより、実際には、最近の学生はこの点にはとびきり要領がいい。

戦後、労働法のゼミは花形であった。ところが高度経済成長とともに人気が落ち、一時は存亡の危機に瀕した。私達が大学を卒業した昭和四五年頃からは一貫して長期低落傾向であった。最近は、職場における平等処遇の要請、育児・介護休業のニーズの高まり、さらにリストラにともなう退職強要、解雇、出向等の増加によりやっと息をふきかえしている。教師のほうの工夫もみのがせない。たとえば、同一テーマであっても「女子労働者の法律問題」よりは「ワーキングウーマンのライフスタイルと法」としたほうがずっとおしゃれである。

労働法は、資本主義社会における従属労働の存在を前提に、生存権と団結権を保障することによって労働者人格の尊厳を守ると考えられた。いかにも固い表現であるが、第二次大戦直後の状況にピッタリであった。しかし、現代ではサービス産業化によって労働の態様は大きく変貌した。経済的には豊かになり飢餓とか生存の危機とかはピンとこないものになっている。そういえば、近所の子供に「大貧民」というゲームを教えようとおもったら、貧民とか貧しさというのはよくわからなかった。「ホームレス」といってやっと少しは理解してくれた。「大ホームレス」では、人生ゲームになってしまう。また、個人主義化によって団結するのも困難な状況である。労働法の理念は、生身の労働者にアピールしなくなったわけである。

では、職場において労働者への処遇は十分満足のいくものになっているか。実際には、多様な不満、不安を有しているが、それが労働「問題」化されにくい構造にあると思われる。苦情を集約して処理する労働組合の機能は大幅に低下しているとともに、労働者自身も、諦めや退職によって不満を「解決」する傾向にあるからである。また、労働裁判も大きく様変わりしている。争議をめぐる紛争は激減し、職場におけるイジメや転職さらにサラ金や住宅ローンがらみの賃金事件も増加している。

このような状況の下で、労働法学は、問題を問題たらしめる的確な「コンセプト」を確立せず、職場の状況を生き生きととらえきれていない。生存権や団結権に代わる、時代を反映するようなしなやかなコンセプトの提示が緊急の課題となっている。これがなかなか難しく自分達が形成し慣れ親しんだ思考フレーム自体の見直しは至難の技である。今のところ、「公平・公正処遇」「自己決定権」「労働者の自立」等の議論がなされているにすぎない。これだって今ひとつぱっとしない。「労働」「争議」という百年以上前の視角で変貌する現代の労使関係を分析することはもう無理である。

どんなに衰退しようが、(食)職生活が続く限り労働法は生き延びるという労働法食品産業論という学会公定(?)の学説の維持も困難になりつつある。

追記:私のささやかな試みについては、『職場における自立とプライヴァシー』(一九九五年、日本評論社)を参照されたい。判例引用が多く、難しいとの評価が一般的ではあるが。

7 よくわからない就業規則と労働契約との関係

労働法は奥が深い。こちらの能力が浅いのかもしれないが、よくわからない論点として就業規則の法理がある。最近の学説は、やや倦怠気味で、判例理論の合理化、判例傾向の分析が中心になっている。実用法学の観点からはやむをえないが、原理的、批判的議論は研究者のエートスである。と、大見得をきった割には地味な内容だが、以下では就業規則と労働契約との関係について原理的に考えてみた。

近代法の建前からは、労働条件の決定は労使の合意による。労基法二条一項も、労働条件の対等決定原則を定め、さらに九三条において就業規則と契約との関連について定めている。つまり、労基法は、就業規則と契約(さらには労働協約)の双方によって労働条件を決定することを前提としていたと思われる。そして、同一労働条件につき、双方が相矛盾する規定を有していた場合の処理は九三条によることになる。就業規則が有利な場合には、それにより、他方、契約が有利な場合には契約によることになるわけである。

では、個別契約内容が必ずしも明確ではなく、その点につき就業規則に規定している場合はどう考えるか。「就業規則と労働契約」との関連についての論議は実際にはこのようなケースを前提としていたと思われる。つまり、就業規則がいかに契約内容になるかの法的メカニズムの解明といえる。

就業規則に関する現行判例法を形成したのは、秋北バス事件最判（最大判昭四三・一二・二五民集二二巻一三号三四五九頁）である。そこでは就業規則の拘束力が認められる理由として、労働条件決定の実態を前提として次のような論理が展開されていた。

「この労働条件を定型的に定めた就業規則は、一種の社会規範としての性質を有するだけでなく、それが合理的な労働条件を定めているものであるかぎり、経営主体と労働者との間の労働条件は、その就業規則によるという事実たる慣習が成立しているものとして、その法的規範性が認められるに至っている（民法九二条参照）ものということができる」。したがって、「当該事業場の労働者は、就業規則の存在および内容を現実に知っていると否とにかかわらず、また、これに対して個別的に同意を与えたかどうかを問わず、当然に、その適用を受けるものというべきである」。

要約すると、合理的な内容の就業規則については、労使間の労働条件の決定はその就業規則によるという事実たる慣習があり、就業規則内容が個別労働者に適用される、という構成といえる。「適用される」ということは当該就業規則の法規範性が認められることであるが、その就業規則内容が契約内容になるかは必ずしもはっきりしない。さらに、九三条については、就業規則の合理性を保障するための関連規定の存在を前提に、「就業規則のいわゆる直律的効力まで肯認しているのである」と判示している。もっとも、なぜ、「まで」かもはっきりしない。

その後、帯広電電局事件において、業務命令の範囲の決定と関連づけて次のような判断が示されている（最一小判昭六一・三・一三労働判例四七〇号六頁、日立製作所事件・最一小判平三・一一・二八判例時報一四〇四号三五頁も同旨）。「就業規則が労働者に対し、一定の事項につき使用者の業務命令に服従すべき旨を定めているときは、そのような就業規則の規定内容が合理的なものであるかぎりにおいて当該具体的労働契約の内容をなしているもの」である。ここに、合理的な内容を定める就業規則が契約内容になるという判例法理が一応確立したと評価しうる。

前述の判例法理については学説上多様な批判がなされている（たとえば、宮島尚史『就業規則論』信山社）。ここでは基本的な問題点だけを指摘しておきたい。第一に、就業規則の内容が契約内容になる法的根拠について、「就業規則によるという事実たる慣習」があると説示している。しかし、実際にそのような慣行があるかはまったく不明であるし、また、使用者が一方的に作成する就業規則により労働条件を決定する慣行がたとえあったとしても、それは労基法の基本原則たる労働条件の労使対等決定原則（二条）や労働条件明示義務（一五条）に明確に反するものといえる。到底法規範性が認められる内容と評価しえない。判例法理は、労基法の基本原則に反する結果を回避するために、就業規則内容の「合理性」を規範性認定の要件と解している。しかし、その理由づけやその判断基準はまったく提示されていない。第二に、民法九二条は、当事者の意思が明確でない場合に補充的に利用されるものである。にもかかわらず、当事者の意思との関連については特段の配慮がされていない。

では、どう考えるべきか。就業規則と労働契約との関連について、就業規則内容がどのような法的メカニズムによって契約内容を規定するかが問題となる。以下の三つのパターンが考えられる。なお、各パターンにおいて想定している「就業規則」がどのような手続的な要件を満たしたものかはここでは問わない。

第一は、就業規則と契約が同一労働条件につき異なった定めをしている場合である。九三条の明文の規定によれば、①契約のほうが有利な場合は契約内容により、②就業規則のほうが有利な場合には、当該契約の部分は無効となり就業規則が契約内容になる、と解することができる。

第二に、特定の事項につき就業規則には定めがあるが、契約には定めがない場合を想定しうる。この場合のパターンとして、次の二つを考えることができる。

その一は、労使の個別の行為から契約の解釈をなすことである。つまり、使用者が就業規則を労働者に提示したり、その内容を具体的に告知した場合には、意思解釈上、就業規則内容が契約内容になったとみなすことができる。

その二は、就業規則の提示やその内容の告知がなされていない場合であり、判例法理はおそらくこの場合を想定していたと思われる。民法九二条による理由づけには基本的に問題があるのは前述のとおりである。では、どう考えるべきか。労基法九三条の解釈として、本来個別契約で決定すべき賃金や労働時間等の労働条件については、原則として就業規則内容が契約内容になると考えるべきであろう。就業規則の有する職場における最低労働基準設定機能を重視するからである。九三条には、就業規則の定める基準に達しない明示の契約内容を無効とし、就業規則内容が契約内容になるという効力すら認められているので、契約内容がはっきりしない場合にも当然同一の効力は認められるべきであろう。

もっとも、就業規則の定めが最低労働基準とみなされない場合（例えば、懲戒規定や「就業に当っての行為の準則」有泉亨『労働基準法』有斐閣、一九二頁参照）、つまり服務規律的部分については九三条をストレートに適用しえないであろう。この部分についてだけ判例法理を適用すること、つまり合理性を担保に契約内容になるとみなすことも考えられる。

総じていえば、就業規則の規定内容は賃金・労働時間等の労働条件部分と業務命令や懲戒等の服務規律部分に分けることができる。前者については、就業規則内容が最低基準であり、それ以上有利な契約内容は有効になる。後者の服務規律部分については、契約内容がより有利な場合（例えば、配転命令との関連において勤務地を限定している場合）には、契約が有効とされ、他方、就業規則により不利な契約内容のときや契約上明確な定めがない場合には、一応就業規則の規定によることになる。もっとも、就業規則の規定については合理的な限定解釈が必要とされよう。秋北バス事件最判の法理は、この部分にかぎって合理性があると考える。

8 容易ではない成果主義人事制度の導入

労働契約の基本は、労働者と使用者との合意によって労働条件を決定することを意味する。以前からこの契約の自由が建前にすぎないことは強調されていた。しかし、最近はその建前自体も危うくなってきた。建前を建前とする労働法学の危機と言える。

契約の自由の形骸化は、まず、就業規則をめぐる判例法理の肥大化として現象し、労働契約法として花咲いた。どこが「契約法」か、という疑問があるがこれは別の機会に論じたい。

ここで検討するのは、最近の労務管理にみられる成果主義人事についてである（より本格的?には、拙稿「成果主義人事制度導入の法的問題（一）（二）（三）」労働判例九三八、九三九、九四〇号参照）。成果主義人事は、成果に着目する人事考課をなし、それに応じて人事管理を行なうものである。具体的には、①賃金額、②昇格・昇進、降格・降職等の人事権限、③裁量労働制やホワイトカラー・エグゼンプション等の労働時間管理、等に連動する。さらに、同制度の導入にともなっては労働条件の不利益変更、とりわけ、就業規則の不利益変更問題が発生する。このように、同制度は、労働契約のあり方を正面から問題にし、労働法全体と関連している。実際の裁判例も急増している。学説においても、実践的課題としてかなり詳細・熱心にこの問題を取り上げている。しかし、労働法体系の基盤を揺るがす内容であるにもかかわらず、どうしたら適正な制度導入・運営が図られるかという実務的視点が中心である。ロースクール化の影響といえようか。

裁量労働制、年俸制とセットとなったこの成果主義人事は、賃金額等の一方的決定権限を使用者に認めるもので、労働条件の対等決定原則（労基法二条）に明確に反する。それでも、理論的には労働者の合意にもとづく決定権限の付与と構成することは可能である。というより、それ以外の論理は考えられない。合意は、法律家にとってトランプのババのようなものだ。

もっとも、合意による権限付与ということになると、権限に見合った使用者の義務も認められる。このバランス感覚も法律家の得意とするところである。この義務は学説上、公正査定（評価）義務として論議がなされ、評価手続きの開示、公正な評価基準の設定と明示、具体的適用の公正さ、評価結果の説明・開示等がほぼ共通の内容とされている。もっとも、それが不法行為上のものか契約上の債務かについては見解が分かれているが。

私も、権限あるところに義務があるという大人の常識の立場から、公正査定義務は労働契約上の義務と解する。そうするとつぎの点が問題になり、その義務の履行はかなりやっかいである。世の中美味しいことだけではない。

その一は、成果判断の前提となる働き方の問題である。成果は労働の成果に他ならず、その労働は業務命令に従ってなされたものである。その意味では、公正な評価の前提として、適正な業務命令がなされる必要がある。本人のキャリアや能力に応じた適正な職務配置を要するわけである。「公正さ」は評価レベルだけではなく、その前提となる仕事のさせ方のレベルでも問題になることに留意したい。成果主義人事に内在する労働契約上の義務と言えよう。

その二は、これも成果判断の基準となる目標設定の問題である。営業職等仕事の成果が客観的に数値化しうるケースは別として、それ以外の仕事については成果の判断は必ずしも容易ではない。そこで、将来的な成果基準の設定のために、個々人につき目標を設定させその目標の達成度から成果を判断する目標管理制度が利用されることが多い。この目標管理制度については目標設定についての合意形成のあり方、つまり真意によるかが問題になる。一般的には、成果に関するオープンな評価とともに今後の目標に関する適切な説明、目標が労働者のキャリアに適していることや過大な負担にならないことが要請される。しかし、実際上多くの場合、労働者はやむなくより高い目標を設定することになる。目標設定段階から上司の評価が始まっているからである。

成果主義人事制度の導入時には、まず就業規則の不利益変更法理との関連につき次のような基本問題に直面する。合理性判断基準の精緻化の前に検討すべきことは多い。

まず、はたして就業規則の不利益変更法理が適用される紛争事案か否かである。たしかに、賃金額の変動がみられるので労働条件の不利益変更事案といえる。しかし、成果主義人事制度の導入は賃金決定システム自体の変更を意味する。賃金制度は労働契約の中核に関し、賃金額だけでなくその決定方法自体の変更を意味し、さらに実際の働き方にも決定的な影響を与える。このようなケースについてまで同法理を適用しうるかはおおいに疑問である。労働条件の「不利益変更」ではなく労働契約の中核的内容の変更といえるからである。

つぎに同法理を適用しうるとしても以下のような問題がある。

まず、合理性の具体的な判断基準およびその適用の問題である。判例法理は、合理性の判断要素として、不利益変更の程度、変更の必要性、変更後の制度の合理性、代償・経過措置、組合等との協議・説明をあげている（第四銀行事件・最二小判平九・二・二八労働判例七一〇号一二頁）。もっとも、そのウエイト付けがはっきりせず、基準としての明確性に欠ける。

さらに、成果主義人事制度のケースでは、制度自体の導入と一定の評価を前提とした制度の実施という二段階で労働条件が変更されるという特徴を有する。つまり、この一連のプロセスによって、最終的には具体的格付けをして初めて個別の賃金額が確定し不利益性・程度が判明する。この過程全体として合理性を評価する必要があり、既存の不利益変更法理はこのような紛争事案を必ずしも前提とはしていない。とりわけ、働き方自体も変更するので、変更前の勤務成績や人事考課をそれほど重視することも困難であり、独自のアプローチが必要である。裁判例は、どういうわけかこの問題をそれほど意識せずにのんきに合理性の判断をしている。なお、この二段階によって個別の賃金額が決定するという特質は、周知義務の履行のレベルにおいて解決困難な手続き問題を惹起する。

成果主義人事制度導入の結果、労働条件の不利益変更がなされることが多いのでつぎの諸点にも留意すべきである。

まず、あくまで「不利益変更」事案なので導入の目的、制度内容、具体的な格付け・賃金額の決定等につきより適切かつ詳細な説明が必要である。また、契約締結の段階において新規に格付けする場合と異なるので、変更前の働き方・評価との関連を明確に示すことがとくに重要である。具体的には、新制度による格付け・賃金額決定の仕方との関連において、つぎのようなケースを想定しうる。リアルに考えると多くの難問がある。

その一は、「導入時」において評価・格付けをする場合である。このケースでは、それ以前の勤務実績による格付け・賃金額決定にならざるをえない。この場合まったく新規のルールを適用することは、それ以前の勤務の時点においてそのような働き方を想定していないので抜き打ち的でアンフェアといえる。

その二は、「導入後の一定期間」の勤務ぶり・成績を前提に新基準により評価・格付けを行なう場合であり、通常のこのような取扱いがなされると思われる。この場合も、暫定的にせよ一定の格付けをどうするか、どのくらいの評価期間が必要か等の問題が発生する。

こう考えていくと成果主義人事制度をスムーズに導入することは容易でないことが理解しうる。

9 法理を支える構想力

組合運動の基盤となる職場の連帯をどう構築すべきか。現在組合活動が盛り上がるのは、リストラにもとづく解雇や非人間的な労務管理等がなされるケースに多い。不適切な労務管理や派遣切り等により生存が危機的な状況になっても活発化する。しかし、日常的なソフトな抑圧や労働者間の「身分」格差を利用した労務管理には対応しにくい。こうなると職場内および職場を超えた連帯の原理論が必要になる。労組法の法理を支える、よりリアルにいえばそれを超える構想力といえようか（より詳しくは、拙稿「解体か見直しか――労働組合法の行方（三）」季刊労働法二二三号〈二〇〇八年〉参照）。

基本的に、二つの観点、つまり労働論とそれをふまえての連帯論からの立論が必要とされる。

第一は、労働者サイドから労働をどうとらえるかという労働論である。人としての尊厳を保つ労働（ディーセントワーク）の前提はなにかの問題とも言える。これはつぎの五つの側面から考えることができ、対使用者との関係において連帯する際の具体的結節点ともなる。

①　**雇用保障**　雇用され、それが継続されることは安定した労働・仕事の前提と言える。まず、雇用されるための職業・キャリア教育が重要である。雇用された以降は、恣意的な解雇や退職強要からの保護がポイントといえる。

②　**労働条件の確保**　基本的な労働条件として賃金と労働時間があげられる。これらが労働基準の中核となりその内容の適切さが要請される。

③　**労働内容の適正さ**　仕事を通じての人格の陶冶は労働の重要な意義である。その点からは、労働条件的側面だけではなく、労働内容の適切さが不可欠であり、業務命令権は一定の制約を受けることになる。

④　**関係の適切さ**　仕事はチームで行なう場合は当然として、通常は同僚や上司・部下との関係のなかで行使される。人間関係といってよく、この関係形成の自由や関係の良さは実際に働く際にかなり重要なファクターとなる。組合の結成、運営も会社や同僚との関係をどう構築するかという側面がある。

⑤　**企業活動自体の適切さ**　仕事の適切さは、労働の対象物たる製品やサービス自体のレベルでも問題となる。企業の評価は、そのメンバーたる「従業員」に対しても信用や名誉として直接関係をするからである。労働法は、基本的には①②の確保を中心に形成されてきたが、労働を通じた人格形成や社会参加の側面では③④⑤の側面はきわめて重要である。

第二は、なぜ、どのようなかたちで連帯するのか。集団化のメカニズムともいえる。

これは、誰となぜ連帯するかという原理論である。まず、出発点として労働者個人に着目する必要がある。個々の労働者は、労働をする際に前述の①から⑤までの事項につき独自の利益を有するので、それぞれが自己の利益を守るために集団化するというメリットがある。集団化による「個人の交渉力」の強化であり、各個人が対使用者との関係において、同一の利害関係者と連帯するもっともわかりやすい契機になる。

つぎに、個人を超えたより広い視点からの連帯のパターンとして以下の五つを想定しうる。

ア　**同僚との関連**　同一職場（同じ使用者）における同僚との連帯は基本的に同一の利害関係者、つまりもっぱら自分（達）の利益擁護の延長としての連帯といえる。しかし、つぎの二点において、自分の利益を超えた独自の視座が必要とされる。

その一は、公正処遇の要請である。使用者が自分を含めた同僚の労働者を公正に処遇することの要請である。この要請は、「使用者と自分」、もしくは「同僚と自分」という二者関係だけでは発生しないものである。あくまで「使用者との関係における自分と同僚」として三者関係の問題である。その点では、公正さの要請は自分を守ると共に自分の利益を超えたものである。

その二は、弱い同僚への支援の要請である。職場における仲間としての連帯は、同一の利害状態を前提にして、チームとして働いていること、人間の多様性の尊重、能力に欠ける者に対する寛容、自分もハンディをもつ（病気等）かもしれないという可能性等に由来するものと思われる。もっとも原初的な職場共同体意識であり、組合結成のエートスといえる。この側面を、個人の利益擁護の延長のみで立論することは適切ではなく、他人への支援はそれ自体が価値を持つと考えたい。

ところで、同僚への関心は、同僚の労働条件等について知っていることが前提になる。日本的連帯の情念は「見て見ぬふりができない」点にある。そのためには、まず「見なければ」ならず、同僚の労働条件等を知ることが必要とされよう。情報の非対称性を是正する仕組みともいえる。

以上の要請は、企業内における同一身分？（正規社員）の同僚だけではなく、同一使用者の下で働いているパート等の非正規労働者との関係でも認められる。公正処遇や支援の必要性の側面ではより強く要請されるといってよい。

イ　**同一職場・企業グループ構成員への着目**　使用者が異なっていたとしても、同一の職場で働いていること（その典型は派遣）、また同一の企業グループで働いていることから一定の利害の同一性が認められる。必ずしも法的な契約関係の同一性を要件としない、事実上の同じ職場、企業グループで働いていることに由来する利害の同一性である。企業組織再編によってこのような関係は高度に形成されている。直接の雇用関係がないとしても、労働条件の決定について、派遣先、親会社等の強い影響力が認められる。親会社等のグループ企業の労働者とは仕事の配分・アウトソーシングについて、派遣先の労働者とは仕事の仕方について一定の利害関係（とりわけ③④）を有することになる。

ウ　**同一産業の労働者**　特定の企業を超えた労働者の利害は、同一産業レベルで生じる。同一産業は競争関係にあるとともに、産業全体の帰趨や働き方③・製品⑤について同一の利害を有する。組合活動の社会性の側面では今後重視すべき事項である。また、産業別組合の場合には、端的に①②についても、企業を超えた最低基準の設定という側面において共通の利害を有する。歴史的にみて、これが組合活動の原点であった。

エ　**所属企業を超えた社会的関係**　これは二つのレベルで考えられる。その一は、仕事の専門性に由来する利害である。看護師、教師や新聞記者等の職種別の専門職については、たとえ使用者が異なっていても仕事における裁量性・自立（③）や自己責任（⑤）において共通の利益を有する。企業に対する社会的・公益的コントロールのためには、企業内および企業を超えた専門職の自立性や役割が重要といえる。その二は、生活地域である。労働者のライフサイクルや家族生活との関連において同一地域に住むことによる利害は重要である。たとえば、保育所、介護施設、病院等の配置は、間接的ながら働き方に決定的な影響を与えるからである。

オ　**国レベル・国際レベル**　労働関係に関する法システムの構築・適用という点では、国レベルの利害の共通性は決定的である。地方に着目すると条例による規制のニーズも高まるかもしれない。労働関係の法システムとしては、会社法のあり方にも留意すべきであろう。

また、グローバリゼーションとの関連では、国際競争の激化にともなう職の喪失や低い労働条件による競争力の強化という事態が頻繁に発生している。その結果、国際レベルでの労働者の連帯による対処もますます重要になっている。

10　わからない懲戒権法理

懲戒権については、家族法や学校教育法（一一条）のフィールドにおいて主に暴力抑制の観点から見直しがなされている。とりわけ、民法八二二条は、「親権を行う者は、第八二〇条の規定による監護及び教育に必要な範囲内でその子を懲戒することができる。」と規定しており、この八二〇条は平成二三年の民法の一部改正により「親権を行う者は、子の利益のために子の監護及び教育をする権利を有し、義務を負う。」と改正された。「子の利益のために」ということばが挿入され、一定の歯止めが示されたわけである。

労働法において、懲戒は日常的に問題になっている割にほとんど見直しの気配はない。働き方改革との関連においても論じられてはいない。せいぜい、パワハラ紛争の増加が懲戒的権能への疑問の端緒になるくらいである。

たしかに、労基法自体に懲戒権を基礎づける（八九条九号）もしくはそれを前提とした規定（九一条）がある。また、懲戒が労務管理上の柔軟なニーズに適合することから実務的には定着し、懲戒紛争につき一連の裁判例を通じて事件処理基準もそれなりに形成されている。しかし、法理的には以下のようによくわからないところが多い。実務では「わからない」と言うことが負けを意味するので、わかったふりをすることが習い性になっている。その点、研究はわからないことにこだわるが、実務優先になると容易にあきらめてしまう。さらにあきらめていること自体も忘れてしまう。ある種の認知症といえる。相互にわからないことから出発する文化自体がなくなっていることは恐ろしいことである。

では、懲戒権につきどこがよくわからないか。

第一は、懲戒権の趣旨である。一般的には企業秩序の維持を通じて企業への統合と協同作業秩序の確保を目的としていると解されている。制裁を通じての教育的機能といえる。同時に、威嚇（懲戒）による統合により企業権力の肥大化がなされている側面もある。自主的・自立的働き方への要請にもかかわらず、このような懲戒権能はなぜ認められるのかという原理的議論はほとんどなされていない。むしろ、非雇用の世界であっても懲戒的色彩がある一定の教育的指導がなされており、その法的な性質も問題になっている。同時にこれが雇用的な関係を基礎づけるかが争われている（ＮＨＫ堺営業センター事件・大阪高判平二八・七・二九労働判例一一五四号六七頁、最三小決平二九・一・一七参照）。抑圧構造が内在化しているのが雇用関係の基本的特徴と解されているわけである。

第二は、懲戒権を基礎づける企業秩序概念の明確化である。とりわけ、①施設管理権については権利内容自体の明確化と物権的権利がなぜ企業の懲戒権と結びつくのか（国労札幌駅事件・最三小判昭五四・一〇・三〇労働判例三二九号一二頁参照）、②企業秩序に対する対抗的権利、たとえば組合活動権、人格権、企業批判の自由との調整原理、③自立的働き方からの見直し、たとえば裁量労働につき業務命令権はどのように制約されるか、④さらに労使の信頼関係の毀損が懲戒権とどう関連するか、などが検討課題となる。労務管理や労使関係を支える制度や社会意識が大きく変貌をみている割には、懲戒権の基盤となる企業秩序概念はおそろしく古典的である。

第三は、裁量権行使の相当性の判断基準である。使用者は懲戒をなすにつき、懲戒事由と懲戒パターンの多様性から広い裁量権を有している。これが懲戒制度の妙味といえるが、懲戒事由の有無と程度とのバランス、とりわけ加重な処分に対する法的チェックが困難となる。就業規則の関連規定と職場実態との乖離がある場合（企業秩序自体がそれほど遵守されていない場合）に処分の濫用性の判断視角に明確性を欠くことになる（最近の例として、日本郵便北海道支社事件の仮処分抗告事件・札幌高決令元・一〇・二五労働判例一二一七号三二頁と同本訴事件・札幌地判令二・一・二三労働判例一二一七号四三頁の対立）。手続ルールの確立と相当性の判断基準の一定の明確化が要請される。

第四は、懲戒と解雇との役割分担であり、とりわけ、「諭旨解雇」に多くの問題があるのでここでふれておきたい。非違行為を理由として企業外へ排除するパターンとしては、①懲戒解雇、②普通解雇、③自主退職（合意解約）が考えられる。諭旨解雇は、自主的な退職届の提出を促し、提出がなされない場合には懲戒解雇をする旨の定めである。自主退職（合意解約）プラス懲戒解雇のセットであり、退職届の提出がない場合に自動的に懲戒解雇するもしくは予備的に普通解雇をするという巧みなシステムといえる。たとえば、セクハラが問題となったX高等学校事件では、諭旨解雇が無効とされ予備的な普通解雇が有効とされている（東京地判平二七・二・一八労働経済判例速報二二四五号一五頁）。

諭旨解雇は以上のような複合的な性質を有しており、使用者にとって労働者の自主退職もしくは退職届にともなう解雇（?）により円満に解決するメリットがあり、労働者についても懲戒解雇を回避しうるというメリットがある。ただ、明確な懲戒解雇事由がある場合は別として懲戒事由はあるが解雇までが許されるかが問題となるケースについては意に反する退職を余儀なくさせるおそれもある。変更解約告知と同様な合意を促進する強制的な機能があるわけである。

同時に、自主退職のチャンスをどう考えるかという基本問題も残されている。この点は、教授に対するパワハラ等を理由とする解雇の有効性が争われた群馬大学事件で問題となった。

具体的には、原告が諭旨解雇の応諾書にサインしないまま帰宅することをもって、原告が諭旨解雇の応諾を拒否したもの、すなわち、退職願の提出の「勧告に応じない」（就業規則四五条一項二号）場合に当たるかが争点となった。

前橋地判（平二九・一〇・四労働判例一一七五号二六頁）は、手続の違法性の効果につき次のように説示している。

「本件懲戒解雇においては、そもそも全く懲戒事由が存在しないのに懲戒解雇したというような場合ではなく、諭旨解雇から懲戒解雇への切替えが不相当であったに留まる。諭旨解雇か懲戒解雇かにより、退職金の支給の有無などの経済的待遇の違いが生じる余地はあっても、いずれにしても、被告の教職員としての地位を喪失させる処分という点では異なるところはない。したがって、被告としては、原告が勧告に応じれば諭旨解雇として、勧告に応じなければ懲戒解雇として、原告の被告の教職員としての地位を喪失させる処分をするという結論自体に変わりはなかったものである。そうすると、平成二六年一一月二〇日の本件懲戒解雇の手続が違法であったとしても、被告は、原告が諭旨解雇の勧告に応じるのに十分な時間が経過した後、日時を改めて、懲戒解雇することになるだけであるから、本件懲戒解雇における手続的瑕疵は軽微なものであったというべきである。」

本件については、実体的レベルにおいて懲戒解雇が無効となったので手続違反ゆえの損害が少ないといえるが、懲戒解雇が有効とされるような場合には手続違反は決定的である。懲戒解雇が回避される可能性があるからである。

第三章

労働組合と不当労働行為

戸谷義治

平成23年 北大最後の道幸ゼミ

1　道幸法学と不当労働行為

言うまでもなく道幸先生の研究の中心をなすのが不当労働行為である。

もともと北大法学部卒業後は「政治スト」の研究をするつもりで大学院法学研究科へ進んだとのことであるが、指導教官となった保原喜志夫先生（当時）の勧めなどもあって、不当労働行為、特にその母法となるアメリカの不当労働行為と救済制度の研究からその研究者としての人生をスタートした。

最初期の研究成果をまとめて出版されたのが『不当労働行為救済の法理論』（有斐閣、一九八八年）である。同書はアメリカにおける不当労働行為の救済機関たるNLRB（全国労働関係局）の成立に遡って、同国の法制を検討している。本書で紹介する論稿において御本人も指摘するとおり、道幸先生は不当労働行為を行政救済との関係で整理・理解しており、憲法二八条に定める団結権保障システムからの労使関係の把握には、初期においては必ずしも重きを置いていなかったように見える。不当労働行為制度を団結権や団交権などの「私権」の保護ではなく、労使紛争の原因除去による労使間の平和という「公益」実現のために公権としてなされるものと把握するアメリカ法の理解が基盤にあるといえる。

我が国において憲法が人権として労働三権を保障することの功罪は論文でも、また研究会などの席上でも繰り返し指摘されていた（例えば、『労働組合の変貌と労使関係法』（信山社、二〇一〇年）。人権であればこそ強力に保障されるが、その反動として柔軟な労使関係の制度設計は困難になる。後述のように、道幸先生は、労働組合は労働者の利害の一致によって大同団結すべきであって、政治的な事柄を含む意見の相違によって分裂することは好ましくないと考えていた。そのような観点からも、むしろ公権としての不当労働行為、もしくは公益としての労使関係を前提とするアメリカ法の考え方に好感を持っていたように見受けられる。

ところで、道幸先生は労働組合を労働者の利害の一致に基づく団体と把握しつつ、単なる私的な利益団体とも見ていなかった。本書で紹介するユニオンショップ協定の効力に関する見解や、いわゆるコミュニティユニオンに関する検討などから見て取ることができる。企業や地域において労働者の利益を一般的に代表し得る（半）公的な組織を考えていた。

2 第三章のポイント

ここで紹介するのは、平成期に入って以降の比較的短い論稿数点である。道幸先生五〇歳から晩年にかけてのものである。

労働条件決定過程や労働組合の労働者代表機能に関するもの（⑪、⑬、⑮）、司法救済やその基礎となる団結権に関するもの（⑫、⑭）、労働組合と組合員個人の関係に関するもの（⑯）、組合員と非組合員の関係に関するもの（⑪）である。

⑪「自己宣伝になってしまうけれど不当労働行為法理のここがわからない」（労働法律旬報一四〇六号〈一九九七号〉四頁）では、二五年以上の不当労働行為研究を経てなおわからない問題としていくつか指摘がなされている。その一つは、組合員、組合、使用者という三面関係をどう捉えるべきかである。個別組合員の利益にも留意した労働条件決定システム構築の必要性を説くなかで指摘されている。いま一つは、非組合員との関係である。組合員が不当な処分を受けたが非組合員も同様に不当な処分を受けた場合に不

当労働行為となるか、また組合員が優遇される反動で非組合員が冷遇されると、公平処遇などとの関係で問題にならないかといった指摘である。

⑬「労働組合になぜ公正代表義務が課せられるのか」(労働法律旬報一五七二号〈二〇〇四年〉四頁)は、公正代表義務の基礎を考察するものである。組合民主主義等との関係が説かれるが、ここでも公正代表義務によって労働者の大同団結を図り以て組合の交渉力を強化しようという価値判断が示されている。また、団結権とも関連するが、ユニオンショップ有効論を示す。労働組合は職場において「団結せざるを得ない」労働者の団体であり、利害の一致をもとに、使用者と労働者個人の直接対立から労働者を守るものだとする。そしてそのことからも組合民主主義、さらに公正代表義務が求められる。

⑮「コミュニティユニオンの提起するもの」(労働法律旬報一七四二号〈二〇一一年〉四頁)は、コミュニティユニオンに関するものである。ここでは、企業別組合を前提に構築された理論の適用の検討のほか、コミュニティユニオンが地域における長期的な労働条件確保の担い手になることに期待を示すが、労使ともにその発想は稀薄だとする。また、個別組合員の意向を適正に代表しうるかも難問だと指摘する。

⑫「やっぱり団結権――団結権研究の課題」(労働法律旬報一四三四号〈一九九八年〉四頁)及び⑭「まだまだわからない司法救済の法理」(労働法律旬報一七一六号〈二〇一〇年〉四頁)は、団結権に関するものであるが、抽象的な団結権論を排して、団結権には組合結成・運営一連のプロセスのみならず反組合的行為がなされた場合の抗議・対抗行為という面があるとする。そして、そこから法的な関与のあり方として、組合活動を前提にそれを支援し労使関係ルールを形成する方策＝行政救済と、反組合的行為を直接に規制して組合活動の基盤を整備する方策＝司法救済に大別しうると指摘する。ただ、論稿⑬において労働組合につ

いて「団結せざるを得ない」と説明していたが、論稿⑫では労働条件が個別化し生存権がアピールしない時代にあっては便利もしくは安易な説明だったともしており、現代的な意味での団結権把握のあり方には最期まで迷っていたのかもしれない。

また、集団的労働関係法、もしくは不当労働行為によって保護されるべき権益は労働組合のものか、個々の労働者のものか、言い換えれば不当労働行為の各類型について組合員たる労働者も労働委員会に対して救済を求めうるかという点も大きなテーマであった。⑯「個人申立の法理」（労働法律旬報二〇三四号〈二〇二三年〉四頁）は、上長による支配介入行為の後に、問題となった労働者が別の組合に移るというやや特殊な事案を題材として、組合申立と個人申立の難問を指摘している。

3　不当労働行為研究と道幸先生との思い出

道幸先生は、基礎理論からも最新の事情からも常にどこに問題があるのか、どこがわからない部分なのか鋭く指摘し続けていた。

もちろん、研究を重ねる中でそれらに答えを与えていったが、答えが出されないままになってしまったものも少なくない。

論稿⑪で指摘されている三面関係については、最後期の論文となった「労働組合法の見直し」（道幸哲也ほか編『社会法のなかの自立と連帯――北海道大学社会法研究会50周年記念論集』旬報社、二〇二二年、一二三頁）のなかでも問題を指摘し、労働委員会の新たな役割になると指摘した上で権限や手続の見直しが必要としたが、具体的なありかたは示されないままになってしまった。

ところで、論稿⑫では、労働組合の役割や意義について「組合員のみの利害」を代表しているとし、組合員以外の者や非正規労働者を代表して職場全体へ影響を及ぼすかなども課題だと指摘している。またコミュニティユニオンについては地域レベルでの実効性ある議論や解決システム構築が課題になるとしていた（論稿⑮）。このように道幸先生は組合員だけではなく企業や地域全体での労働条件設定に対する、（半）公的な組織としての組合のあり方も問題にしてきたところであるが、令和四年には茨城県の家電量販店で、令和五年には青森、秋田、岩手の同じく家電量販店で、令和六年には福岡市の水道検針員でそれぞれ労働協約の地域的拡張適用が始まった（家電量販店は休日日数、水道検針員は時給額や社会保険加入などについて）。現段階では小規模なものではあるが、従来は見られなかった、労働組合が全体に影響を及ぼした例が増えているともいえる。道幸先生であればどう評価したであろうか。

そのほか、労働組合の団結及び交渉力強化については、アメリカを参考にした排他的交渉代表制などもおおく提言してきた。研究者としての鋭い問題意識とともに、長年にわたって北海道（地方）労働委員会公益委員を務め、労使関係の実情をつぶさに見てきた実務感覚が重なって道幸法学を形成してきたと言える。

道幸先生は本当によく研究会メンバーやゼミの学生と酒を飲んだ。切り替えをはっきりする人だったので、酒の席でまで勉強の話をするのは稀であったように記憶しているが、学生運動のことや、院生として研究を開始した頃のこと、また各時代の労使関係のエピソードなどを聞き、様々な面の道幸先生に接することができた。毎週開催の研究会、毎週全員に課題が当たるゼミと、道幸先生の周りの研究者も実務家も学生も大変に勉強させられたが、同時に楽しく飲んだ。泥酔の挙げ句に「不当労働行為なら道幸じゃなくて俺だ！」と息巻いて、翌日に平謝りする学部生などもいたが、間違いなく多くの学生に勉強と楽しい学生生活の両方を提供する教育者でもあった。たまにすねたり、わがままを言うところも含めて、多くの人が道幸先生との勉強も酒も楽しんだ。

現在、自分自身が大学教員となり、研究会を開き（頻度はずっと低いが）、労働委員会の仕事をするようになって、改めて道幸先生のバイタリティーには驚く。論文も書いて、さらに学生とも積極的に関わるというのは大変なことだ。研究面では就職後も様々にご指導いただいた（怒られていた）が、最近では労働委員会でわからないことがあり、電話すると、面倒がらずにアドバイスをくださった。

急逝は未だ残念でならないが、ご冥福を祈りたい。

11 自己宣伝になってしまうけれど不当労働行為法理のここがわからない

北大の大学院法学研究科に入学したのは一九七〇年であった。法学部が封鎖され、学内騒然としたなかで講義も試験も受けた。そういえば図書館も封鎖されていたので勉強はしたくてもできない状況であった。これは本当。そのかわり、自由な時間と半分解放された空間それに暇なあるいは問題関心のある学生は沢山いた。議論をし本を読み、体を動かす機会もふんだんにあった。教師だったら大変だったろうなと思うが、幸運なことに、当時は想像力が貧困であった。その点は今でもたいして変わりはないが。

大学院に入ってから二五年以上も主に不当労働行為の法理を中心に研究をしてきた。法学の研究は蓄積と年功がものをいう職人的な世界（八歳の天才数学少年・少女はいるが、天才法学少年・少女はいない。というより天才は法学に向かない）なので、今は中堅ぐらいの位置にいる。とはいえ、労働法は私にとってわからないことが多すぎる。主要な研究対象であった不当労働行為の法理についてもそうだ。

では、どこがわからないか。なぜわからないか。どこまでわかったか。私としては、労働委員会による救済を前提にする行政救済法理の独自性を一貫し、かつ積極的に研究してきたつもりである。一貫という表現は便利で、それ以外は研究していないことを意味する。積極的とは頼まれ原稿ではなく、自分の関心として原稿を書いたという意味にすぎない。アメリカ法上の救済法理については、『不当労働行為救済の法理論』（有斐閣、一九八八年）で発表し、一般向け全体像は、『労使関係のルール——不当労働行為と労働委員会』（労働旬報社、一九九五年）で検討した。救済命令の取消訴訟の法理は、「労働委員会命令の司法審査――取消訴訟法理の再検討（一）〜（六）」法律時報六五巻一〇号以下で、通常の行政訴訟と審査の仕方につきどこが違うかに留意して考察した。命令の部分確定の必要性（法律時報六六巻三号）等は労委実務をしていなければわかりにくい問題といえる。実務といえば、約一五年の北海道地労委での経験は貴重であり、場数を重ねるほど沈着になるのは出入りの場合と同じである。特に、不当労働行為の和解にせよ、労働関係調整法上の斡旋にせよ「論理」が重要なことがよくわかった。ボスやカリスマがいない時代には、最後に残るのはやはり論理であり、研究者の役割を再認識した次第である。

行政救済法理の独自性については、「不当労働行為救済法理の独自性（上）（下）――取消訴訟の際の留意点」判例時報一五八九、一五九〇号（一九九七年）で考察した。権利構成ではなくルール構成で考えること、労働条件決定システムとの関連に留意することを基本視角として、ビラ貼り等の組合活動の正当性、不利益取扱いの成否の判断視角、事件処理の仕方につき検討した。論争喚起を期待して、自分としてはかなり大胆な提言をしたつもりである。同時に、以下のようによくわからないことも多かった。今後の課題、といっても私（だけ）ではなく、学界全体のそれとして提示しておきたい。

第一は、団交権保障システム全体をどう考えるか。私は、労働委員会の行政救済法理（ばかり）を追求してきたので、憲法二八条を中心とする全体としての団結権保障システムの把握が不十分である。これはよく指摘される。今後は、「不当労働行為」の司法救済の法理を行政救済との具体的相違に留意して解明する必要があると考えている。裁判所において不当労働行為という用語を使うべきかという根本的な疑問もある。さらに、民事免責（労組法八条）や刑事免責（一条）法理や協約の規範的効力（一六条）にも目配りをする必要がある。行政救済法理についても、「個人申立」の位置づけ等難問が山積みしている（やや斜に構えた議論は、拙稿「一人組合の申立適格」労働法律旬報一四〇一号〈一九九七年〉参照）。

要は、労組法全体の見直しが必要といえる。その際に特に留意すべきは、具体的な労働条件の決定システムや過程との関連である。団交権保障との関連についての試みは、「組合併存下における労働条件決定過程と団交権保障（上）（下）」法律時報六八巻七、八号（一九九六年）で発表したが、反応は今いちである。同時に、個別組合員（もしくは従業員）の権利との関連にも留意すべきであろう。集団的労働法理、個別組合員バージョンの構築である。先駆的試みは（自分で「先駆的」というのもおかしいが、後が続かなかったので）「労働組合の公正代表義務――新法理の模索」日本労働法学会誌六九号（一九八七年）である。その後、西谷敏『労働法における個人と集団』（有斐閣、一九九二年）が、より原理的本格的な議論を提示している。しかし主に、組合内部における個人と集団を念頭においているので、組合員、組合、使用者の三面関係の本格的解明はやはり今後の課題として残されている。

第二は、抽象的にいえば差別と公平処遇との関連である。解雇や配転等の不利益取扱いが不当労働行為に当たるか否かにつき、三つの視角を提示した。処分等が重すぎるか、組合員に対しことさら差別的か、組合運営を阻害しないかである（判例時報一五九〇号二四頁）。よくわからなかった問題は、処分が重すぎる事案であって、非組合員に対しても同様に重い処分がなされているケースである。つまり、組合員であったから処分がなされたとはいいにくい、無茶くちゃな労務管理をしているような場合である。当該処分は「不当労働行為」か。民事事件ならば、処分権の濫用でいける。同論文では、「組合員に対して濫用的な取扱いがなされているので、組合員たることをも阻害する側面は否定できず」不当労働行為にあたると、歯切れの悪い議論をしている。よくわからないので、次回の労働法の試験問題にしようかと思っている。

もう一つ悩んでいる問題がある。同一労働をしているにもかかわらず、組合員を冷遇することは不当労働行為にあたる。では、組合員を優遇、換言すれば非組合員を冷遇することはどうか。不当労働行為にはあたらないのは当然であるが、非組合員は公平処遇の要請（労基法三条）、民法九〇条などを動員して組合員と同一の賃金を請求しえないか。組合の力で克ち取ったのだからとか市場原理に反するという反論はあるが、それは合理的な理由になるか。これは、追試問題としては悪くない（拙稿「職場における人権保障法理の新たな展開」日本労働研究雑誌四四一号〈一九九七年〉参照）。

これ以外に、どうもわからない、やっぱりわからない、すこししかわからない論点は沢山ある。わからない問題以外はわかっているかと質問されてもこまる。教師には威厳や幻想が必要なので、今回はこのぐらいで。

12 やっぱり団結権——団結権研究の課題

第二次大戦終了直後に、労働組合法、労働関係調整法及び労働基準法のいわゆる労働三法が成立し、その間に憲法二八条において、団結権、団交権、団体行動権が保障された。ここに、現行労働法の基礎が形成され、その後約半世紀が経過した。われわれ団塊（過密教室のイメージがよみがえり、私はどうもこの用語は好きになれない）の世代の生育史とぴったり重なる。理論的には、使用者との関係における労働者の経済的、人格的な従属的立場という「従属労働論」という認識を前提に、生存権（憲法二五条）と団結権（憲法二八条）を保障、実現するという基本的立場から種々の法理が構想されてきた。大学院入学の頃には、この三位一体的理論が動揺し始めた時期であった。団結権は、元気がなくなったとはいえ、まだ労働法学の「華」であった。

現在、団結権はそれほどアピールしなくなっており、学界の関心もあまりよんでない。せいぜい従業員代表制や管理職組合の問題、組合員と組合との利害調整をめぐる論点が提起されるぐらいである。とはいえ、労働者の自立の要請や規制緩和さらにリストラの進行の中で、職場における労働者の発言力の確保は重要な課題になっている。雇用を確保し労働条件を維持するという組合の古典的役割が強く期待されているわけである。連帯をしてはじめて労働条件の維持改善が可能であるという状態は基本的に変化をみてはいない。

私は、不当労働行為法理、それも行政救済法理の独自性を中心に研究してきたので、団結権を正面から考えることはあまりなかった。格好良くいえば、理論の純化のために禁欲していたともいえる（自分でいうのもテレるが、その成果は近日中に「不当労働行為の行政救済法理」という題名で出版する予定でいる）。しかし、最近の司法救済をめぐる裁判動向の混乱をみるにつけ、司法救済法理の前提にある（この点も問題になるが）団結権を本格的に研究する必要を感じている。

では、わが国の団結権法理にどのような特徴があり、その課題はなにか。研究のスタートラインとして、また論争の盛り上がりを期待してその点だけを提起しておきたい。

第一の特徴として、団結権法理は、従属労働の認識と生存権保障の必要と三位一体で成立し、発展してきた。経済的従属性ゆえに契約の自由が形骸化し、その結果生存があやうくなる事態が生じ、かような事態を回避するために「団結せざるをえない」と構想された。しかし、労働形態の変化により従属労働的側面が希薄になり、また、生存権がアピールしなくなってきた現在、何のための団結権保障かの根本的見直しが要請されている。「せざるをえない」というのは便利もしくは安易な説明であった。私としては、自立した労働者の多様な声、要求を結集し、公正な労働条件を決定・確保するための職場ルールを確保するという視点が重要と考えている。

第二に、実際の労働条件決定・実施過程との関連につきそれほど留意せず、あくまで、抽象的な権利構成に固執している。とりわけ、併存組合下において組合であるかぎり平等な団結権、団交権が保障されると解したので、職場における労働条件決定に占める各組合の地位や役割につき十分な考慮がなされなかった。コミュニティユニオンについても同様な状況が発生している。原則論にはひかれるが、ワンパターンの議論が団結権の形骸化を生み出したことも事実である。また、職場における労働条件の画一的決定は、就業規則による場合が多く、団交、協約法理との関連性が問題となる。さらに、労基法は、過半数組合に従業員代表的役割を認めているが（三六条、二四条、九〇条等）、職場全体をふまえた団結権法理との関連についてまでは十分に議論されていない。

第三に、団結権法理の具体化については、主に公務員の労働基本権、それも争議権問題を中心として展開してきた。官公労の政治的影響力は大であり、実際にも争議を実施する力量を有しており、政府も関心をもっていたからである。他方、民間における団結権保障の在り方についての原理的議論は極めて不十分であった。

私は、団結権につき「組合活動、組合所属」に連動しない労働者の連帯を志向した多彩な活動をも一定の保護対象にする必要があると考えている。従業員代表としての活動、従業員の互助会的活動、個々の労働者の労働条件、会社経営・方針に対する発言等が対象となろう。既存の個別法と集団法の中間領域の問題といえようか。

第四に、団結権については司法救済法理と行政救済法理が未分化のまま形成、発展してきた。学界の主要な関心は、行政救済法理の独自性の解明よりも、労組法七条に基づく司法救済法理の確立であった。その結果、労働委員会命令の取消訴訟においても、司法的視点が導入され、独自の行政救済法理の確立を阻害している。契約や所有権に、新参者の団結権はなかなか太刀打ちできないからである。

第五に、法システムとの関連において労働組合の役割や意義について次のような把握がなされていた。ここでは、今後の検討課題についても考えてみたい。

その一として、労働条件「決定過程」における個々の組合員の位地や役割はそれほど注目されなかった。組合対組合員の論点は、純粋な組合内部問題かせいぜい協約の規範的効力の限界、山猫スト論ぐらいであった。組合内部における意思決定過程、団交過程、さらに職場における実効性のある労働条件の決定という視点をふまえた団交・協約法理、つまり新たな公正代表法理の検討が必要であろう。

その二として、あくまで「組合員のみの利害」を代表している。規範的効力を定める協約法理（労組法一六条）がその典型である。非組合員や別組合員等の組合員以外の者を、また、同じ職場で働いている非正規労働者をどう代表するか、さらに、組合を通じての労働条件の決定が職場全体へどう影響するかも余り考慮されていない。使用者が通常念頭に置いている労使関係（職場全体）と組合のそれ（自分の組合員だけ）

が大きく異なっている場合があり、それが円滑な労働条件の決定を阻害している。

その三として、「代表性の在り方」は、労働条件の基準設定的側面だけでなく、苦情処理的また個別的労働条件（たとえば年俸制）への関与の側面をも含むというように柔軟に把握されている。もっとも、現実の組合は個々の組合員の日常的な利益を直接擁護するという苦情処理的もしくは個別労働条件への関与の側面では、必ずしも十分な役割を果していないと思われるそこに、企業外部の一般労組の存在理由があった。今後は、後者の側面における組合の代表（代理）性をどう法的に構成するかが課題となろう。そのための企業情報の組合（員）への伝達の在り方、企業内組合と外部組合への二重組合所属の適否、人事協議における公正代表等も法的に問題になる。さらに、従業員代表的な職場オンブズマン制度という構想も考えられる。総じて、組合の意義、役割は、現在労働条件設定的側面と労働者の個別利益代表的側面に二極化しており、それぞれに対応し、かつそれらを総合した法理の構築も重要な課題といえる。

団結権の研究も捨てたものではない。

13 労働組合になぜ公正代表義務が課せられるのか

「先生、組合になぜ加入しなければダメなのですか。チェック・オフされる三〇〇〇円もあれば、ほしかったMDが毎月買えるのに」。ゼミ生との討論は、時代を感じる機会でもある。ユニオン・ショップ制の適法性は判例上確立しているが、学会では近時違法論が有力である。私は、組織強制は団結権保障の一環と考えているので、未だ適法論を支持している。ゼミでは、判例を中心に議論しており、ユニオン・ショップの適法性が争点となった事案において前述のような発言があった。多数の意見は、違法論を唱える西谷・大内説支持であり、道幸説の支持者は少なかった。自由活発な議論の実現という点では大成功といえる。しかし、私としては釈然とせず、納得がいかない。教師としての威厳、権威も低下する。「組合や職場の実態を知らないから」という禁じ手を使って反論していくうちにわかってきたことがある。ゼミ生の基本的発想は、今流行の「個人」と「自己決定」であり、組織強制はその原理に明確に反する。これではユニオン・ショップ適法性論は負ける。労働組合はどういう組織か、組合の運営原則はなにかを明らかにしなければゼミ生は納得しない。

労働組合のあり方を議論する際の基本的視点はなにか。その一は、組合、特に企業別組合はあくまでも利害の一致が基礎となる。政治党派等とは異なり、意見やイデオロギーの一致がその組織原理となるわけではない。労働条件や雇用状況について利害の一致があり、職場ではイヤでも一緒に働く必要がある。労働条件の個別化がすすんでも利害の基本的な同一性は否定できない。「つきあいユニオニズム」ともいえる。

その二は、使用者との対抗団体に他ならないことである。組合と組合員という二極構造ではなく、使用者も含んだ三極構造で考える必要がある。組合から自立することは、個人として使用者と直接対峙することを意味する。組合の内部問題もこのような全体状況をふまえて考えなければならない。

労働組合は、職場において自分を守るために「団結せざるをえない」組織といえる。個人、自己決定を前提に競争をすることによって自分を守るか、競争をしないことによって自分（達）を守るかの違いである。

とはいえ、個人や自己決定を無視する訳にもいかず、そのために組合民主主義がきわめて重要となる。実は、この組合民主主義の法理についてはは必ずしも十分な議論がなされていない。まず、実定法上、労組法五条が資格審査との関連において若干の規定を有しているにすぎない。労組法全体の中で組合民主主義をどう位置づけるかという問題関心も希薄である。実際の裁判も労働条件決定というより政治活動がらみの事件が多く、学説上の議論・関心も高いものといえない。特に最近はひどいものである。このような傾向を促したものとして組合併存主義、団結平等論がある。団結権が憲法上の人権（二八条）ととらえられたために結社権的な、つまり好きな者どうしの団結というイメージが強くなった。利害や意見のはっきりとした対立は、内部調整よりも、組織分裂で事実上解消する方式が採用された。組合併存状態は、たしかに組合選択の自由の観点からは有効である。しかし、労働条件の実効性のある決定の側面では、労働者の力が分散し、場合によっては無用な対立さえ生じるので決定的に不利である。不当労働行為事件の温床でもある。

このように考えていくと、労働組合に対し職場における共通の利益を代表する機能・役割を期待する法理に行き着く。その一つのモデルは、アメリカ法上の排他的交渉代表制である。労働条件の統一性が特に要請される公務員団交法制に適合的なアイデアと思われる（具体的な試みは、拙稿「公務員労働団体の代表法理」日本労働法学会誌一〇〇号〈二〇〇三年〉）。しかし、民間については、労使自治の要請がより強く、排他的交渉代表制を採用すべきかについてはやや躊躇を感じる。少数派組合の存在には大きな意味があり、それに対し団交権を付与するメリットも否定しがたい。そこで、組合分裂を回避し労働者の共通の利益を実現する方向での法理をめざした。これが公正代表義務法理に他ならない。

労働組合は組合員の多様な意見、利益を公正に代表して、内部的意思決定をし、それをふまえて団交・協約の締結をなす法的義務がある。以上の公正代表義務がなぜ労働組合に課せられるのか。

その理由の第一は、組合加入の意義に由来する。つまり、組合加入は組合を通じて集団的に労働条件を決定することを意味する。より具体的には、まず団交制度の確立の観点から個別交渉が原則的に禁止される。同時に、団交の結果たる協約には、原則として有利、不利を問わず規範的効力が認められる（規範的効力の両面性）。以上のことから、組合は、その権限に見合う形で個別組合員の意見・利益を公正に代表すべきことが義務づけられる。

第二は、組合内部運営の基本原則たる組合民主主義（労組法五条二項三、四、五、八、九号参照）に由来する。労働組合内において、組合員の利害は原則的に一致するとはいえ、実際の利益状態は多様であり、また要求項目に関する意見も必ずしも一致しない。この対立を調整する原理は組合民主主義に他ならず、組合は個別組合員の多様な意見・利益を公正に代表すべきことが要請される。会社と異なる組織原理といえる。

第三は、誠実団交の実現のためである。使用者には、交渉の場に着席するだけではなく、労働組合と誠実に交渉する義務をも負う（労組法七条二号）。この誠実さは、協約締結に向けた真摯な交渉態度といえる。もっとも、使用者だけではなく労働組合の交渉態度も（間接的に）問題になり、労働組合の暴力的な態度や不誠実な交渉態度は使用者サイドの正当な団交拒否理由とされる。その延長として、労働組合には組合員との関係においても誠実な交渉態度が要求され、その一内容として個別組合員の利益や意向を公正に代表して交渉することが必要になる。個別交渉が禁止されていることからもそういえる。

第四は、労働組合の交渉力強化のためである。公正代表義務という発想の基礎には、組合分裂を阻止し、組合員利益の大同団結を図り、その結果交渉力を強化するという価値判断がある。そのためには、多様な利益を公正に内部調整することが不可欠になる。同時に、私見は、交渉力強化のためにユニオン・ショップ制を適法と解しているので、強制加入に見合う組合の義務という側面もある。

では、公正代表義務の具体的内容如何。集団的な労働条件決定は、①組合内部における要求の集約、②使用者との団交、③協約の締結、という過程をたどる。法理構築の鍵は、協約法理にあるので、③について主に検討し、それをふまえて①②についても論じる必要がある。法理構築の基本的視点は以下である。

その一は、組合員相互間の利害の共通性を前提とした集団法的視点である。個別組合員の意向を重視すべきといっても、抽象的な意思決定の自由が問題になるわけではない。労使関係というフィールドにおける個人の意思決定に他ならないので、その点の配慮が不可欠である。

その二は、それでも集団的決定の限界が想定できるので、個別意思との調整が必要になる。紛争処理基準の明確化のために、調整原理の解明と個別意思に委ねた場合の具体的処理方法の検討が必要である。

その三は、協約法理だけではなく、集団的労働条件決定過程という観点から、組合内部、団交法理との連動も考えなければならない。

その四は、協約による労働条件の不利益変更は、組合員の期待に反することは否定できないので、組合民主主義の完全実現にこだわる。組合運営の効率や円滑な協約締結を阻害する側面があるが、労働組合には「効率や円滑」以外にも守るべきものがあると考えているからである。

以上をふまえた私見の展開は二〇〇四年末に発表した拙稿「労働協約による労働条件の不利益変更と公正代表義務（一）～（四）——判例法理の検討と公正代表義務法理の再構築」労働判例八五一、八五三、八

五五、八五七号を参照されたい。具体的基準を追求すればするほど労使の実態から遠ざかるという労働法解釈のジレンマに直面した論文である。とはいえ、会社から労働相談を受けた時には、「就業規則に比べて労働協約によるほうが裁判上不利益変更が認められやすいのは、ちゃんとした組合がある場合だけです」と答えることにしている。

14 まだまだわからない司法救済の法理

北大労働判例研究会は、なんとか週一回のペースで開催されている。そこでは最新の労働判例を多くの目で読み、それをふまえて徹底的に議論することを主目的にしている。最近、問題の多い、もしくは問題を提起する裁判例が増加しているので、対象裁判例の選択には困らない。継続的な判例研究の大きなメリットとして、自分の専門に近い事件だけではなく、ほぼ万遍なく最近の裁判例をフォローすることができる。また、個別の事案だけではなく、関連する事件を継続的に研究することも可能となる。これに自由な議論が加われば研究にとっても大きな意味を持つ。

研究会では司法救済、とくに団結権・団交権侵害を理由とする損害賠償事件を取り上げることが多かった。この司法救済については、多くの注目すべき関連裁判例が出されているのにもかかわらず、学説の対応は今イチである。そこで、最近の裁判例の傾向と問題点を考察し、一定の知見を得ることができた。具体的な裁判例の検討は、拙稿「団結権侵害を理由とする損害賠償法理（一）（二）」季刊労働法

二二六、二二七号（二〇〇九年）を参照してもらうこととし、ここでは本格的に論議すべき将来的課題をのべてみたい。

司法救済の意義・限界はどこにあるか。まず、無効構成については、反組合的行為のうち法律行為的に構成しえるものだけが対象となる。また、その判断基準も効力の有無だけで事案に応じた柔軟な処理に適さない。そこで、より実効性のある救済方法として不法行為構成が提起された。たしかに、対象の広がり、柔軟さ、割合的処理、強制方法等の点では有効と言える。また、団結権侵害を直接問題にしうるというメリットもある。

しかし、違法性の判断基準の混乱、過失を問題とする視角のあいまいさ、保護法益の多様性、損害額についての基準の不明確さ等の問題がある。同時に、企業独自の責任と使用者責任との関係、共同不法行為法理の適用についても多くの難問がある。にもかかわらず、学説・判例上本格的な検討はなされず、関連裁判例が蓄積されている現状である。

全体としての印象では、民法の既存の議論を前提に法理を精緻化するのは、想定している利害状況が大きく異なっているので、困難といえる。同時に、法理の精緻化の視角・意味自体が問われているでは、事件処理視角からみた司法救済の特徴はなにか。法社会学的観点からは、労使紛争の効果的な処理を念頭に置いた注目すべき傾向がみられる

その一は、事件（紛争）を一連の「団結権侵害行為」として把握する視角である。組合サイドの意向によるものでもあり、実際にも一連の行為と評価できるケースが多い。共同不法行為的処理に適するとともに企業自体の責任という発想に連なるものといえる

その二は、複合的な責任追求システムである最終的には、使用者責任等会社の責任が追求され、必要があれば個人責任をも追求するという図式となっている。この柔軟さ、被告の多層性が不法行為訴訟のメリットといえようか。さらに、取引（銀行）先のプレッシャーによる反組合的行為や別組合員が関与した行為に関して共同不法行為構成で対処しうるという大きな利点もある。もっとも、個人責任や取引先を追及することが健全な労使関係の形成にプラスになるかの問題は残されている

その三は、救済方法レベルであり、当然ながら金銭賠償に限定される。反組合的行為の規範的評価は、主に非財産的レベルの損害賠償「額」で表現されていると思われる。組合の社会的評価・信用の低下度合いや団結権侵害の程度が考慮されているわけである。その点では、損害の公平な分担という視点は希薄であり、不法行為に対する社会的非難という側面が強い。

金銭賠償は、一般的には強制力がある端的な「救済」といえる。しかし、損害「額」レベルになると、解雇や処分等については得べかりし賃金額として基準はそれなりに明確であるが、それ以外については不明確である。とりわけ、組合の社会的評価・信用、団結権や団交権侵害の側面においてそういえる。つまり、金銭評価の対象となりうるというメリットがあり、加害者に金員を払わせるという意味では一定の教育的機能もある。しかし、個別労使関係における将来的なルール設定との側面では必ずしも効果的ではなく、あくまで、過去志向的な救済に他ならない。

団結権の法的構造について考慮する際に、組合結成・運営一連のプロセス自体が団結権の行使であるとともに、反組合的行為がなされた場合に組合サイドの抗議・対抗行為もそれ自体団結権の行使に他ならないことに留意すべきである。この対抗行為によって自力で反組合的行為をチェックしえたら損害賠償訴訟

のニーズは少なくなる。労使関係が自主的に形成され法的な関与が不要になるからである。この点に着目すると、法的な関与は、反組合的行為を直接に規制して組合活動自体の基盤を整備する方策と一定の組合活動を前提にそれを支援し労使間ルールを形成する方策に大別しうる。

行政救済は、労使関係の将来を見据えて不当労働行為の審査をすることから後者のケースにより適合的である。不当労働行為の有無を事後的に判定するよりは、調査・審問手続を通じて公労使の三者の委員と事務局で集団的労使関係ルールの形成を「手助け」するところに特徴がある。労使が納得した形の和解的処理が重視されるゆえんである。また、救済措置としても、労使交渉システムをビルドインした救済方法にも注目すべきである。差別是正の具体策につき労使協議を命じた労働委員会命令がその好例と言える。まさに、ルール形成に向けた労使に対する支援的・教育的措置に他ならない。労働委員会手続に特徴的な救済技法であり、司法救済にはこのような柔軟性はない

他方、司法救済は、労使協議がほとんど機能せず、組合存立に対する直接サポートが必要な時にこそ実効性がある。組合脱退工作、組合員に対する解雇、団交拒否という典型的な反組合的行為の規制であり、いわゆる組合活動の基盤整備といえる。当該解雇の「無効」、団交に応ずべき地位の「確認」という象徴的な対応がなされうる。裁判所（官）の権威がそれを支えている。ただ金銭による損害の公平な分担を目的とする損害賠償法理は、この点においてはやや気迫に欠ける。

もっとも、つぎの点において大きなメリットを有する。

その一として、ある意味で端的な救済という側面がある。団結権はそれ自体を法的に保護することは困難なので、金銭的な「補償・解決」としてドライに割り切り組合活動の助長を図ることができる。たとえば、

事務所貸与差別に対する賃料相当額の支払い措置は、労使協議を命じるよりも端的な救済といえる。侵害行為のリスクを可視化する仕組みであり、確信犯的な使用者に対しては教育（制裁）的な効果は大きい「可視化」しすぎるきらいはあるが。

その二として、団結権の特質を損害額のレベルで一定程度考慮しうることである。とくに、財産的損害として、反組合的行為への対抗行為に要した組合サイドの諸費用や組合員減少にともなう組合費の減額分を、相当因果関係にある損害と認定できれば独自の損害額ルールとなる。団結権保障のために実効的であるとともに、反組合的行為に対抗する組合活動を促進するという組合（員）教育的な側面もある。

15 コミュニティユニオンの提起するもの

合同労組が意図的に論じられるようになったのは一九五五年頃からであり、組合論としては、企業別組合「主義」を打破するため、産業別もしくは地域に着目した点が特徴といえる。労働法上も労働委員会実務上や理論的に多くの問題が発生した。その後、中小企業労働者の組織化がコミュニティユニオン運動として注目をあびるのは一九八〇年代であり、現在まで強い影響を及ぼしている。とりわけ、不当労働行為の最近の新規申立件数および斡旋申請件数の三分の二がコミュニティユニオンの事件である。コミュニティユニオンをめぐる法律問題は、個々の労働者が解雇等がなされた後にコミュニティユニオンに加入し、当該組合からの団交要求が拒否されるいわゆる「駆け込み訴え」のケースが典型といわれる。ここでは、このコミュニティユニオン運動が労組法理論にいかなるインパクトがあるかを考える。

ところで、コミュニティユニオンは現代でも多様な形態をとっている。企業内に一定の組織基盤があり支部や分会を構成できるケースと企業内に組織基盤をほとんど持たない個人加盟のケースがあり、後者については企業別組合を前提とした法理の適用は困難である。そこで、もっぱら個人加盟のケースを想定する。

組織原理については、企業を超えている点において企業別組合を前提としたルールとの齟齬がみられる。実務的には、資格審査との関連において、組合員資格につき「利益代表者」の線引きが不可能である。自主性を阻害する事態は想定しえない。また、同盟罷業について適切な投票方式も困難といえる。相手とすべき直接の使用者が異なるからである。

もっとも、運動論的には地域的連帯としての意義は重要である。基本的な組織化戦略としては産業別と地域密着の構想があるが、前者はどうしても企業別組合の連合体になる傾向がある。他方、地域密着型は、労働者の長期的なライフサイクルの観点からも重要性が高まっており、実際のニーズもある。また、職場で発生しているビビッドで多様な紛争が持ち込まれるため、組合活動の課題や問題状況を発見する手立てともなる。この役割は今後とも重要であろう。

問題はその具体的担い手に他ならない。特定のコミュニティユニオンだけでの運動では、財政的、マンパワーの面においてとうてい無理である。現在、組合総体として地域の雇用問題に関する取組みがなされ始めているが、必ずしも明確な展望はみられない。また、使用者サイドも、企業外の組織であることからコミュニティユニオンを排除するという古典的な対応が一般的である。パートナーとなりうる中小企業等協同組合の役割も低下している。地域において長期的に労働条件を確保するという発想は労使とも希薄であり、地域レベルの実効性のある雇用問題の論議・解決システムの構築は緊急の課題である。

団結権のとらえ方についても重要な視点を提供する。コミュニティユニオン運動が広がりに欠けるのは、企業別組合主導の団結権把握に由来する側面があると思われる。つまり、組合結成や加入行為に対する不利益取扱いは一号違反とされているが、企業外部からの組織化については現行不当労働行為制度は適切な保護をしにくい仕組みになっている。一定の組織化の過程で「組合員」もしくは「組合員になろうとした者」が解雇等をされた場合には、当該組合員との関連で特定使用者の行為として一号違反と見なしうる。三号違反も構成しうる。他方、外部からの組織化段階においては、まだ組合員になっていないケースについては一号違反は想定しにくい。せいぜい、組合結成の相談や学習会参加を「組合加入行為」と把握するぐらいである。問題は、組織化活動の主体たる外部組合に対する使用者の行為を支配介入と見なしえないかである。

組織化は雇用関係を前提にする企業内部における場合と外部からのそれが想定される。後者のケースでは必ずしも雇用関係は存在しないので外部からの組織化に対する会社の対抗行為を七条本文にいう「使用者」の行為とみなしうるかは問題となる。関係を作る過程における「使用者」をどう位置づけるべきかという点では最近の団交拒否事案における「労働者」概念と類似した論点を提起している。

特定のエリアや職種における外部からの組織化の観点からは、組織化を開始した時点で労使関係的な利害が生じる。この点、アメリカ法上は排他的交渉代表制度があるので、外部からの組織化についての不当労働行為ルールを適用しやすい。他方、わが国では、企業別組合を前提とした団結権把握なので、外部からの組織化と関連づけたルール設定は困難である。したがって、組織化が成功し、従業員が組合員になって初めて当該組合と使用者との間に「労使関係」が発生することになる。

外部からの組織化をふまえた団結権把握は緊急の課題である。そのためには、コミュニティユニオン運動との関連における「使用者概念の拡張」が不可避である。ここでは、企業別組合を越えた形での団結権とはなにかが問われている。労働力の流動化や自立性は強調されているが、労使関係形成法理に関する柔軟な議論はおそろしく低調である。

ところで、コミュニティユニオンの法律問題の中核は団交権のあり方である。具体的には拒否理由との関連では、①合同労組が労組といえるか、②要求事項が義務的交渉事項といえるか、③団交で解決すべき事項といえるか、④使用者の対応が誠実交渉といえるか、等が争われている。また、⑤救済命令のあり方も問題になる。理論的には、②③が難問であり、「解雇者・退職者」に関する「個別人事」が争われることが多く、「要求時期のタイミング」も問題となる。また、不当労働行為事件としてだけではなく、調整事案としても申請されることも多い。

①の問題は、職種別の合同労組については、組合員がはたして労組法（三条）上の「労働者」といえるかが問題となる。これはホットなテーマであるが、労組法全体や団交権保障の意義と関連づけて論ずべきテーマといえる。

他方、退職者・被解雇者の駆け込み訴えのケースに着目すれば、②③④⑤はほぼコミュニティユニオンに特化した論点である。組合加入前の解雇等の個別人事であっても、交渉要求時点において「組合員の処遇」に関するので義務的交渉事項に他ならない。また、誠実交渉義務の要請から解雇撤回の意図が無くとも解雇理由等の説明が必要である、というのが判例法理といえる。

もっとも、実際には、団交といっても労働条件基準に関するものではなく、また、多様な労働条件に関するバーゲンというより、実質は個人の特定人事に関する苦情処理に他ならない。したがって、実際の事件処理においては、救済命令が出されることは少なく、和解が図られるのが普通である。個別人事につき斡旋的な処理がなされているわけである。組合も本人もそれを望んでいる場合が多い。その意味では、将来的な労働条件基準の設定という側面は希薄である。このような処理実態から、この種の紛争を団交権保障の観点から論ずるべきではないという見解もある。

しかし、独自の苦情処理法理がない現状においては団交紛争として処理するのはやむをえないと思われる。とりわけ、次の二点に留意すべきであろう。その一は、個別人事に関する決定とはいえ、使用者サイドからすれば先例を作ることになり、将来の労務管理に一定の影響がある。基準設定的な機能は否定できず、集団的側面は見逃せない。その二は、それなりの和解がなされるためには、団交拒否を許さない前述の判例法理の存在が決定的である。

むしろ理論的に検討すべきは、個別組合員の意向を「団交過程」においてどう適正に代表、というより代理すべきかの問題である。不当労働行為事件にせよ調整事件にせよ、実務的にはこの点は難問である。人事協議条項における労働組合の公正代表(代理)義務と類似の論点といえる。

16 個人申立の法理

不当労働行為がなされても救済命令が発せられるまでに不当労働行為の解消措置等がなされると特定

の救済命令を発する救済利益が消滅することがある。通常は、不当労働行為の解消措置、中立組合の消滅、組合員資格の喪失等が問題となる。また、「救済命令後」の事情変更、たとえば組合員がいなくなったことは命令を取消す必要性の消滅とみなされ請求自体が却下されるか否かが争われている。

最近、JRバス関東事件において組合申立と個人申立がなされ、個人申立につき、当該申立人が申立組合を脱退し、別組合に加入した場合に個人申立を棄却しうるかが争われ、東京都労働委員会（令三・八・一七）と中央労働委員会（令五・一・一一）が対立した見解を示した。個人申立の意義・位置づけについてのまったく新しい論点であり、不当労働行為救済制度のあり方にも関連する問題である。

本件の事実関係はおおむね以下のとおりである。

X_1は、会社の白河支店でバスの運転手として勤務し、東日本旅客鉄道労働組合（JR東労組）に加入し、水戸地方本部（水戸地本）に所属していた。同人は、バスの回送運転中に喫煙および私用の携帯電話による通話を行なったので、当時の白河支店の支店長は、同人に対し、上記行為を会社に報告しない条件として、JR東労組からの脱退届を出すよう求める発言をした。

X_1、水戸地本（X_2）およびX_3（水戸地本大子支部棚倉分会の分会長）の申立にもとづき、都労委は、X_1とX_2の申立てを分離のうえで、X_1の申立てを認容して、会社に対し、以下の文書の交付、掲示等を命じた（なお、X_2の申立ては却下された）。

「被申立人Y会社は、本命令書受領の日から一週間以内に、下記内容の文書を申立人X_1に交付するとともに、同一内容の文書を五五センチメートル×八〇センチメートル（新聞二頁大）の白紙に楷書で明瞭に墨書して、被申立人会社R支店の職員の見やすい場所に一〇日間掲示しなければならない。」

なお、X_3は初審都労委において申立てを取り下げ、X_1は、本件申立後の令和二年二月一六日、JR東労組を脱退し、その後、JRバス関東労働組合（JTSU－B）に加入している。本件は、初審命令を不服であるとして会社が再審査を申し立てた事案である。

X_1の救済利益をめぐる都労委の判断はおおむね以下のとおりである。

①会社の対応やJR東労組の中央執行委員会の見解を考慮しても、本件行為についてすでに解決済みであり、集団的労使関係秩序が正常に回復されたとまで断ずることはできず、そうすると、類似の行為が繰り返されるおそれがなくなったともいえず、本件申立てに救済の利益ないし必要がないとする会社の主張は採用することができない。

②X_1がJR東労組を脱退したのは、本件申立てをめぐる同組合内での対立により、共に本件申立てをした組合の執行委員らが同組合を脱退したためであり、X_1は、本件申立てを維持するために、本件申立てに反対の立場をとっている同組合を脱退せざるをえない状況にあったともいえるので、同人の組合脱退の事実から同人が救済の利益を放棄したと評価することはできない。また、X_1は、組合脱退後も本件申立てを維持し、救済を求めているのであるから、このことからも同人が救済の利益を放棄したとみることはできない。

他方、中労委の見解はおおむね以下のとおりである。

①本件各発言は、当時JR東労組の組合員であったX_1に対し、JR東労組からの脱退届を提出するよう求めるものであり、同人がJR東労組の組合員であることを問題視するものである。このことからすると、

本件各発言は、ＪＲ東労組の団結力、組織力を損ねて弱体化させるおそれのある行為であり、本件の申立人たるX_1に対しては、ＪＲ東労組との関係での団結を損なうおそれのある行為である。

②X_1が令和二年二月一六日にＪＲ東労組を脱退し、その後、水戸地本執行部の組合員らがＪＲ東労組を脱退して結成したＪＴＳＵ－Ｂに加入したことが認められる。このことからすると、救済命令によってX_1とＪＲ東労組との関係における団結を回復する必要性は、もはや失われた。

③X_1は、ＪＲ東労組が本件各発言をめぐる問題は「解決済」と表明していること等からして、自身のＪＲ東労組脱退はやむを得ない旨を主張するが、ＪＲ東労組がそのような立場に立っていたとしても、X_1は、ＪＲ東労組との関係での団結を志向しつつ、個人で救済申立てを行なう余地はあった。

組合脱退を慫慂する支店長の発言は組合の運営に対する支配介入である点は、中労委と都労委で共通するが、両者の結論の違いは、

(1)中労委が申立の趣旨をＪＲ東労組との関係での団結を損なうおそれのある行為ととらえ、組合員が別組合に加入したことからＪＲ東労組との関係における団結を回復する必要性は、もはや失われたとし、

(2)都労委は、組合申立の取り下げの経緯、X_1の組合からの脱退の経緯を重視する。本件申立をめぐる同組合内の対立により共に本件申立をした執行委員らが同組合を脱退したためであり、X_1は、本件申立てを維持するために、本件申立てに反対の立場をとっている同組合を脱退せざるをえない状況にあった。同人の組合脱退の事実から同人が救済の利益を放棄したと評価することはできず、また、X_1は、組合脱退後も本件申立てを維持し、救済を求めているのであるから、このことからも同人が救済の利益を放棄したとみ

ることはできない、
との判断の違いから導かれている。

救済申立については、不当労働行為によって利益が侵害された組合および組合員個人に申立適格があることは共通の了解になっている。実際には、組合申立のケースが圧倒的に多い。たとえば、令和三年では、組合申立九五％、個人申立二％、連名による申立三％になっている。

申立については、不当労働行為類型に応じた申立適格が主要争点であり、関連して組合申立の法構造、とりわけ個々の組合員との利害調整については一定の裁判例が蓄積されている（たとえば、旭ダイヤモンド工業事件・最三小判昭六一・六・一〇労働判例四七六号六頁等。詳しくは、拙稿「組合申立の法構造（一）（二）」北大法学論集三八巻五・六号（一九八八年）一一三九頁、三九巻一号（同年）七五頁）。他方、個人申立の意義等についてはほとんど論じられていない。

ではどう考えるか。個人申立と申立組合の団結権との関連については中労委の見解が一応常識的である。しかし、本件の個別事情、とりわけ、申立をめぐる組合内部における対立により別組合が結成され、個人申立の実現の観点から同人が別組合に加入したことをどう評価すべきか。一応三つのアプローチがありうる。

その一は、個人申立であってもあくまで申立組合の団結権擁護との関連で位置づけるべきなので、当該個人が組合を脱退したならば個人申立につき、独自に救済する利益が失われたと解する中労委の見解である。

その二は、申立組合との関係とともに組合員個人の団結権を独自に実現する目的を持つと位置づける。そうすると本件のように個人の意向に反する状態になったとして申立組合を脱退したこと、さらに意向に合致する別組合に加入することは、必ずしも個人申立に関する救済利益を放棄したことにはならないとする。中立組合脱退や新組合加入の経緯を重視する立場といえる。

その三は、不当労働行為の救済のあり方を申立組合との関係だけからでなく、独自に個々の労働者の組合活動権の保障と位置づける。連名による申立であっても別個に取り扱うことになる。

以上の他に、別組合加入と別組合からの救済申立について「駆け込み訴え」的に新規事件として取り扱う余地もある（除斥期間の問題はあるが）。

第四章

労使関係における集団的性質

北岡大介

平成19年 道幸先生還暦のお祝い

1　集団的性質とはなにか

大学で労働法を教える立場となり、改めて感じるのは、学生の多くが「ハラスメント」、「労働時間」など個別的労働関係法のテーマには強く関心を寄せる一方、労働組合法など集団法への関心が年々希薄になる点である。しかしながら、道幸先生が喝破されるとおり、「労使関係・紛争は集団的性質があ」る（「労働組合法の特徴と見直し」『岐路に立つ労使関係――労働組合法の課題と展望』旬報社、二〇二三年、一三頁以下参照）。一例として、いかに賃金の個別化が進んだ企業においても、「労働条件（基準）の共通性」として、当該賃金制度の仕組みと基準自体は「集団的」「画一的」に定める必要がある。またハラスメント問題もその背景には企業組織内の業務命令や懲戒ルールなど企業の権力・抑圧構造があり、これが職場の人間関係に強い影響を与えていることが少なくなく、道幸先生は「労務管理ルールとしての共通性・統一性」を的確に認識することの重要性を強調される。さらに「雇用維持の共通性」として、企業経営悪化によるリストラ等の事態が生じる際、雇用維持・確保につき共通の利害関係が生じうる。

このような労使関係における集団的性質に対し、如何に労働者の声を適切に反映させるのか。現行憲法、労働関係法令が前提としてきたのが、労働組合による集団的交渉・決定となろう。憲法二八条が労働組合の団結権、団体交渉権、団体行動権を保障し、労働組合法が労働組合に対し、不当労働行為救済制度を始め様々な法的保護を行ってきたことがその証左といえる。しかしながら労働組合の組織率は年々低下するとともに、実務上も「労働条件（基準）の共通性」が労働協約でなく、就業規則によることが広く浸透し、就業規則法理の形成・展開が進んだ。さらに近時では「働き方改革」の中、新たに「従業員代表制度の常設化」が政策課題として示されている。道幸先生は、労働組合法の不当労働行為救済制度を自身の主要研究テーマに掲げ、優れた研究業績を示し続けるとともに、北海道労働委員会の公益委員として長年、実務経験を積み重ねてこられた。労働組合法に係る豊富な学問的業績および実務経験の観点から、今日的な労働法の集団的側面から見た課題、とりわけ就業規則法理・働き方改革と集団法との関係、さらに従業員代表制など労働者集団の在り方を理論的・実践的に論じるのが、本章の各論稿に他ならない。以下では各論稿のポイントにつき、紹介したい。

2　第四章のポイント

一本目の17「組合法から見た就業規則法理」（労働法律旬報一八八九号〈二〇一七年〉四頁）では、まず実際の労働条件の決定につき、重要な役割を担っている「就業規則法理」について、「集団的なルール」であるものの、「実際の裁判では集団的性質に見合った議論はあまりなされず、組合法との関連についてもほとんど注目されていない」と指摘される。その上で「就業規則の制定や変更につき労働組合が一定の関与をする例が多く、理論的かつ実務的に解明すべき論点が少なくない」とされ、就業規則の制定・変更時における「意見聴取」と団交との未分化、組合が就業規則の同意・不同意に際し、労働者利益を適正に代表しているか等の理論的課題を提示される。その上で、労働組合が「就業規則の作成……変更に組合が積極的に関与するアプローチ」につき、様々な具体的提言がなされている。特に注目すべきは労働組合としての積極的な過半数代表者たることの確認・活動の推奨であり、意見聴取に際して「非組合員を含んだ従業員の意向や要求を知り集約すること」の重要性が指摘される。

二本目の⑱「働き方改革と集団的労働法」(労働法律旬報一九三四号〈二〇一九年〉四頁)は、非正規雇用の処遇改善など個別的労働関係法として論じられることが多い二〇一九年施行の働き方改革関連法につき、「集団的側面」から論じた論稿である。まず同法の「施策の具体化のためには労働者個人だけではなくその集団やそれと企業との話し合い・協議が不可欠」であると指摘した上で、集団的な労使協議の在り方、非正規労働者の組合加入や組合代表性のありかた等の課題を示すが、このうち特に注目されるのが、「集団的なルール設定・権利実現への支援」であり、一例として労働時間の認定問題を挙げる。残業代請求事案は一見すると個別労使紛争事案そのものであるが、本稿では「ある就労時間が労働時間か否かの認定が必要……労働組合は、就労実態に応じて労働者の意向を反映して意見を述べ、労働時間性の確認作業に関与することができる」との注目すべき実践的課題を提示する。また非正規労働者の公正な処遇確保も同様の支援が期待されうるところ、課題となるのが労働者集団の担い手である。

三本目の⑲「労基則六条の二第四項」(労働法律旬報一九八三号〈二〇二一年〉四頁)は、三六協定の締結主体となる従業員過半数代表者に係る労基法施行規則改正に関する論稿である。同改正では、新たに「使用者は過半数代表者が法に規定する協定等に関する事務を円滑に遂行することができるよう必要な配慮を行わなければならない」との規定が新設され、過半数代表者の円滑事務遂行のための配慮を使用者に求めることとした。この一定の配慮として、過半数代表者が労働者からの意見集約等を行うためのイントラネット等の提供が一例として挙げられるところ、本稿では労組法における労働組合の自主性確保、とりわけ使用者による便宜供与の禁止との関係につき、課題提起がなされる。非労働組合の過半数代表者に当該配慮がなされ、過半数労働組合による過半数代表者には、労組法の便宜供与禁止の観点から同配慮がなされないとすれば、「組合活動を抑止する効果」が生じうる点など、集団法から見た課題を的確に指摘される。

四本目の⑳「労働組合を作るということ」（労働法律旬報二〇〇九号〈二〇二二年〉四頁）は、働き方改革との関連で労働者集団に着目すべき中、労働組合を作るということの基礎ともいうべき営為や行動につき、裁判例等を紹介しながら論じる論稿である。組合加入前のビラ配布、組合結成前における集団的な職務放棄、さらには組合加入前の職場グループ名の批判的メール送信などが、組合結成・加入準備行為もしくは個人レベルの団結権行使として正面から認める余地がないか検討している。同論点に関連し、アメリカ法の不当労働行為救済制度における「共同的行為」を紹介の上、組合結成過程の時間的広がりに留意した組合結成準備行為に対する保護のあり方が新たな課題として示される。

最後は、㉑「従業員代表制の常設化よりも労組法の見直しを」（法律時報九四巻六号〈二〇二二年〉一頁）である。前記のとおり、労使関係における集団的側面を前提とすれば、労働条件の集団的決定はもとより、働き方改革、ハラスメント・労働時間管理など一見すれば個別的に決すべき問題も労使協議等の必要性が高い。この労働条件の集団的決定・労使協議の担い手につき、最近では、常設的な従業員代表制度の創設案が検討されており、このうち過半数代表組合が存在しない場合にのみそれを認めるべきという「補完型」などが示されている。道幸先生は常設化の構想について「補完型であれ労働組合運動に決定的な影響を与えると思われるので、私はやや慎重な立場」であるとされる。常設化への疑問としては、「強制設置という構想のため、労働者の主体性・自主性よりも会社のイニシアティブによる設立という事態が予測され」、また補完型が認められれば、「労働組合を作るというインセンティブが大きく損なわれ……フェアな競争の基盤自体が失われる」等の懸念を指摘される。むしろ現行労組法が十分に機能し得なかった要因の一つとして、組合法自体の問題点が存した点を指摘され、本格的な労働組合法の見直しこそが必要とされる。その中には、前記の組合結成に向けた個人の準備行為への保護のありかたのほか、労働組合員資格（管理監督者の排除等含む）および便宜供与禁止の見直しなど、今日的な労使関係の実際に照らした労組法改正の必要性が示されている。

3　先生の見守る力と優しさ

今回、道幸先生の各論稿を再読し、個人的に感じたことは、先生の見守る力と優しさである。労働法の集団的側面を論じる際、労働組合の組織率の低下、組合活動の停滞は看過しえず、「常設的な従業員代表制」創設への期待感が堪えないが、本論稿では、新制度案への冷静な検証とともに、労働者集団たる労働組合へのエールを要所要所に見いだすことができる。とりわけ⑳「労働組合を作るということ」には、労働組合やその活動が生まれる萌芽を「時間的広がり」の中、見守ろうとされる先生の優しさが溢れる論稿のように感じられた。思えば、学部生はもちろん大学院生に対する指導も同様であり、私のように大学院修了後、いったん実務家に転じつつも、引き続き研究を志す者にも門を閉じず、「時間的広がり」のなか、見守っていただいた。私も教員になり早五年を迎える中、日々の仕事に追われ結論を先走りがちになるが、道幸先生の見守る力と優しさは、研究・教育双方にとって極めて重要だと思う。今後も先生の本論稿を読み返すことで、労働法の集団的側面における課題を再確認し、自身の研究・教育に活かすとともに、師から頂いた大きな恩を思い返す一助としたい。

17 組合法から見た就業規則法理

労務管理の個別化の傾向にもかかわらず労働条件の多くは集団的に決定される。この集団的決定の労働者サイドの担い手は労働組合に他ならない。しかし、組合の組織率は平成二八年「労働組合基礎調査」によると一七・三％であり、低下傾向が続いている。

実際の労働条件の決定は就業規則によっており、就業規則をめぐる裁判例も少なくない。とりわけ、労働契約をめぐる紛争は就業規則に関連するケースが多い。この就業規則は、職場における統一的な労働条件を決定しておりその点では集団的なルールといえる。しかし、実際の裁判では集団的性質に見合った議論があまりなされず、組合法との関連についてもほとんど注目されていない。しかし、就業規則の制定や変更につき労働組合が一定の関与をする例が多く、理論的かつ実務的に解明すべき論点が少なくない。

ではどのように考えるべきか。以下は、組合法から見た就業規則法理の特徴と直面する課題についてのアウトラインである。労働組合運動との関連においても参照すべき問題といえる（くわしくは「集団法からみた就業規則法理（上）（下）」労働法律旬報一八六九号、一八七一号〈二〇一六年〉参照）。

秋北バス事件最判で不利益変更を認める判例法理が示され、最判および下級審の多くの裁判例を通じて「就業規則法理」が確立していった。二〇〇七年に労働契約法が成立し判例法理の立法化が図られた。この過程において組合の組織率、影響力が低下し、実際の労使関係においても就業規則重視の傾向がみられ、学説においても活発な議論がなされた。

そこでの主要な問題関心は就業規則の効力について契約論的にどう説明するかというものであった。使用者が一方的に定める就業規則システムを前提とする限り無理を承知での論争といえた。実際には就業規則で定められた個別規定についての規範的解釈以上のことは困難であった。

他方、労働契約論については個別合意の真意性の追求が学説および裁判例の最近の流れといえる（たとえば、山梨県民信用組合事件・最二小判平二八・二・一九労働法律旬報一八六二号四八頁）。しかし、就業規則については本来「合意」の契機がないので、合意レベルではなく規定内容をどう説明・説得したかによって不利益変更の合理性を問題にするアプローチがとられた。説明レベルについては「真意性」の論点と類似しているからである。なお、就業規則の「周知」については、契約論的な説明が不可欠と思われるが、裁判例のアプローチは至極形式的であり、契約論で真意性を問題とする姿勢ほどの熱意はみられない。

また、全体的な印象では、学説の関心が契約論に傾斜したために就業規則が本来有している集団性を重視した事件処理や法理は後退している。組合法からの接近も以下のような理由できわめて不十分であった。

第一に、手続き的には、意見聴取と団交とが未分化になりがちであった。とりわけ、団交法理が未成熟であった。使用者が一方的に決定しうる就業規則についての団交の意義とか交渉における誠実さについてそれほど詰めた議論はなされなかった。団交の有無や態様は、多くの場合不利益変更の合理性の判断基準にすぎなかったからである。

第二に、組合の関与については、多数組合の同意が不利益変更の合理性のファクターとされた。しかし、組合が反対した場合や同意した組合が労働者利益を適正に代表しているかについてまでは十分に議論されていない。就業規則作成・変更時の組合の役割は実質的には「協賛」機関化していたと評価しうる。

第三に、組合が一定の力量があれば実際には、「団交」を通じて影響力を行使することができ、場合によれば就業規則内容の変更も可能であった。もっとも、このケースは紛争化しないので外部からは見えにくい。組合内部手続きや責任体制も曖昧であり、使用者ばかりでなく労働組合にとっても使い勝手のよいシステムといえた。

では、組合としては就業規則問題にどう対処すべきか。最後にこの点を検討したい。選択肢は基本的に三つ考えられる。

その一は、団交・協約・団体行動を通じての集団的労働条件の決定に固執する原理的アプローチである。組合の実際の力量、職場全体を念頭に置かない労組法システムの限界からは実際は困難な道といえる。

その二は、従業員代表制のアプローチである。これらの構想は一貫して主張されているが、ある種の協賛機関化することが容易に予想される。それでも、「ないよりまし」と考えるか否かがポイントである。

その三は、就業規則の作成・変更に組合が積極的に関与するアプローチである。絡めてから職場全体の労働条件に関与する方策である。現実的な選択肢であり具体的には次のことが考えられる。職場全体の労働条件決定への影響があるので組合運動の新たな課題といえる。とりわけ、非組合員に対して組合の役割を具体的にみせていく良い機会と思われる。

①　過半数代表組合（者）であることは、就業規則の作成・変更について従業員全体を代表する立場に他ならないので、過半数代表組合であることの確認や過半数代表組合になる活動を積極的に行なう。意見

聴取のためとはいえ、非組合員を含んだ従業員の意向や要求を知り集約するよい機会といえる。また、代表者選出を目的とした組合活動は正当な活動として不当労働行為制度の保護対象となる。

② 就業規則の作成・変更は労働条件に連動するので、意見聴取レベルではなく、変更問題を「労働条件変更」として義務的団交事項とする必要がある。この団交レベルについては、通常の団交権行使の問題になり、少数組合にも認められる。同時に使用者に誠実交渉義務が生じ、労使間合意に達したならば協約の締結にいたり、協約は就業規則に優先する（労働契約法一三条）。さらに、団交原理の実現たる個別交渉や労働条件の一方的変更の禁止法理が適用される。就業規則は労働条件の一方的変更の仕組みに他ならないので、以上の禁止法理は組合法の観点からそれをチェックする有効な手段といえる。

なお、団交レベルとはいえ、交渉事項を「就業規則作成・変更」と特定すると誠実交渉のあり方や一方的変更法理の適用の仕方が通常の団交と異なることが考えられる。交渉事項に応じた両者の使い分けをどうするかは運動論的にも理論的にも難問である。

③ 協約との関係では、就業規則内容を協約化することと、逆に協約内容を就業規則化することが考えられる。いずれも使用者の理解が必要である。

前者については、内容の合理性からのチェック（労働契約法七条）は困難になるが、協約化することによって、一方的不利益変更をチェックしやすくできる。協約化すると無協約状態になった場合にその内容が契約内容に化体したという構成も可能となる。

後者については、労基法の建前（九二条）にも合致し、組合の規制力を職場全体に広げることができる。フリーライダーの問題は生じるが長期的には組合の代表性を確保するためには適切な措置と思われる。

九二条二項の利用も考えられる。

④　就業規則の周知について、組合も組合員だけではなく、積極的に全従業員に対し啓発する必要がある。身近な労働条件を知るもっともよい機会だからである。ワークルール教育の一環として労基法一〇六条を位置づけることも有用と思われる。

18 働き方改革と集団的労働法

政府は二〇一七年三月二八日、働き方改革実現会議の最終会議を開き、同一労働同一賃金等の非正規雇用の処遇改善や残業時間の罰則付上限規制などを盛り込んだ「働き方改革実行計画」を決定した。同実行計画の基本的視点として労働生産性の向上が重視されている。

それをうけて具体的には次の九項目につき提言がなされている。①同一労働同一賃金など非正規雇用の処遇改善、②賃金引き上げと労働生産性の向上、③時間外労働の上限規制の在り方など長時間労働の是正、④雇用吸収力の高い産業への転職・再就職支援、人材育成、格差を固定させない教育の問題、⑤テレワーク、副業・兼業などの柔軟な働き方、⑥働き方に中立的な社会保障制度・税制など女性・若者が活躍しやすい環境整備、⑦高齢者の就業促進、⑧病気の治療や子育て・介護と仕事の両立、⑨外国人材の受け入れの問題。

二〇一八年には働き方改革関連法により長時間労働の是正や公正な待遇の確保に関し立法化が図られ、二〇一九年四月よりその施行が開始される。これらの構想は働き方全般を問題にしている割に職場集団や集団法に関する問題関心が希薄である。全体としては、国、企業、個人に着目しており、労働者集団や労使関係は影が薄い。しかし、これらの施策の具体化のためには労働者個人だけではなくその集団やそれと企業との話し合い・協議が不可欠である。そこでここでは、主要な集団法的な課題についても考えてみたい。もっとも厚労省「同一労働同一賃金の実現に向けた検討会中間報告」（二〇一六年一二月）では、「非正規社員を含む労使交渉において格差是正を実施させることも重要だろう」との指摘がなされているが。

第一は、労使協議のあり方であり、とりわけ三六協定の締結・運用が問題になる。三六協定の記載事項が規定されたこと等から（「労働基準法第三六条第一項の協定で定める労働時間の延長及び休日の労働について留意すべき事項等に関する指針」（平成三〇年厚労省告示三二三号））次のようなことが問題になる。

その一は、過半数代表者の選出方法であり、トーコロ事件最判（最二小判平一三・六・二二労働判例八〇八号一一頁）が再度注目される。その二は、各記載事項につき労働者の意向を適切に代表しているかである。その三は、同協定の労働者への周知（労基法一〇六条）のあり方で使用者だけはなく組合の役割・責任も問題になる。その四は、特別条項については長時間を義務づける権能を使用者に付与するので民法上の公序や労基法の八時間労働制の原則との関連で「無効」かが争われる。この点については、イクヌーザ事件・東京高判（平三〇・一〇・四労働判例一一九〇号五頁）が注目され、今後は日立武蔵工場事件最判（最一小判平三・一一・二八労働判例五九四号七頁）の見直しも必要となろう。

第二は、非正規労働者の組合加入や組合の代表性のあり方である。いわゆる同一労働同一賃金原則との関連において、非正規労働者の組合加入「権」が問われる。企業別組合の多くは非正規労働者の組合加入を認めてはいない。しかし、均等・均衡原則を職場実態に即して実現するためには組合が正規だけではなく非正規の利益を適切に代表することが不可欠である。そのためには組合員資格の見直し、非正規にも組合加入を認めることが強く要請される。同時に、団交・協約との関連では、組合内において多様な労働者の利害を公正に代表することも重要である。とりわけ、使用者に非正規の処遇に関する説明義務（パートタイム・有期雇用労働法一四条二項）が課せられるので、団交レベルにおいても非正規だけではなく正規の処遇に関しても誠実交渉が要請される。さらに、派遣（派遣法三〇条の四）については労使交渉は緊急の要請である（國武英生「派遣労働者に対する均等・均衡処遇をめぐる法的課題」法律時報九一巻二号（二〇一九年）三六頁）。

第三は、ルール設定・権利実現への支援である。労働者の権利主張を支えるものとして使用者の労働時間管理義務という発想があり（たとえば、医療法人大生会事件・大阪地判平二二・七・一五労働判例一〇一四号三五頁等）、新労働安全衛生法六六条の八の三で立法的な対応もなされた。この管理義務に関する具体化、ルールの設定につき組合が関与するニーズも見逃せない。さらに、会社法上の役員等の第三者に対する損害賠償責任（四二九条）との関連における体制構築責任も問題になる。より広い観点から組合の役割を見直すことができるわけである。

労働者の権利主張への支援レベルについては、権利主張の前提として、ある就労時間が労働時間か否かの認定が必要になる。労働組合は、就労実態に応じて労働者の意向を反映して意見を述べ、労働時間性の確認作業に関与することができる。判例法理上労働時間か否かは客観的に定まるとはいえ、実際にはグレーゾーンのケースが少なくないので、「交渉」の余地がまったく無いわけではない。労働時間性だけではなく、対価たる賃金額決定レベルになるとますますそういえる。

さらに、違法な残業命令や賃金不払い事案が少なくないので、それらについての労基署への申立（労基法一〇四条)、裁判支援についても組合の役割は大きい。職場全体の問題であり、それらを通じて勤務体制の見直しが可能となるからである。

第四は、多様な意識・利害状況を有する労働者を前提とした集団法の組織原理である。とりわけ、若者、高齢者、女性、外国人に留意する必要がある。具体的には、組合法全般の見直し、たとえば組合員資格や組合民主主義が問題となる。さらに、従業員代表制の常設化が立法的課題になる可能性もある。すでに、厚労省報告書(「様々な雇用形態にある者を含む労働者全体の意見集約のための集団的労使関係法制に関する研究会報告書」(二〇一三年七月))は、次のように指摘して三つのアイデア、すなわち過半数代表者の機能の強化(複数化・常設化)、過半数労働組合の過半数代表としての機能の強化、新たな従業員代表制の整備を提示している。

「現在の我が国の企業においては、正規・非正規労働者、高齢者・若年者、ワーク・ライフ・バランスを重視する者・そうでない者など、様々な利害を有する労働者が存在しているが、近年、特にこれらの労働者間の労働条件の格差が問題視されている。労使協議や団体交渉を通じて安定的な雇用の確保・維持に成果を挙げてきた企業別労働組合も、こうした問題に対して十分な対応ができているとはいいがたく、また、組合組織率の低下により労働組合による集団的労働関係システムの存在しない環境に置かれる労働者への対応が喫緊の課題となっている。

以上のような状況から、組合員であるか否かにかかわらず、全ての従業員の利害を調整するという集団的労働条件の設定システムの構築が待望されている。今回の検討では、この大きな課題に取り組むための最初のステップとして、法定基準の解除の担い手に関する課題とその解決のための方向性を中心に検討を行った。この過程で、過半数代表者の機能の強化（複数化・常設化）、過半数労働組合の過半数代表としての機能の強化、新たな従業員代表制の整備について検討を行った」。

これが最大の課題と思われるが、私はやや慎重な立場である。

いったん従業員代表制度が成立すると、従業員代表の仕事は会社の経済的負担でかつ「会社の仕事」となる。そうすると自分たちで組合費を拠出してまで、さらに会社ににらまれるというリスクを負ってまで労働組合を作るというインセンティブは決定的に損なわれる。労働組合とのフェアな競争の基盤自体が失われ新規の組合結成だけでなく既存の組合運営も大きく阻害されると思われるからである。

以上につき、より詳しい私見は、拙著『労働組合法の応用と課題』（日本評論社、二〇一九年）を参照されたい。

19 労基則六条の二第四項

目立たない地味な規定であるが、事柄の性質を考えるうえで重要なものがある。

働き方改革関連法にもとづき三六協定の見直しがなされその一環として当該協定の締結主体たる過半数代表に関する規定が整備された。労基則六条の二第四項として「使用者は、過半数代表者が法に規定する協定等に関する事務を円滑に遂行することができるよう必要な配慮を行わなければならない。」という規定が新設された。

同条は、その一項で「労働者の過半数を代表する者（以下この条において「過半数代表者」という。）は、次の各号のいずれにも該当する者とする。　一号　法第四十一条第二号に規定する監督又は管理の地位にある者でないこと。　二号　法に規定する協定等をする者を選出することを明らかにして実施される投票、挙手等の方法による手続により選出された者であつて、使用者の意向に基づき選出されたものでないこと。」と定めるとともに三項において「使用者は、労働者が過半数代表者であること若しくは過半数代表者になろうとしたこと又は過半数代表者として正当な行為をしたことを理由として不利益な取扱いをしないようにしなければならない。」と、また、四項において、「使用者は、過半数代表者が法に規定する協定等に関する事務を円滑に遂行することができるよう必要な配慮を行わなければならない。」と規定している。

　過半数代表者について、その資格を限定し、その適正な選任方法を定めるとともに、不利益取扱いの禁止を目的とする。最近の実態調査（ＪＩＬＰＴ調査シリーズ一八六号・二〇一八年一二月）において過半数代表者の選任方法の不適正さが明らかになったので三項までは必要な措置といえよう。同調査報告書は、「二〇一八年には働き方改革関連法案が成立し、引き続き様々な場面において労使の十分な話し合いの必要性が高まっている。労働組合組織率は低下しているが、労働組合がある事業所では、その約三分の二が過半数労働組合である。また、『過半数代表』の選出状況や『過半数代表』を利用した労使協定の締結等の状況は、事業所規模や所属企業規模の違いにより大きく異なることが明らかとなった。過半数代表者の選出方法・職位については、使用者が指名、課長・部長クラス等の問題なものが一定数あり、適正な選出に向けた対応が求められている。」と指摘していた。また、不利益取扱いの禁止も過半数代表の円滑な活動を支えるものといえる。

　しかし、過半数代表「組合」を除き過半数代表「者」だけにつき四項において円滑事務遂行のための配慮という要請を規定することには多くの疑念が生じる。過半数代表組合と過半数代表者にほぼ同一の権限を与える過半数代表制自体の問題点が鮮明になるからである。

まず、なぜ以上のような規定が新設されたのか。

このような要請は、労働政策審議会の建議「今後の労働時間法制等の在り方について」（平成二七年二月一三日）において次のように示されていた。

「•過半数代表者の選出をめぐる課題を踏まえ、『使用者の意向による選出』は手続違反に当たるなど通達の内容を労働基準法施行規則に規定する方向で検討を続けることが適当である。また、監督指導等により通達の内容に沿った運用を徹底することが適当である。

•使用者は、過半数代表者がその業務を円滑に遂行できるよう必要な配慮を行わなければならない旨を、規則に規定する方向で検討を継続することが適当である。

•以上については、法案成立後、改めて審議会で検討の上、所要の省令改正を行うことが適当である。」

また、参議院厚生労働委員会の働き方改革関連法案に対する付帯決議は三六協定締結の適正化との関連において次のような指摘がなされている。

「一五、時間外労働時間の上限規制の実効性を確保し、本法が目指す長時間労働の削減や過労死ゼロを実現するためには、三六協定の協議・締結・運用における適正な労使関係の確保が必要不可欠であることから、とりわけ過半数労働組合が存在しない事業場における過半数代表者の選出をめぐる現状の課題を踏まえ、『使用者の意向による選出』は手続違反に当たること、及び、使用者は過半数代表者がその業務を円滑に推進できるよう必要な配慮を行わなければならない旨を省令に具体的に規定し、監督指導を徹底すること。

また、使用者は、労働者が過半数代表者であること若しくは過半数代表者になろうとしたこと又は過半数代表者として正当な行為をしたことを理由として不利益な取扱いをしてはならない旨の省令に基づき、その違反に対しては厳しく対処すること。」

さらに、一四三回労働政策審議会労働条件分科会（二〇一八年七月一〇日）において、労働条件政策課長から、「過半数代表につきましては建議におきまして使用者の意向による選出は手続違反に当たるといったことを施行規則に規定することが適当。過半数代表が業務を円滑に遂行できるように必要な配慮を行わなければならないといったことも規定すべきという提言をいただいておりますので、その内容を省令に規定してはどうかというものでございます。」という説明がなされている。

以上をみても、なぜ過半数代表者との関連において四項の要請を規定したか、また必要な配慮の具体的な内容についてもはっきりしない。なお、派遣法上の関連規定（三〇条の四）についての厚労省パンフレットによれば、「例えば、過半数代表者が労働者の意見集約などを行う際に必要となる事務機器（イントラネットや社内メールを含む）や事務スペースの提供を行うことなどの配慮をしなければなりません。」としている。一定の便宜供与に他ならない。

では、ほとんど論議されず導入された本規定にはどのような問題があるのか。

第一は、過半数代表者と過半数代表組合との差別である。本規定は、過半数代表者だけに関する規定でである。労基則六条の二第四項以外は、代表者を的確に選任するという要請であり、労働組合についてはそれほど問題にならず過半数代表者について必要な規定といえる。しかし、四項は選任レベルでなくまさに運営レベルの規定であり一定の便宜供与を代表者だけに認めることを意味する。このような規定によれば過半数代表者に比し代表組合の活動を不利に取り扱うことになりがちである。併存組合間の便宜供与差別は明確な不当労働行為になる（たとえば、灰孝小野田レミコン事件・最三小判平七・一〇・三労働判例六九四号二六頁）。併存組合以外についても同様に考えられるかは一応問題になるが、組合の場合に比し過半数代表者の選任を誘導することになりがちであり、組合活動を抑制する規定といえる（関連する論点については、拙著『労働組合法の応用と課題』日本評論社、二〇一九年、四四頁参照）。

第二は、便宜供与の要請を過半数代表組合にも適用することになれば、労組法の原則と衝突することになる。労組法は、使用者から独立した運営を実現するために便宜供与を一定の範囲に限定している（二条二号、七条三号）。たしかに、組合間差別や便宜供与が慣行化している場合には当該便宜供与につき一定の保護をしている。しかし、組合の「事務を円滑に遂行することができるよう必要な配慮」までは使用者に要求してはいない。

以上いずれの観点からしても、基本的な問題を含む規定である。

20 労働組合を作るということ

最近、働き方改革との関連で労働者集団に着目すべきことが指摘されている。同時に、集団化とはなにかが問われる以下のような原初的な紛争も発生している。ここでは、「団結」活動の基礎ともいうべき営為や行動（「労働組合を作るということ」）をどう評価・構成するかが問われているわけである。不当労働行為制度の見直しにとどまらない課題といえる。

その一は、ＪＲ西日本広島メンテック事件であり、組合加入前のビラ配布を理由として有期契約の更新を拒否したことの不当労働行為性が争われた。広島県労働委員会（平三一・四・一二）は、「会社は、A_2組合員の採用前のビラ配布を把握し、A_2組合員が組合方針に賛同し、組合活動に協力的な行動をしてきた人物であると認識し、このような人物を会社に引き続き雇用すれば、組合に加入し、会社内で組合活動を行うことを懸念したことから、合理的とはいえない理由を付し、一か月の有期労働契約の期間満了をもって会社から排除しようとしたものというべきであり、不当労働行為の意思を推認させるものである。」と説示した。

他方、中労委（令三・九・一七）は、おおむね以下のように説示して不当労働行為の成立を否定している。ビラ配布当時、A_2は中立組合の組合員ではなく、A_2がそうであったように、組合員でない者が労働組合の方針に同調してその活動を支援することもあることからすると、当該ビラ配布がただちに労働組合の活動を意味するものとはいえない。しかも、A_2はビラ配布時に組合とは別組織の腕章を着けていたこともあり、また、従来会社においては、パートタイマーが企業内外を問わず労働組合に加入した例はなかった。以上の事情のもとでは、所長が、A_2のビラ配布時の写真やビラの内容を確認したとの一事をもって、A_2が中立組合の組合員であることもしくは中立組合に加入しようとしていることを認識しえたとすることは困難である。

会社内で組合活動を行なうことへの「懸念」は、まさに反組合的意思と思われるので、中立組合への明確な所属を必要とする中労委の判断は形式的すぎる。組合加入過程における組合活動の広がりを見据えた判断が必要と思われる。

その二は、現在進行中の花畑牧場事件であり、ベトナム人技能実習生が、会社の寮の水道光熱費の一方的な値上げに集団的に抗議し、一日就労を放棄したケースである。会社は水道光熱費の無断値上げを撤回したが、ベトナム人労働者四〇人を雇止めにし、リーダー格の四人にはストライキの損害賠償として各自に五〇万円を請求し、それに対抗してベトナム人労働者が、労働組合を結成した。ここでは、就労放棄が果たして「正当な」「ストライキ」と言えるか等が争われていた（その後解決した）。

本件の類似事案としては三和サービス事件がある。同事件は、使用者が、外国人技能実習生ら五名に対し、就業をボイコットされたことにより取引先を失い、縫製部門が廃業に追い込まれたとして損害賠償金等を求めたのに対し、実習生らは解雇無効につき、賃金と研修期間中の未払時間外労働賃金等の支払いを求めた事案である。原審の津地四日市支判（平二一・三・一八労働判例九八三号二七頁）は、就業ボイコットにつき、以下のように説示した。「被告らは労働法上の労働組合とはいえないが、憲法上の団体交渉権及び争議権の保障を受けるところ、被告らは、原告の労働契約の不利益変更に対し、撤回を求めたが応じないため労務提供の停止をしたものであるから、被告らの不就労はストライキとして適法である。」「また、原告は、被告らとの間の労働契約を口頭で一方的に不利益変更する権利を有しているとはいえないから、被告らは変更された条件や作業方法により就労する義務を負うとはいえない。仮に時期及び手続上の理由で争議行為の適法性に何らかの問題があったとしても、八月二七日の不就労については被告らに帰責性はない。」

控訴審・名古屋高判（平二二・三・二五労働判例一〇〇三号五頁）は、ストライキ構成をとることなく、不就労の責任について、会社が暴力によって威嚇して恐怖感を抱かせ就労できないようにさせたものであって、実習生らに帰責性はないとした。

これらの事案では、集団的不就労の評価が問題になる。不就労時にはまだ組合結成がなされていないので「ストライキ」構成は難しい。もっとも、使用者の一方的措置に対抗する行為として、集団的に交渉し就労を拒否するニーズは肯定しうる。労働契約レベルで労働者に帰責性がないとの構成も可能であるが、その後、組合が結成されたことから当該就労拒否を組合結成の準備行為とみなしたり個人の団体行動権（憲法二八条）と構成する余地もある。

その三は、インテリジェントヘルスケア（仮処分）事件（大阪地決令三・一一・一二労働判例一二四六号五三頁）である。本件では、就業規則の不利益変更を批判する職場グループ名でたびたびメールを送信した労働者に出された配転命令等の効力が争われた。同人は配転命令後にコミュニティ・ユニオンに加入し、組合は団交を要求した。その後、会社は配転命令拒否を理由として同人を解雇した。

大阪地決は、会社主張の配転理由が同人につき認められないこと、および「債権者が、債務者に対し、就業規則の変更について問題視する内容のメールを送信しているところ（前提事実(3)イ、エ）、労働者の同意がなくても、就業規則を変更して一日の所定労働時間を延長したり、休日に関する定めを変更することが可能な場合もあるが（なお、債務者における就業規則の変更が有効か無効であるかは現時点では明らかではない。）、その点をさておき、債権者が上記のようなメールを送信した約一か月後に本件配転命令が発令されたものである。」とし、「以上を総合考慮すれば、本件配転命令は、業務上の必要性を理由として発令されたものと評価することはできず、ひいては、配転命令権の濫用として無効となるといわざるを得ない。」と説示した。

本決定は、会社の主張する配転理由が相当性に欠けることとメール送信の一か月後に発令されたことから配転命令権の濫用と解した。実質は、報復的であり不当な動機との意味と思われるが、両者の関連性について適切な説示はなされていない。

以上の三件で問われているのは、「（組合加入前の）ビラ配布」、「（組合結成前の）集団的な職務放棄」、「（組合加入前の）職場グループ名の批判的メール送信」の適否である。では、これらにつき組合結成・加入準備行為としてもしくは個人レベルの団結権行使として正面から認める余地がないか。

この点、アメリカ法は団交過程を制度化するとともに共同的行為（concertied activites、集団指向的行為）を不当労働行為制度上独自に保護している。「個々の被用者」の組合選択の自由を基盤とする不当労働行為法理や職権的なＮＬＲＢ手続きがその前提としてある。また、解雇制限法理の不存在（使用者の措置に対する反抗的行為を理由とする解雇が制限されていない）がこのような独自の救済の背景にあると思われる。ノリス・ラガーディア法からワグナー法成立までの経緯はこのような発想がなぜ生まれたかを端的に示している。

わが国においては、いずれの前提をも欠くが、組合の結成は使用者の一方的行為に対する自然発生的な集団的不満、反抗が契機になることが多い。そこで、なんらかの形で個人の集団指向的行為（発言、苦情申立、同僚との相談、SNS、職場放棄等）を組合結成の準備行為として保護する必要があるのではなかろうか。組合結成過程の時間的広がりに留意すべきといえる。

21 従業員代表制の常設化よりも労組法の見直しを

一　集団的決定の必要性

時代が大きく変貌したのにもかかわらず、ほとんど本格的な見直し・改正がなされていない法制度として労働組合法がある。それが時代に適合していたならば問題はないが、現行労組法が成立した一九四九年以来、保護対象である労働組合の組織率も社会的プレゼンスも大幅に低下している。とりわけ、最近の忖度と無関心の社会的風潮は組合組織の解体に決定的な影響を与えていると思われる。にもかかわらず、労働組合法の見直しの気配はない（労組法の問題点については、拙稿「労働組合法の見直し」『社会法のなかの自立と連帯――北海道大学社会法研究会50周年記念論集』旬報社、二〇二二年、二三頁）。

個別的労働法については、その間に労働契約法をはじめ多くの立法がなされ、裁判例も充実している。とりわけ近時労働時間やハラスメント問題について身近な紛争が多発している。ここで注目すべきは、労働時間性の認定のためには職場実態が重視され、ハラスメントは人間関係紛争という色彩が濃いために、個別事案の法的な処理だけではなく職場におけるルールの設定・実現が要請されていることである。

集団的労使関係に留意すべきことは働き方改革の一環としても指摘されている。たとえば、立法レベルでは派遣労働者に対する差別につき不合理な待遇の禁止を定める（派遣法三〇条の三）とともに労使協定による適用除外を認めている（同法三〇条の四）。裁判例においても労働契約法二〇条の解釈として非正規差別の合理性の一要素として労使交渉の経緯が指摘されている（長澤運輸事件・最二小判平成三〇・六・一労働判例一一七九号三四頁）。

この種事案につき裁判法理の充実だけでは適正な紛争解決ができず、関連する職場ルールを集団的に決定する必要性が意識されるようになっている。職場における集団的決定の担い手は労働組合に他ならないが、労組法自体の見直しの動きもない。むしろ従業員代表制の常設化に期待する見解のほうが有力である。

二　厚労省報告書

同制度の常設化の是非は労働法学界の長年にわたる論点であり、基本的に労組法に期待せず、現行の過半数代表制の欠陥を是正するというのがほぼ共通の立場である（全体像については、労働政策研究・研修機構編『労働条件決定システムの現状と方向性』労働政策研究・研修機構、二〇〇七年）。注目すべきは、最近、非正規労働者の保護との関連で本格的な報告書（「様々な雇用形態にある者を含む労働者全体の意見集約のための集団的労使関係法制に関する研究会報告書〔平成二五年七月〕https://www.jil.go.jp/press/documents/20130730/report.pdf)が厚労省から発表されたことである。今後その具体化をめぐる立法作業が進むことが予想される（詳しくは拙稿「従業員代表制の常設化と労働組合機能(上)(下)」季刊労働法二七二号一一二頁、二七三号一七八頁〈二〇二一年〉)。

同報告書の基本的な問題関心は非正規労働者の処遇問題の解決にあり、過半数代表制の制度的問題として過半数代表者には、常設性や機関性がなく過半数代表者が意見集約を行う手段・制度に関する規制は何も用意されていないこと、企業別組合の課題として、労使協議の形骸化、労働組合の組織率の低下、多様な雇用形態の労働者の増加、個別労働紛争の増加、過半数代表の役割・権限の拡大が指摘されている。現状認識としてはきわめて常識的である。

改革の視点としては、企業・事業所レベルの労使関係において、多様化する労働者の声を十分に反映するために集団的発言チャンネルのあり方を検討し、集団的発言チャンネルの意義・機能として、①労働条件設定に関して、労働者集団の意向を反映させる機能、②法令によって設定された強行的規制の緩和ないし逸脱を可能とする機能、③設定した労働条件遵守をはじめとする使用者の行為に対するモニタリングや個々の労働者と使用者との間の苦情・紛争処理等、設定した労働条件規範等のエンフォースメント（履行確保）に関わる機能、を指摘している。

それをふまえた具体的提言としては、①現行の過半数代表制の枠組みを維持しつつ、過半数労働組合や過半数代表者の機能強化を図る方策として、過半数代表組合がない場合（A）と、ある場合（B）に区別して論じ、さらに②新たな従業員代表制を整備し、法定基準の解除機能等を担わせる方策を示している。

とりわけ、②の課題として、従業員代表制は、法定基準の解除等に関する使用者との協議において、十分な交渉力を確保、多様化した労働者集団を代表する制度としての正統性の確保、費用は使用者が負担すること、また、従業員代表の活動保障や身分保障を確保（常設化と費用負担による機能確保）が指摘されている。全体的に評価すると、豊富な比較法的な実例と現行組合法の問題点を適切に分析しており、今後の議論に決定的な影響を与えるものといえる。また、具体的提言も周到に場合分けをしておりそれぞれのメリット、デメリットも明らかになっている。

三　常設化への疑問

では、今後従業員代表制の常設化を促進すべきか。労働法学界では労働組合機能を阻害することを回避するために過半数代表組合が存在しない場合にのみそれを認めるべきと言う「補完型」の主張が多数と思われる。しかし、常設化の構想は、補完型であれ労働組合運動に決定的な影響を与えると思われるので、私はやや慎重な立場であり、現行の労組法の見直しを優先すべきと考えている。

まず、従業員代表制の常設化自体に対する疑問がある。

法制化自体の問題としては、常設化つまり強制設置という構想のために、労働者の主体性・自主性よりも会社のイニシアティヴによる設立という事態が予測される。こうなると、その設置や運営につき使用者の関与をどう排除するかという課題に直面する。「第二労務部」「御用組合」という古典的な問題が再現するわけである。ところが、このレベルの問題を念頭においた具体的構想は明確には提示されてはいない。現実の過半数代表制度が適切に機能していないことはほぼ共通の了解になっている（具体的には、①常設性に欠けること、②代表者選出につき適切な手続規制がなされていないこと、③内部の決定手続の公正さに欠けること、④

使用者との「交渉」過程に関する適切な規制がなされていないこと、⑤代表者の身分につき十分な保障がなされていないこと等が挙げられている）のにもかかわらず安易に当該構想を持ち出すことは無責任といえる（過半数代表制についての実態調査については、ＪＩＬＰＴ調査シリーズ一八六号〈二〇一八年一二月〉）。

さらに、労働組合機能を阻害しない補完型のアイディアについても、一旦従業員代表制度が成立すると、従業員代表の仕事は会社の経済的負担でかつ会社の仕事となる。そうすると自分たちで組合費を拠出してまで、さらに会社ににらまれるというリスクを負ってまで労働組合を作るというインセンティブは大きく損なわれる。労働組合とのフェアな競争の基盤自体が失われるわけである。

次に、議論の仕方への疑問もある。

現行の過半数代表制度の実態やそれに対する評価が十分になされていない。多くの論者から指摘されている現行制度自体の問題点、とりわけその原因と解決策を解明し、その成果を踏まえた上で常設化構想を出すべきであろう。

また、多くの論者は現行の労働組合に問題があると指摘しているにもかかわらず、その原因の解明や組合法の見直しにはほとんど関心を示していない。その点の見直しをすることなしに、または組合法との調整なしに一挙に従業員代表制構想を提示することは無謀である。さらに、労働組合については実際の組合を念頭に置き、他方従業員代表制についてはあるべき「モデル」を想定しての比較はアンフェアといえる。

四　労組法の機能不全

では、労組法はなぜ十全に機能し得なかったのか。基本的には労働組合運動の停滞ゆえといえる。とりわけ、労務管理の個別化・企業組織の再編に適切に対応できなかったこと、社会的連帯意識の弱体化・個人中心の能力主義的な気風がその主原因といえる。組合運営レベルについては、ユニオンショップ協定による組織化努力の欠如や非正規労働者に対する組合からの排除、団交過程が制度化せず関連するルールの不十分さも組合の社会的プレゼンス・認知を低いものにしている。

さらに、就業規則法制の整備・拡充も見逃せない。就業規則は、使用者が職場全体の労働条件や規律を一方的に決めるものであり、その時々の労務管理ニーズに適合することから広く利用された。同時に、労働契約法や裁判例によって関連する法理も整備拡充されてきた。組合がない職場では就業規則が唯一の集団的ルールであり、組合がある職場においても、意見の開陳を通じて一定の関与が可能であり、さらに組合が責任を負わない、その意味では労使双方にとって使い勝手の良いシステムといえた。この就業規則法制は、従業員代表制の常設化の要請と直接結びついている（集団法から見た就業規則法制の問題点については、拙著『労働組合法の応用と課題』日本評論社、二〇一九年、一六頁）。

五　労組法の見直し

ところで、労組法自体にも次のような問題点があり、その点の本格的な見直しを優先すべきものと思われる。同時に、いまさらの感があるが集団化を支える規範意識の醸成も不可欠である。これは従業員代表制の常設化についてもいえる。

第一に、もっぱら「企業別」「組合」のみを想定した法理形成がなされている。わが国の労働組合の多くは、企業別もしくは企業を基礎単位とした組合なので当然の傾向といえるが、「企業別」であることから個別企業を超えた組織再編（親会社、ファンド）には必ずしも適切に対応していない。

組合組織化の原理についても、使用者と労使関係が認められる「従業員」が主体となるものが想定されており、不当労働行為制度上規制されるのも「使用者」の行為であり、実際に救済されるのはすでに「労使関係」がある場合だけである。企業外部からの組織化を保護することは想定されていても、正面から「制度化（たとえば、排他的交渉代表制）」されてはいない。それゆえ、組合結成とともに団交開始についての明確なルールがないために組合結成直後に「労使関係の有無」をめぐる紛争が起こりやすくなっているわけである。

また、組織対象は、原則として同一企業内（もしくは同一グループ内）の従業員だけであり、さらに正社員中心組合が多かったためにその代表性につき多くの課題が発生した。とりわけ、使用者の利益代表者の加入禁止（労組法二条一号）、非正規労働者の排除がなされたことが決定的である。非正規の組合資格を認める組合数は増加傾向にあるが、非正規労働者の組合加入「権」のレベルでの議論はなされていない。同一労働同一賃金という政策の実現の観点からもその点の検討が不可欠である。なお、企業別組合に対する対抗軸としてのコミュニティユニオンは一定の役割を果たしているが、その影響力には限界がある。

次に、「労働組合」だけを保護対象としたために「労働組合」以外の関連諸団体の活動をどう保護するかの議論はほとんどなされなかった。たとえば、過半数代表、市民団体、労働ＮＰＯ、政治・宗教団体である。「労働組合」の活動でない場合には、労働組合に結実しそうな、もしくはそれを目的とする個人の準備活動が保護の対象となるくらいである。労働組合を想定しない「個人の団結権・仲間との連携」という発想はみられない。

さらに、労組法上の労使関係、労働組合観も「階級対立的」で古典的といえる。労組法自体が立法時の経緯等から労働組合の使用者からの自立を強く要請し、組合員から管理職を排除し（労組法二条一号）、さらに便宜供与を原則として禁止している（同条二号、七条三号）からである。これらの規定が労使間ルールの主体的な決定や組合員資格決定の自由を阻害する皮肉な現象を生んでいる側面もある。従業員代表制構想の背景にある課題といえる。

第二は、組合内部法理の未発達である。関連する労組法の規定は五条二項が中心であり、十分に整備されたものとはいえない。さらに、同規定は基本的に労委による資格審査との関連で問題になることが多く（労組法五条一項）、個別の紛争においてそれほど意図的に議論されていない。とりわけ、労働条件決定過程における組合民主主義の実現という問題意識は希薄である。内部対立から組合分裂の例はごく一般的である。

また、労組法は組合結成について明確な法的ルールを有せず、団交要求・実施までの組合内部の利害調整について無関心であり、団交主体としてのプレゼンスを対使用者、対社会的にさらに対組合員的に明らかにするシステムにも欠ける。

第五章

ワークルール教育の広がり

開本英幸

ワークルール教育学会発表（平成27年日本労働法学会）

1　自ら活路を開いた「ワークルール教育」の普及

道幸先生は他に先駆けて、専門家レベルを想定する労働法教育と区別して、一般市民が職場において自立し自らの権利を実現することを目的とする「ワークルール教育」の必要性を確信していた。また、一般市民のワークルールに対する知識の少なさに懸念を示すとともに、行政等の関係者が関心に乏しいことを問題視していた。このため、その考えを自ら実行に移すべく、二〇〇七年にNPO法人「職場の権利教育ネットワーク」を設立された。そして、日本労働法学会の二〇一三年の企画委員会においては、ミニシンポジウムのテーマとしてワークルール教育を取り上げることを提言し、このシンポジウム「ワークルール教育の意義と課題」の中で、ワークルール教育の必要性とその全国的普及を呼びかけた。道幸先生の実践的な社会活動は、二〇一三年六月、ワークルールの社会的定着を目的とする「ワークルール検定」の開始に結びつく。この活動は、多くの全国的な労働・教育団体等の賛同を得た。そして二〇一四年一〇月、道幸先生は一般社団法人「日本ワークルール検定協会」を設立し、その代表理事に就任された。それ以降、先生は、ワークルール検定試験を通じて、多くの職場関係者への労働法の普及にさらに貢献された。ワークルール検定は、コロナ禍の中、二〇二〇年に全国四七都道府県で実施され、二〇二三年までの初級・中級の受検者は延べ二万人を超えるに至った。

2　第五章のポイント

NPO設立の翌年に執筆された、㉒「ワークルールを生かす――NPO『職場の権利教育ネットワーク』

の立ち上げ」（労働法律旬報一六八一号〈二〇〇八年〉二九頁）は、NPO設立の背景と経緯に言及する。「先生、授業の時にはわからない、といわないでください。」とロースクールの学生に言われたエピソードからはじまる。専門職教育であるロースクール生の姿勢に触れたうえで、ワークルールが実際に適用されている職場においては労働法学の教育が適切になされておらず、その問題関心が希薄であると指摘されている。また、北海道労働委員会の公益委員の立場からも、特に個別紛争の斡旋的処理の事案においては、労使ともに法的知識に欠ける点を認識し、適切な解決をするためには、ワークルールの教示と理解が不可欠であるとの指摘をする。そして、北海道労働審議会の会長時代には、ワーキンググループとして「若年者等の労働教育に関する検討会議」の立ち上げを提案し、詳細かつ活発に労働教育の実態・問題点を討議した結果、正式に労働教育専門部会が設立され、二〇〇六年三月に専門部会開催結果報告書が作成された経過も紹介される。しかし、労働審議会における一連の討議やヒアリングから、「権利教育の必要性について労使や行政機関が十分な問題関心を持っていないことが判明したので、その実現はNPO等自主的な運動によらざるをえないと考えるに至った」と振り返っている。

㉓「『職場の権利教育ネットワーク』の船出」（北海道労働委員会・随想〈二〇〇九年四月〉）では、NPO法人の立ち上げ後一年半が経過し、実際に高校での出前授業等を行った手応えに触れている。「生身の高校生を相手に、雇用問題やワークルールの基礎を話すのはやはり大変である。高校生のセンスや問題関心がほとんど分からないからである。どの程度分からないかさえも分からない。もっとも、少しずつ課題も見えてきているので、今後は高校の先生とのジョイントの授業を試みようと思っている。」と、試行錯誤しながらも、高校生に対する教育を楽しんでいる様子がうかがえる。

二〇一三年六月には、NPOの活動の一環として、プレ・ワークルール検定を実施した。㉔「ワークルール検定制度」（労働法律旬報一七八六号〈二〇一三年〉四頁）は、なぜ検定制度という手段を用いたのかを紹介するものである。ここでは、NPOの活動として、高校への出前授業等の実施により、「ワークルールの知識の普及に一定の意味はあったと思われる。しかし、法的な知識の前提となる議論する文化が学校に欠如している。」そして、「気軽に議論ができ、より拡がりを持ったワークルール教育の新たな試みを痛感した」とする。この経験を背景としての、ワークルール検定制度の実現である。検定制度は「だれでも興味を持ちやすい」、「効果的な知識獲得手段である」、「職場や家庭で気軽に議論しやすい」、「ある種の資格と連動することができる」という意義がある。道幸先生が関係者を巻き込んでこれを実現する行動力を目の当たりにした。「やってなんぼ」的世界を体現されたのである。

二〇一三年一一月に、道内四か所と東京で初級検定を実施し、二〇一四年六月は全国に展開するとともに中級検定の実施に至った。検定制度が拡大する中での執筆である、㉕「ワークルール教育をめぐる論点」（労働法律旬報一八六一号〈二〇一六年〉四頁）では、今後の課題を整理して、検討すべき方向性を示唆する。道幸先生は、教えるべきワークルールの特定の内容については、学校という場において教育することに限界があることを早い段階で認識していた。例えば、使用者との関係における労働者の権利と義務が問題になるが、労働者の「義務」をどのように学校教育で教えるべきか。労基法等の強行法規を中心に教える立場、労基法等の強行法規とともに契約法理を重視する立場等があるが、このいずれによるべきか。道幸先生は契約法理を重視する立場を支持するようであるが、対立関係を前提とした合意形成は「学校的な世界にもっとも遠い事象に他なら」ないとした。さらに、権利を実現するために、議論をする、相手を論破する、敵対的環境下で行動する、仲間を作る、といった態度、パワーが必要であるが、どのように養成すべきか。これらの点について道幸先生の関心は強く、以後の論稿においても、繰り返し強調されていた。「これ難しいから。俺もよくわかんないんだよな。誰も書いてないから。」とつぶやく道幸先生の姿を思い出す。

そして、㉘「ワークルール教育と労働法研究」(労働法律旬報一九五一・一九五二号〈二〇二〇年〉三四頁)は、労旬七〇周年記念特集の一環として執筆されたものである。ワークルール教育における課題とそれを乗り越える示唆に富む論稿である。ここでは「ワークルール教育がなぜ身近なものにならないか」という表題で、学校的世界ではアクティブラーニングは容易ではないという教育の場における構造、職場の多様な抑圧構造の未解明、同調圧力によるワークルールの阻害を指摘している。また、日本社会のあり方自体も問うており、含蓄に富む。

3 NPOの活動において

私は北海道大学時代に道幸先生にご指導をいただき、そのご縁もあってＮＰＯの理事として道幸先生のエネルギッシュな活動をそばで拝見する機会を得た。ワークルール検定の問題作成や、道内高校生向けの出前授業の講師としてご一緒させていただいた。高校の出前授業の後には、授業の進め方や生徒たちの反応、発言内容に耳を傾けていただいた。あらためて論稿を読むと、私との対話が少しでも道幸先生の思考に貢献できたのかもしれないと思った。

22 ワークルールを生かす——NPO「職場の権利教育ネットワーク」の立ち上げ

はじめに

「先生、授業の時には〝わからない〟といわないでください」。ロースクールで就業規則の不利益変更についての裁判例を講義していた時に、判例法理にはわからないことが多いと言った時の学生の反応である。「わからないときはどうすれば」という私の反論に対し、「わかるように説明せよ」という正解が帰ってきた。「わからないこと」にこだわることが許されない状況といえる。労働法の教育のあり方が問われているわけである。

では、労働法学の教育はどうすべきか、また、なんのためにすべきか。ロースクールの場合は、試験突破のための専門職教育と位置づけることがそれなりにできる。しかし、ワークルールが実際に適用されている職場ではどうか。労使に対し適切なワークルール教育はなされているか。ここでこそ、「わかっていること」を適切に教えることが強く要請されているが、実際には、ほとんどなされていない。ワーキングプアや格差問題がこれほど論議されている割にはそのような問題関心は驚くほど希薄である。

これでいいのかという疑問は、自分の研究が進むほど、また労働委員会等の実務に携わるほどに湧いてきた。そこで、二〇〇七年一〇月に、職場においてワークルールを生かすことを目的としてNPO法人「職場の権利教育ネットワーク」を立ち上げた。以下その成立の背景と経緯について紹介したい。

ところで、二〇〇八年八月に、厚労省内に「今後の労働関係法制度をめぐる教育のあり方に関する研究会」が発足した。また、共同提言「若者が生きられる社会のために」でも、労働保護法規を市民の常識にすることが強調されている（世界二〇〇八年一〇月号一六二頁）。

今後の展開に期待すると共に注目したい。

一　自分なりの問題関心

権利教育への関心は、研究・教育や実務的な経験を通じて以下のように次第に形成されてきた。学会や実務界において権利教育への関心を有する者が少ないのには驚いた。

（一）研究史・教育体験から

労働組合運動に興味があったので一九七〇年に北大の大学院に入学して以降、研究対象は不当労働行為制度が中心であった。ほぼ一貫して労組法の研究をしている。この分野では、法理を構築するためには、実際の労使関係の知識が不可欠であり、職場実態に興味をもたざるをえなかった。

一九九五年頃より労働契約、とりわけ職場における労働者の自立やプライヴァシーについても興味をもつに至った。集団法の基盤として個人の強さが必要ではないかと思ったことと実際にも多くの興味深い裁判例が出されたがゆえである。この過程で、労働法教育・権利教育についても考えることが多くなり、その必要性について発言する機会も増えた。

研究レベルにおいてそのような問題関心から書かれたものとして、①「権利主張の基盤整備法理」季刊労働法二〇七号（二〇〇四年）（その後拙著『成果主義時代のワークルール』二〇〇五年、旬報社、所収）、②「労働法教育の課題」日本労働法学会誌一〇七号（二〇〇六年）がある。このころから権利教育の必要性は広く認められるようになってきた。

教育レベルにおいては、大学および大学院で労働法・労働法演習や法学の講義を担当し、一応三〇年以上のキャリアを有する。とりわけ、労働法演習はその時代の若者と直接接触するチャンスであり、彼らの問題・興味関心・労働に関する知識（のなさ）、就職への関心を知るよい機会であった。また、たまたま郵政研修所で二〇年以上法学の講義を担当した。初学者むけの貴重な教育経験であった。

研究と教育の中間領域として大学院生等を対象とする研究会がある。北大労働判例研究会では、ほぼ毎週、最近出された労働判例を取り上げていたので、変容する労務管理と職場の実態を紛争を通じて知ることができた（拙稿「『労働判例研究』のフィールドとしての『北大労働判例研究会』」法律時報八〇巻一〇号〈二〇〇八年〉参照）。同時に、紛争の背景や紛争化のメカニズムに関する知見も得た。

（二）実務的体験から

権利教育の必要性は、労使紛争処理や労働相談での体験から学んだ。

まず、一九八二年から北海道労働委員会の公益委員となった。労働委員会は、不当労働行為の救済と集団的労使紛争の処理を目的とする（処理実態については、拙著『不当労働行為法理の基本構造』北大図書刊行会、二〇〇二年、一二七頁以下）。労働組合が関与しているので組合サイド、とくに上部組織に一定の法的知識や経験があるケースが多かった。むしろ使用者のほうが法的知識に欠ける場合が多く、さらに経営者の団体に加入していなければ孤立していることさえある。労組法に関する無知が、無用な労使紛争を招来せしめ、不当労働行為を行なう原因ともなった。最近は、労働問題に関心がない若手経営者が多くなったという印象がある。

さらに、二〇〇一年から、労働組合が関与しない個別紛争の斡旋的処理も北海道労働委員会の権限となり、最近同種事件は増加傾向にある。この種の事案については、労使とも法的知識に欠ける場合が多く、また労働契約書や就業規則も整備されていないケースも珍しくない。自主解決の可能性がほぼ無いので、適切な解決をするためには、ワークルールの教示と理解が不可欠といえる。知識のなさには唖然とすることが多かった。

労働委員会以外には、北海道特別労働相談員として主に労働相談員等に対する研修を行なった。熱心な労働相談員もいたが、複雑・多様化する労働法につき専門性を獲得することは困難であった。道庁内においても専門性に対して低い評価しかなされていないと感じた。労働相談体制の整備は、相談員の研修だけではなく専門性に対する評価の高さが不可欠である。

それ以外に多くの講演等を行なった。とくに、労使に対し啓発を行なう北海道労働協会や労働組合員対象のユニオンスクールが中心であった。これらの講演会に参加する人は、人数は少なかったが、問題関心や知識を有している者が多かった。この過程で、自分なりの労働法入門書として『一五歳のワークルール』(旬報社、二〇〇七年)を出版した。一五歳には難しすぎたかもしれないが。

二　労働審議会での論議

北海道労働審議会は、北海道における労働政策・労働問題を審議し、必要があれば知事の諮問を受けて答申する機関である。実際には、その時々の労働、というより雇用施策につき労使の意見を反映させることを目的とする。権利教育の必要性は、この審議会で議論され、社会的に発信された。

（一）「本道における個別的労使紛争解決システムの整備について」の意見具申

権利教育の必要性が論議されたのは、二〇〇一年九月に出された、労働委員会における個別斡旋制度の導入を提言した報告書においてであった。個別紛争の増加ゆえに労働者に権利教育をするニーズが高まったことをつぎのように指摘している。「個別的労使紛争の予防という観点からは、労働教育にも一層力を入れることが必要であり、この点についても今後取り組むよう求める」。

この答申を受けて、北海道労働委員会では同年一〇月に個別紛争の斡旋制度を立ち上げた。

（二）若者労働問題に関する検討

個別的労使紛争の増加やワーキングプアや格差問題の発生により、社会的に労働をめぐる教育の必要性は高まっていった。審議会におけるほぼ共通の了解であった。しかし、担当部局たる経済部は、この問題にそれほど熱心ではなく、連合北海道もあまり協力的ではなかった。

労働審議会の会長であった私は、労働審議会でこの問題を専門部会で検討するよう種々働きかけを行なったが、全体の同意を得ることはできなかった。そこで、やむをえず自主的なワーキンググループ（以下、WG）の立ち上げを提案し、二〇〇三年三月に労働審議会で立ち上げについての了承を得て、二〇〇四年二月から「若年者等の労働教育に関する検討会議」を八回開催した。この検討会議においてもっとも詳細かつ活発に労働教育の実態・問題点を討議した。お仕着せの会議でなかったからかもしれない。

具体的には、①北海道における労働教育の歴史、②東京都と長野県を中心とする全国の実態、③北海道の中・高校における労働教育の現状、④労使団体における労働教育の現状、等を調査し、関連団体からのヒアリング等を行なった。

以上の検討をふまえて二〇〇五年三月に開催結果報告書を作成し労働審議会に報告した。ここでその後の労働審議会の方向の基本的骨組みが形成された。

その内容は以下のとおりである。基本方向として、つぎの三点がめざされた。

(1)職業教育に対する社会全体としての取組みの必要性

(2)インターンシップのあり方の検討

(3)権利教育の必要性

さらに、(2)について、より具体的に、①中学校における社会体験としてのインターンシップの必要性、②高等学校における効果的なインターンシップの実施、③仕事相談システムの必要性、が指摘された。

(三) 労働教育専門部会等

WGの討議をふまえ二〇〇五年三月に「正式に」労働教育専門部会が作られ、同年七月以降四回開催された。二〇〇六年三月に専門部会開催結果報告書が作成され、若年者に対する労働教育の具体的な方向として以下の四点が示された。

(1)中学校における社会体験としてのインターンシップの実施。

(2)高等学校における効果的なインターンシップの実施。

(3)仕事相談システム（ネットワーク）の構築。

(4)学校教育における「職場のルール」の教育。

二〇〇六年五月に労働審議会が専門部会の報告書を受けて報告書を作成し、知事へ建議した。検討結果の概要は以下のような構成になっている。

一、若年者の就労及び労働教育に関する現況

(1)若年者の就労状況

(2)学校における労働教育の実施状況等

(3)労使団体における労働教育の実施状況等

(4)公益団体等における労働教育の実施状況等

(5)行政（国等）における労働教育の実施状況等

高等学校におけるインターンシップの状況

高等学校における労働教育の状況

社会保険労務士会の労働教育への取組について

二、労働教育の課題

三、労働教育のあり方について

⑴労働教育の基本的視点

⑵若年者に対する労働教育の具体的な方向

なお、ポイントの「三、労働教育のあり方について」では

⑴労働教育の基本的視点として

①就労前における勤労観・職業観の育成

②地域社会全体で行う労働教育

③学校教育における働く際の権利・義務に関するルール教育

をあげ、③について、「学校教育において、『社会とは何か』という原理的な問題を考え、社会経済の仕組みや個人と社会の関わりを現実的に理解するための教育として『勤労観・職業観の育成』に勤めるとともに、就職した後に適正に労働するために必要とされる職場における権利・義務に関するルールを教育する必要がある。このため、就職前に、労働に関わる法的知識を教えることが重要であると同時に、当該ルールを守り・守らせるための気構えやコミュニケーション能力の養成も重要である」と指摘した。

また、⑵若年者に対する労働教育の具体的な方向として、

①中・高等学校におけるインターンシップの実施

②仕事相談システム（ネットワーク）の構築

③学校教育における働く際の権利・義務に関するルール教育

をあげ、③について、「労働教育は、社会的適用能力や職業能力の養成だけではなく、働く際の職場のルー

ルをしっかり教えることも重要である。学校教育において、教科・科目や総合的な学習の時間さらに進路指導等において一定の教育がなされているが、現在複雑化している職場のルールを知るには、全く不十分であり、それが、現在の職場の労働紛争の適切な解決を阻害している側面もある。よって、就職する前に学校教育等において、働く際の権利・義務に関するルールを知る機会を持つことが不可欠である。そのために、わかりやすく使い勝手の良いルールブックの制作や教育の仕方・担い手の研修について学校へ支援すること、外部講師の活用等が考えられる。」

労働審議会における一連の討議、それと関連した関係者からのヒアリング等を通じてつぎのような感想を持った。

第一に、若者の労働実態や勤労意欲のなさについては労使とも共通の危機意識があった。また、その原因として、家庭、学校教育、さらに社会経済的な背景があることもほぼ共通の了解であった。

第二に、労働教育内容については、権利教育だけではなく、勤労意欲の高揚等全般的課題についても検討した。後者の点については、すでに多くの試みや報告書があったので、独自のアイデアを出すことは困難であった。

第三に、権利教育については、教育サイドでの関心のなさが印象的であった。これは、行政だけでなく教育学についても同様であった。また、はっきりいって労使ともそれほど熱心ではなかった。さらに、使用者サイドは労働者の権利だけではなく、義務も教えるべきであることを強調していた。

第四に、この審議の過程において、権利教育の必要性について労使や行政機関が十分な問題関心を持っていないことが判明したので、その実現はＮＰＯ等自主的な運動によらざるをえないと考えるに至った。

（四）道庁（経済部労働局雇用労政課）の動き

同報告書を受けて、二〇〇六年八月に経済部労働局雇用労政課は「働く若者ルールブック」というパンフレットを作成し、道内の高校・専門学校等に配布した。その序文において「皆さんが、ただ、ルールを知らないというだけのために、職業生活から退場してしまうことのないよう、働くときに必要な知識を分かりやすくまとめた冊子を作りました」と述べていた。この小冊子は、主に進路指導の参考資料として使われた。

三　NPOの立ち上げ

同報告書にもかかわらず、権利教育の実現については、行政、労使ともそれほど熱心ではなかった。そこで、北大労働判例研究会が中心となりNPOの立ち上げを図った。私にとってそこしか基盤となる団体がなかったからである。また、権利教育の必要性について共通認識を持ちやすかったからでもある。

理事一〇名については、労働法・社会保障法の研究者三名、教育研究科教授一名、弁護士二名、社労士一名、さらに連合北海道から三名という構成となった。研究会参加者全体で六名となった。また、監事二名については、労働法研究者一名、連合一名とした。

最初の仕事はNPO設立の趣意書の作成であった。以下は、「ワークルール教育のためのNPO設立趣意書」の全文である。

「パートにも年休があるのですか」、「就業規則を社内秘だといって見せてくれないのですけど」。

景気の回復期とはいえ、若年者の就労環境は改善していない。勤労意欲の減退も顕著である。若年者ばかりでなく、労働者の平均賃金は減少傾向にあり、非正規労働者の割合も増加している。社会全体として明確な格差が生じている。社会的格差は常にあったが、現在のそれは、自己責任の結果として格差を好ましいとする点に特徴がある。

このような状況に対し、勤労意欲の向上等のために学校教育において「生きる力」の獲得やキャリア教育が試みられている。最近は、主に格差是正の観点から、政府の政策として「再チャレンジ」も強調されている。たしかに、仕事をする能力の教育や格差の是正は必要である。しかし、仕事や労働に関する意欲や能力の獲得だけを重視するだけでは、確かな労働生活の実現は困難といえる。ライフ・ワークのバランスや職場において尊厳を守るためにも労働の担い手の権利を実現することが不可欠である。

この権利は、労働条件については主に労働基準法によって、労働条件決定の担い手たる労働組合の結成・運営については労働組合法によって具体化されている。さらに、雇用保障、職場における労働者の人格権やプライヴァシーについては主に裁判例によって保護され、全体としてワークルールを支える労働法体系が形成されている。

では、このような労働法体系につき実際にどのように教育がなされているか。その一は、学校教育のレベルであり、とくに、高校の公民においてなされている。教科科目以外では、総合学習や進路指導でも取り上げられることがある。その二は、職業教育のレベルであり、主に職業高校・専門学校等において学校教育の一環として学ばれている。その三は、就職した後の社員教育・組合員教育のレベルである。その四は、大学教育のレベルであり、労働法の体系的教育がなされ、専門基礎的な側面と働く市民向けという二つの側面がある。その五は、専門家教育のレベルであり、大学院教育が中心となる。弁護士や労働法に関連するパラリーガル、さらに研究者を養成する教育である。

職場においても自己責任が強く要請されているにもかかわらず、自分（達）を守るために労働法の知識を獲得すべきであるという社会的要請はあまりない。実際にも学校教育や社会教育において、十分な教育はなされていないばかりか、そのような教育をすべきであるという問題関心にさえ欠ける。最近では、むしろ権利主張を行なう人間を、協調性がないとして排除する危い傾向さえみられる。労働組合を作るなんてもってのほかということになる。

一方、若年者の失業率の上昇やフリーターさらにニートの出現に関しては社会的に大きな注目を浴び、キャリア形成のために学校教育や雇用促進施策につき多様な試みがなされている。たしかに勤労意欲の涵養やキャリア形成の必要性は否定しがたい。しかし、職場における権利やワークルールをまったく無視して勤労意欲の側面だけが強調されることはやはり異常である。職場において権利が守られるということは「働くこと」の前提であり、営々と築き上げられてきた「文化」に他ならないからである。また、生きる力は、職業能力だけではなく、権利主張をする知識と気構えをも含むものと思われる。この権利保障は、とりわけ若年者について、勤労意欲の向上に役立つばかりでなく、職場の風通しをよくすることによって経営効率や職場定着率をも高めることも期待される。同時にこのような権利教育は、民主主義の担い手を養成するという市民教育でもあることも強調したい。

そこで、本法人においては、ワークルール教育を実現、支援するためにつぎのような事業を企画している。

一、学校におけるワークルール教育のために専門家を派遣すること。そのために専門家のネットワークを形成するとともに、人材のデータを作成すること。
二、ワークルール教育や労働教育のための資料やテキストを作成すること。そのために必要な調査・研究をすること。
三、ワークルール教育の担い手の教育・研修を行うこと。
四、労働に関する相談を行うこと。
その後、定款を作成し、知事の認証をうけて二〇〇七年一〇月に設立記念講演会（熊沢誠「労働の状況と労働者の人権」）を開催し具体的活動を開始した。私は、体調を崩し残念ながらこの講演会に参加できなかった。

四　NPOの運営

（一）運営の開始

NPOの運営については、①事務所の確保、②事務局体制の整備、がなされ、また、ホームページ（https://www.kenrik.jp）も作成した。その後の、日常的な会議としては、定例的な理事会と高校の先生を中心とした「職場の権利教育研究会」がある。

運営実績（計画中のものを含む）としては以下がある。
① 対教師の研修として、教職員組合、ビジネス実務学会、職業科教員を対象とした。
② 対学生の活動として、札幌の労働関係ゼミ所属者を対象にして「職場の変容と組合の役割」について組合活動家が講演した。また、連合北海道における学生のインターシップにつき、講師の派遣を行った。

③　対生徒の講話として、学校への出前講座を行っている。
④　対組合員については、連合主催のユニオンスクールでの講演を行った。
⑤　労働相談については構想中であり、教育・相談体制の整備のために講師リストや高校の教師リストを作成中である。

（二）　運営上の課題

現在運営につき多くの短期的・長期的課題に直面している。

その一は、事務局体制の強化である。現在二名のボランティアがいて熱心に活動しているが、より本格的な活動のためには、体制作りが不可欠である。

その二は、学校への講話のためには、ある程度システマティックな働きかけが必要であり、教育委員会への働きかけを継続している。教科や学校行事が目白押しのために早い段階での働きかけが必要である。また、学校現場における講話のために、講演記録の作成、講演スキルの共用や適切な教材の作成も緊急的な課題と言える。

その三は、学生・生徒への直接的働きかけも必要である。学校ではなく、学校外における講演会等の企画である。そのためには、高校教師との連携も必要である。

その四は、使用者サイドへの働きかけである賛助会員を獲得するためにも、講演会等なんらかの取組みが必要と言える。また、賛助会員になることのメリットも考える必要がある。

その五は、組合員教育については、ユニオンスクールの開催等によって一定の活動ができるが、社会人や非組合員に対する働きかけは困難である。相談機能と連動した試みが考えられる。

その六は、権利教育の担い手のネットワークの形成である。NPOだけではなく、関心のある弁護士会、社労士会、組合等との連携も必要であろう。

五　今後のあり方

権利教育の今後のあり方につき留意すべき点は以下のとおりと思われる。

第一は、やはり社会的意識の高揚・啓発である。具体的には、労働や働くこと自体についての論議を深めるとともにワークルールに関する知識の教育が不可欠である。とくに、とりあえずの対象者は、ワークルール教育の担い手たる高校教諭等の教師を対象にし、それをふまえて学校における教育を構想すべきであろう。

第二は、ワークルール教育自体の精緻化である。これは高度なことを教えることではなく、教育の仕方・スキルの高度化を意味し、そのための研究会の立ち上げや教育モデルや教材の作成が考えられる。同時に、労働法学会においてもミニシンポ等で一定の論議が必要となろう。

また、ワークルールの実現のための仕組みを研究することも重要である。私は、そのために①法的な知識、②心構え・気合い、ある種の正義感、③職場でのサポート、労働組合、④法的な制度、が必要だと考える。とくに、②についての研究？は緊急の課題である。

第三は、権利教育の制度化・義務化の試みである。教育カリキュラムに入れることは無理であっても、進路指導の一環としての義務化はありうる。

23 「職場の権利教育ネットワーク」の船出

そういえば、「知的共同体」としての大学というスローガンもあった。最近は、大学は知的というより専門学校化している。「産学協同」も打倒の対象ではなく、生き残りの戦略になっている。

法学部についても、ロースクール化で様変わりだ。講義も分かりやすく、試験対策的なものが好まれる。教師としても「分からない」ことにこだわることが許されなくなっている。矛盾なく物事を説明する官僚答弁的な世界になりつつあり、知的な退廃が進行している。

なんのために労働法を教えるかを考えることも多くなった。ロースクールの場合は、試験突破のための専門職教育と位置づけることがそれなりにできる。しかし、ワークルールが実際に適用されている職場ではどうか。ここでこそ、分かっていることを適切に教えることが強く要請されているが、実際には、ほとんどなされていない。ワーキングプアや格差・派遣問題がこれほど論議されている割に、そのような問題意識は驚くほど希薄である。

二〇〇七年一〇月に、北大の社会法研究会が中心となり職場においてワークルールを生かすことを目的としてNPO法人「職場の権利教育ネットワーク」を立ち上げた。その設立趣意書では、「職場における権利やワークルールを全く無視して勤労意欲の側面だけが強調されることはやはり異常である。職場において権利が守られるということは『働くこと』の前提であり、営々と築き上げられてきた『文化』に他ならないからである。また、生きる力は、職業能力だけではなく、権利主張をする知識と気構えをも含むものと思われる。この権利保障は、とりわけ若年者について、勤労意欲の向上に役立つばかりでなく、職場の風通しをよくすることによって経営効率や職場定着率をも高めることも期待される。同時にこのような権利教育は、「民主主義の担い手を養成するという市民教育でもあることも強調」した。同時に、ワークルール教育を実現、支援するために次のような事業を企画した。

一、学校におけるワークルール教育のために専門家を派遣すること。そのために専門家のネットワークを形成するとともに、人材のデータを作成すること。

二、ワークルール教育や労働教育のための資料やテキストを作成すること。そのために必要な調査・研究をすること。

三、ワークルール教育の担い手の教育・研修を行うこと。

四、労働に関する相談を行うこと。

その後一年半が経過した。その間に大学生に対する労働組合のあり方に関するシンポジウム、高校の先生との権利教育研究会の立ち上げ、実際に学校に出かけての出前授業等を行い、問題点も明らかになってきた。

生身の高校生を相手に、雇用問題やワークルールの基礎を話すのはやはり大変である。高校生のセンスや問題関心がほとんど分からないからである。どの程度分からないかさえも分からない。もっとも、少しずつ課題も見えてきているので、今後は高校の先生とのジョイントの授業を試みようと思っている。ビデオ等の教材作成の企画も進行中だ。

学会での先鋭な議論もおもしろいが、高校生を前に「労働組合の必要性」をどう説明するかを悩むことも新鮮である。

24 ワークルール検定制度

職場で働く際の労働法上のきまり（ワークルール）について正確な知識を獲得するための検定制度。二〇一三年六月一日にＮＰＯ「職場の権利教育ネットワーク」はプレワークルール検定制度を開始し、その後本格的に展開する予定である。

ワークルール検定制度導入の背景

景気悪化の影響で労働相談数や労使紛争が増加している。にもかかわらず、労働者にワークルールの知識が欠如しており、使用者も同様の傾向といえる。企業間競争の激化によって職場においてワークルールは無視されがちである。

知識が欠如している原因としてワークルールを知る機会がないことがあげられる。とくに学校において適切な教育がなされていないことが決定的である。最近はやりのキャリア教育でもその対象となっていない。また、職場でワークルールについて話し合ったり、ルールの適用について相談する機会もあまりない。労働組合の影響力も低下しその教育機能や相談機能もはっきりと低下している。

他方、リストラや労働条件の不利益変更から自分たちを守るためにワークルールを知るニーズは拡大している。意味のある労働相談を受けるためにもワークルールの基礎知識は不可欠である。とりわけ、最近、労働契約法、パート法、労働者派遣法、高年齢者雇用安定法等の多くの重要な法改正がなされている。雇用保障や差別の禁止等非正規労働者の働き方にとって影響が大きい規定が多く、知らなければ自分を守ることさえ困難となる。

社会的にワークルール教育の必要性はそれほど重視されていない。教育関係者や関係組合の関心もいまいちである。二〇〇九年二月に厚労省から「今後の労働関係法制をめぐる教育のあり方に関する研究会報告書」が発表され、基本的考え方として、「適切な勤労観、職業観を醸成し、あらゆる層の労働者が必要な知識を習得できる機会を設けることこそが、働く上で必要不可欠な要素である。」と提言していた。にもかかわらず状況はそれほど変化してはいない。

NPO「職場の権利教育ネットワーク」の決意

NPO「職場の権利教育ネットワーク」は、二〇〇七年一一月に北海道で発足した（経緯については、拙稿「ワークルールを生かす――NPO『職場の権利教育ネットワーク』の立ち上げ」労働法律旬報一六八一号〈二〇〇八年〉本書一四二頁）。その設立趣旨は、「職場において権利が守られるということは『働くこと』の前提であり、営々と築き上げられてきた『文化』に他ならないからである。また、生きる力は、職業能力だけではなく、権利主張をする知識と気構えをも含むものと思われる。この権利保障は、とりわけ若年者について、勤労意欲の向上に役立つばかりでなく、職場の風通しをよくすることによって経営効率や職場定着率をも高めることも期待される。同時にこのような権利教育は、民主主義の担い手を養成するという市民教育でもあることも強調したい。」というものであり、ワークルール教育を実現、支援するためにつぎのような事業を企画した。①学校におけるワークルール教育のために専門家を派遣すること。そのために専門家のネットワークを形成するとともに、人材のデータを作成すること。②ワークルール教育や労働教育のための資料やテキストを作成すること。そのために必要な調査・研究をすること。

この間、北海道各地の高校でのワークルールに関する授業、高校の先生とのワークルールの教え方に関する共同研究、大学生に対する講演等を行なってきた。また、そのためのテキスト（拙著『教室で学ぶワークルール』旬報社、二〇一二年）も作成している。

出前授業はワークルールの知識の普及に一定の意味はあったと思われる。しかし、法的な知識の前提となる議論する文化が学校に欠如している。コミュニケーション能力は重視され始めているが、議論のレベルはまだまだである。同時に、出前授業は一方的な講演になりがちであり、また当該学校を超えた拡がりに欠ける。気軽に議論ができ、より拡がりを持ったワークルール教育の新たな試みを痛感したしだいである。

なぜワークルール検定制度か

なぜ知識獲得につき検定制度と関連づけたか。その意義として以下をあげることができる。

第一は、だれでも興味を持ちやすいからである。検定好き、クイズ好きの国民性による。資格がらみの検定だけではなく歴史検定からご当地検定まで、検定ばやりである。テレビもクイズ番組が目白押しである。個人的にはやや食傷気味だが、利用しない手はない。検定は自分の知識を社会的に確認するシステムであり、この社会的というのがポイントである。いつでも誰でもチャレンジできる点も見逃せない。

第二は、効果的な知識獲得手段だからである。とくに、学習→研修→検定、と連動することによって知識を効果的に得るとともに深めやすい。これは検定制度の構築の仕方にもよるが、ことワークルール検定制度については、検定の前提として一定の研修が有用と思われる。法的知識については相互の関連を理解することが必要なためである。また、正解発表や採点などによって自分の知識の程度がわかることも重要である。自分なりの目標設定ができ欠点も判明しやすいからである。

第三は、職場や家庭で気軽に議論しやすいからである。労働法や労働問題といえば変に堅苦しい議論になりがちである。とりわけ、「我が社」のそれとなるとそれなりの覚悟がいる。他方、検定問題となると、どのような問題が出たか、正解はなにか、どこが間違っていたか、なぜ間違ったかについては、気軽に話題にできる。クイズについて議論しているのと同じだからである。また、社会的に注目する事項に関する問題の作成や解答状態の分布等により世論を喚起する可能性もある。

第四は、ある種の資格と連動することができるからである。検定は、知識や能力を客観化・外部化するシステムといえる。とりわけ、多様なレベルやコースを設定することによってそれがより有効に発揮される。労働関係については、労働相談員、労働委員会の委員、労働審判員等について一定の法的な知識が必要な仕事が少なくない。また、労働組合の役員や、労務管理担当の職員・役員等についても同様である。

ワークルール検定制度の具体的メリット

ワークルール検定制度の利用は各層につき次のような具体的メリットがある。

第一に、労働者個人については、自分を守る法的な知識を獲得することができ、体系的な知識を深める契機にもなる。さらに、市民レベルにおいて労働問題やワークルールへの興味を高めることができる。市民レベルでの議論はもっとも欠けていたことである。

第二に、労働組合については、研修との連動によって効果的なワークルール教育が可能となる。知識の客観化によってモチベーションも高めやすいという側面もある。組合活動との関連では、職場の問題点が共通してわかるので、組織化の契機となりさらに要求を結集しやすい。組合の社会的プレゼンス強化の手段ともなるわけである。

第三に、企業については、社員が共通の法的知識を持つことによってそれにもとづいたコンプライアンスを促進することができる。また、共通の理解による労務管理により無用な紛争を回避することができる。ワークルールを守っていることは採用上も人材の定着上も有利となる。さらに、管理職研修の手段としても利用できるのは当然である。

第四に、社会的には、働く際のワークルールが共通の知識・了解となれば、それにもとづいた営業や生産活動が可能となる。消費者の便利だけではなく働く者の立場も尊重する社会や文化の構築にプラスとなる。

25 ワークルール教育をめぐる論点

多様な労働問題が発生している。労働裁判をみても、労働組合がからむ集団紛争が減少する一方、長時間労働やパワハラ事案が増加し、その延長としてのメンタルヘルス事案も増えている。職場において適正な人間関係を形成することが困難になっており、その最大の犠牲者は、人間関係形成力が低下している若者に他ならず、意に反する退職や失業状態の長期化の傾向が見られる。同時に、増加する非正規労働者に占める若者の割合も多く、雇用保障をめぐる紛争も増加している。そこで、近時若者就労を促進する多様な施策が打ち出され、その一環として労働法教育の必要性も指摘されており、立法化の動きもみられる。

二〇一五年に成立した青少年の雇用促進等に関する法律は、その二〇条で「国は、学校と協力して、その学生又は生徒に対し、職業生活において必要な労働に関する法令に関する知識を付与するように努めなければならない」と規定し、さらに事業主に対しても、労働法制に関する基礎知識の付与として、「青少年の労働法制に対する理解促進は、事業主にとっても職場環境の改善やトラブルの防止等に資するものであることを踏まえ、新入社員研修の機会等を捉え、労働法制の基礎的な内容の周知を図ることが望ましいこと」をあげている（「青少年の雇用機会の確保及び職場への定着に関して事業主、職業紹介事業者等その他の関係者が適切に対処するための指針」平二七厚労省告示四〇六号）。

実践的立場から労働法教育をするワークルール教育に関する議論が活発になったことは好ましいことである。しかし、その具体的中身になると次のように多くの問題点があり、論議はやっと始まったばかりであり、論争以前の段階といえる。

第一は、教育の基本的な視点に関する。ワークルールは法的なルールに他ならないので、使用者との関係における労働者の権利と義務が問題になる。この両者をどう調整するかは難しい論点である。また、労働者の義務を学校教育においてどのように教えるかは案外難問である。

第二は、教育すべきワークルールの具体的内容に関する。ワークルール自体の捉え方についてはほぼ共通の了解があるとしても、具体的な教育内容となると、教育ニーズの捉え方や対象者の置かれた状況から大別して三つのパターンが考えられている。

その一は、最近の主流派と思われる労基法等の強行法規を中心に教える立場である。まさに、ブラック企業・ブラックバイト対策といえる。法違反状態を前提に、それをどう是正するか、そのために外部機関にどう相談し、利用するかがポイントとなる。弱い労働者をどう守るかが主要課題となる。講義時間との関連で緊急のニーズに対応しこれだけ教えるのが精一杯という側面もある。

その二は、ワークルールは労働契約を前提としているとして、労基法等の強行法規とともに契約法理を重視する立場である。たとえば、平成二一年厚労省研究会報告書は、具体的な教育内容として以下をあげている。

「高校や大学の段階において、労働関係法制度に関する知識を網羅的に付与することは現実的とは言えない。むしろ、労働関係法制度の詳細な知識よりも、まずは労働法の基本的な構造や考え方、すなわち、①労働関係は労働者と使用者の合意に基づき成立する私法上の「契約」であり、「契約」の内容についても合意により決定されることが基本であるということ、②労働者と使用者の間では一般に対等な立場で合意することが難しいことから、労働者の権利を保護するために労働契約法や労働基準法などの労働関係法令が設けられていること、③労働組合を通して労使が対等な立場で交渉し労働条件を決定できるように、憲法や労働組合法により労働三権が保障されていること等を分かりやすく教えることが有効である。また、例えば給与・賞与・退職金などの具体的な労働契約の内容については、法令に反しない限りにおいて労働者と使用者の合意に委ねられているため、採用時（労働契約締結時）に交付される書面や就業規則によって労働契約の内容を確認することが重要であること、さらに、時間的余裕があれば、必要に応じて、採用／解雇、労働条件、内定等の「契約」にまつわる基本的な知識を付与することも効果的であると考えられる。なお、労働関係法制度に関する知識だけではなく、職業選択や就職活動に必要な事項として、社会情勢の変化等も踏まえた多様な雇用形態（派遣、契約、請負、アルバイト等）による処遇の違い、仕事の探し方、求人票の見方、ハローワーク等の就職支援機関の利用方法等に関する知識を付与することも重要である。」

その三は、組合法等集団的労働条件決定システムを重視する立場である。日本労働法学会で「ワークルール教育の意義と課題」のミニシンポでは強調された視点であり（日本労働法学会誌一二六号、二〇一五年）、ワークルール教育を社会参加の仕方を学ぶという観点から捉えると魅力的な議論といえる。

私は、労働契約をめぐるワークルールを意味のある形でどう教育するかが最大の課題と考える。契約法を前提にしなければ労基法等の強行法規の意味を的確に理解しえないからである。しかし、これはきわめて困難な課題である。対立関係を前提とした「合意」の形成は学校的な世界にもっとも遠い事象に他ならず、また、自己決定・自己責任ゆえに社会関係に対する無関心に結びつきやすいからである。

第三は、権利を実現する資質の捉え方に関する。権利実現のためにはワークルールに関する知識を得るとともに、その実現を図る態度や力量が必要とされる。議論をしたり、相手を論破するパワー、さらに敵対的環境下で行動する力といえる。そのために実際の職場に蔓延する抑圧メカニズムを適切に把握することや自律的な労働者像を自分のものにしたり仲間を作る力も必要とされる。

このような態度や力を教育の場で養成することはとても困難と思われる。実際にもワークルール教育の一環としてこのようなレベルまでを要求することは少ない。そのような問題関心も希薄である。というよりそれだけの余裕がないともいえる。

第四は、ワークルール教育の具体的な担い手や教育方法に関する。まず、担い手については、高校、専門学校、大学、社会教育によって異なる側面がある。高校教育では基本的に教科や就職担当の教師ということになる。実際には個々の先生の熱意と工夫によっており、学校全体としてこの問題に取り組んでいる例は少ないと思われる。外部の者が関与するパターンとしては、労働基準監督署やハローワークの職員、大学教員・弁護士・社労士等の専門職、NPOの関係者、労働組合員等が考えられる。通常は、時間の制限もあり彼らによる「講演」や「体験発表」が多い。次に、具体的な教育方法については、簡単なレジメやパンフを使った講演形式が多い。与えられた時間が一時間（実際は四〇～五〇分）となるとこうならざるをえない。それ以外としては、①講義と質疑、②講義とテスト、さらに解説、③具体的ケースを想定したワークショップ等が考えられる。教材としては、簡単なパンフ、ビデオ、検定問題等がある。全体としては試行錯誤の段階といえる。また、多様な試みを集約したり、情報を交換する全国的仕組みも完備されていない。

第五は、教育の対象者であり、学生や労働者以外に使用者サイドとりわけ中小・零細企業に対する教育をどうするかはかなりの難問である。経営サイドがワークルールを知る必要性は、労働者サイドの力量如何によるからである。

〈くわしくは、拙稿「ワークルール教育の課題」季刊労働法二四四号〈二〇一四年〉四頁、拙稿「権利主張を支えるワークルール教育（一）（二）（三）」労働法律旬報一八三七号四二頁、一八三八号三〇頁、一八三九号四四頁〈二〇一五年〉参照〉

26 ワークルール教育と契約的世界

労働条件の決定は基本的に個別契約による。労使対等な立場による合意が基本原則である（労働契約法三条、労基法二条）。理論的には、「合意の成立」と「合意の効力」が問題となるが、「有効な合意が成立したか」という両者が混在した問いがなされることもある。

合意の成立については、主に契約締結過程から個別合意の認定がなされる。明示の合意との関連では書面化が重視される（シー・エー・ピー事件・東京地判平二六・一・三一労働判例一一〇〇号九二頁（ダ）参照。ただし減額合意のケース）が、口頭の例もある。合意の成立が認められても、その内容が労基法等の強行法規違反とされるとその効力は認められない。

また、明確な合意が認定できない場合には諸般の事情（職場慣行・労使慣行等）から黙示の合意が認定される。この黙示の「合意」については、合意したであろうことの推定作業がなされることもあり、実質的に「規範的解釈」にならざるをえない。この推定作業の際に、労基法や労働契約法の関連規定の「趣旨」も参考にされる。なお、契約上の合意については、近時形式的な「合意」の有無ではなく、その「真意性」を重視する学説、判例が有力になりつつある。

たとえば、ザ・ウィンザー・ホテルズ・インターナショナル事件・札幌高判（平二四・一〇・一九労働判例一〇六四号三七頁）は、賃金減額合意の特質につき、つぎのように判示している。「賃金減額の説明ないし提案を受けた労働者が、これを無下に拒否して経営者の不評を買ったりしないよう、その場では当たり障りのない応答をすることは往々にしてあり得る一方で、賃金の減額は労働者の生活を大きく左右する重大事であるから、軽々に承諾できるはずはなく、そうであるからこそ、多くの場合に、労務管理者は、書面を取り交わして、その時点における賃金減額の同意を明確にしておくのであ」る。

このような合意の実質化の要請は、権利行使をめぐる最近の最判でも重視されるところであり、まさに労働法的視点といえる。たとえば、テックジャパン事件・最一小判（平二四・三・八労働判例一〇六〇号五頁）では、時間外手当の請求権の「放棄」について、時間外手当ルールについての適切な理解がなされていないことを前提とする判断であるとされている。また広島中央保健生協事件では妊娠を理由とする降格が均等法九条三項に違反するかが争われ、最一小判（平二六・一〇・二三労働判例一一〇〇号五頁）は、労働者（上告人）の渋々の「同意」につき、「本件措置による影響につき事業主から適切な説明を受けて十分に理解した上でその諾否を決定し得たものとはいえず、上告人につき前記(1)イにいう自由な意思に基づいて降格を承諾したものと認めるに足りる合理的な理由が客観的に存在するということはできないというべきである。」と判示している。

たしかに、真意性の重視は、契約上弱い立場にある労働者が使用者側提案を十分に理解することなく「合意」せざるをえない実態に合致したものといえる。しかし、このような立場が契約論の危機を示すものか再生の契機になるかは必ずしもはっきりしない。ここでは、職場の実態をどう把握するか、労働法が想定する「労働者像」をどう位置づけるか、自立した労働者とはなにかが正面から問われているわけである。

最近ワークルール教育をめぐる議論が活発化し、私も折にふれて意見を発表してきた（拙稿「権利主張の基盤整備法理」季刊労働法二〇七号〈二〇〇四年〉一二八頁、同「労働法教育の課題」日本労働法学会誌一〇七号〈二〇〇六年〉一五三頁、同「ワークルールを生かす――NPO「職場の権利教育ネットワーク」の立ち上げ」労働法律旬報一六八一号〈二〇〇八年〉本書一四二頁、同『教室で学ぶワークルール』（旬報社、二〇一二年）、同「ワークルール教育の課題」季刊労働法二四四号〈二〇一四年〉六頁）。二〇一四年一二月に開催された労働教育研究会発足の「権利教育シンポジウム」でもコメンテーターとして発言を求められた。基調報告も実践発表も主に高校での労働法もしくは労働教育のあり方に焦点を当てており、そこでの問題関心は、もっぱらブラック企業・ブラックバイト対策であった。緊急のニーズとの関連では理解できる傾向であり、生徒の現実をふまえた熱意や工夫にも感心した。しかし、ある種の違和感も同時に感じた。

ワークルール自体の捉え方についてはほぼ共通の了解があるとしても、具体的な教育内容となると、教育ニーズの捉え方や対象者の置かれた状況から大別して二つのパターンが考えられる。

その一は、最近の主流派と思われる労基法等の強行法規を中心に教える立場である。まさに、ブラック企業・ブラックバイト対策といえる（たとえば、ブラック企業対策プロジェクト「今すぐ使える！　労働法教育ガイドブック」）。法違反状態を前提に、それをどう是正するか、そのために外部機関にどう相談し、利用するかがポイントとなり、弱い労働者をどう守るかが課題となる。講義時間との関連でこれだけ教えるのが精一杯という側面もある。

その二は、ワークルールは労働契約を前提としているとして、労基法等の強行法規とともに契約法理を重視する見解である。たとえば、「今後の労働関係法制度をめぐる教育の在り方に関する研究会報告書」（平成二一年二月）は、つぎのような基本的な立場を示している。

「労働関係において、労働者は法的な権利のみ享受しているわけではない。労働者と使用者は、「契約（労働契約）」に基づいて、お互いに法的な「権利」と「義務」を負っている。使用者が義務に違反した場合、労働者はその履行を求めることができるが、その一方で、労働者が契約上の義務（たとえば、契約に基づいて労務を提供する義務、就業時間中は職務に専念する義務、企業秩序を遵守する義務など）に違反した場合には、使用者は当該労働者に対して、懲戒、解雇、損害賠償請求などをなしうる場合がある（ただし、使用者による懲戒、解雇、損害賠償請求などは法令や判例法理で定められた要件を満たすことが必要であり、そうでない場合には裁判で違法とされる）。すなわち、労働関係は、「契約」に基づく、相互関係の下に成り立っているものであり、使用者が法令や契約を遵守しなければならない一方で、労働者にも自らが負っている法的義務を果たすことが求められている。」

労働法の体系に沿った教育といえる。しかし、契約法理を理解することとともに適切に教えることは法学の素養がなければかなり難しい。とりわけ高校生に対してそれを理解させることは困難である。さらに、契約法理は自己責任を前提としているので、教え方によっては労働者に対し過度の自己責任を意識させる結果ともなる。まさに労働者像自体が問われているわけである。

将来的には、労働契約をめぐるワークルールを意味のある形でどう教育するかが最大の課題になると思われる。しかし、その実現はきわめて困難といえる。対立関係を前提とした「合意」の形成は学校的な世界にもっとも遠い事象に他ならないからである。

27 権利主張のリスク

ＮＰＯの仕事で高校への出前授業をすることがある。進路指導の一環として体育館で五〇分ぐらいワークルールの話をすることが多い。生徒はあまり関心を示さず、おそらく苦痛な時間と思われる。気持ちはわからないことはないが。たまにこちらから質問しても返事は返ってこない。疑問を持ったり、議論をする経験や文化がないことを痛感する。

それでも一応「職業講話」なので雇用の現状やワークルールのことを話し、働く立場から北海道の最低賃金や職場いじめの説明をする。知識というより情報レベルではそれなりに理解をし興味を持つらしい。講話後に生徒代表から謝辞を述べられることもあるが、それもあらかじめ準備されている。まさにお役所的な世界といえる。

権利に関する知識以上に実際に権利を主張することになると彼らにとってまったく現実味がない。自らの権利を主張する経験に乏しく、そのような大人を見る機会も少ないからである。不満があっても権利を主張するよりも我慢することによって自分を守り、それでもダメなら逃げてしまう。時効制度の説明として「権利の上に眠る者」という表現があったが、彼らの多くは爆睡、もしくはまどろみの状態である。

法学の世界では、権利や権利主張はごく身近な問題であり、実定法上も権利主張やその実現を促進する規定がある。監督機関（労基法一〇四条二項）や救済機関（労組法七条四号）への申告・申立、さらに労働局への解決の援助（男女雇用機会均等法一七条二項、パートタイム労働法二一条二項）を理由とする不利益取扱いが禁止されている。また、権利を行使したことを理由とする不利益取扱いも禁止されている（育児介護休業法一〇条、一六条等）。権利行使を実効性をもって担保する政策に他ならず、それだけ権利主張にはリスクがともなうことを示している。

ところが最近、権利主張をしたことを不利に取り扱うことを正面から認めた裁判例が出現した。他の従業員の反感を理由とする整理解雇「基準」を相当と認めた淀川海運事件・東京高判（平二五・四・二五労働経済判例速報二一七七号一六頁）である。職場の閉塞状態は進み、権利主張のリスクがますます高くなるケースといえる。事案の概要はおおむね以下のとおりである。

海上運送業および一般区域（限定）貨物自動車運送事業等を営む会社（被告、控訴人）は、平成二二年六月一五日、技能職員（トレーラー運転手）であり、労働組合の執行委員長であった従業員（原告、被控訴人）に対して、「事業縮小等会社の都合」により「余剰人員削減のために実施した希望退職者募集及び退職勧奨によっては、削減人員の定数に満たなかったため」として整理解雇をした。被解雇者として原告を選定した理由として、その非協調的な言動（時間外割増賃金の請求を裁判所に訴求し、一審で認められその後和解をしたことやワークシェアリングへの反対等）に対する他の従業員の強い反感や不信感が蓄積し、会社の業務の適正な遂行に支障が生じていたことをあげた。

原審・東京地判（平二三・九・六労働経済判例速報二一七七号二二頁）は、会社には高度の人員削減の必要性がなく、また、解雇に先立ち十分な解雇回避のための努力が尽くされているともいえず、さらに、人選の合理性についても公正さに欠ける面があったとして本件解雇を無効とした。なお、人選について、原告の権利行使は、裁判所に正当なものと認められている以上、被告としては、少なくともそれに対し中立的な態度を採るべきであるにもかかわらず、他の従業員の反感、不満のみを重視し、原告のみを非協調的であると評価するのは、結局のところ、訴訟提起自体を非難の対象とするのと変わりはないと説示していた。

会社の控訴を受けて東京高判は、本件整理解雇を有効とし、人選についてはおおむね次のように判示した。①原告らの提訴は、被告との関係においては非難されるべきものでないが企業の存続と従業員の雇用の継続を優先して権利主張を自ら抑制した他の従業員がそれをどのように受け止めていたかは別の問題である。②再建途上において、企業の存続と雇用の継続を第一に考える他の従業員らが、原告について自己中心的で協調性に欠ける人物として受け止めるにとどまらず、嫌悪感を抱き、反発するようになったことは必ずしも不自然なこととはいえず、現に多くの従業員が原告の職場復帰を拒絶する意思を表明している。③労働契約が労使間の信頼関係に基礎を置くものである以上、他の従業員と前記のような関係にあった原告を、業務の円滑な遂行に支障を及ぼしかねないとして、被解雇者に選定した判断には企業経営という観点からも一定の合理性が認められ、不合理、不公正な選定といえない。

職場実態はともかく、判例法理がここまで言うかという内容である。理論的にも、他の従業員(会社も含む)の嫌悪感をどう規範的に評価するかについて根本的な疑問がある。本判決は、他の従業員の原告に対する嫌悪感に深い理解を示しているが、その原因となった行為の評価はほとんどなされていない。自分たちが我慢しているからといって他人の正当な権利行使に「不快感」を示すことは必ずしも珍しいことではない。しかし、法的なレベルでそれが解雇を基礎づける正当な不快感さらに嫌悪感だとはとうてい思えない。また、解雇した主体は使用者に他ならないので、従業員の意向を忖度しただけではその正当性は基礎づけることはできないことは当然である。本判決ではその点の評価がきれいに抜け落ちている。この論理からすれば、整理解雇につき訴訟を提起することも許されないことになる。裁判を受ける権利（憲法三二条）、法治国家の危機とさえいえる。

最近本件以外にも会社の意に沿わない行為を理由とする解雇・処分事案も少なくない。それでも、雇止め告知に対応するメールを同僚に送信したことを理由とする譴責処分が無効（東和エンジニアリング事件・東京地判平二五・一・二二労働経済判例速報二一七九号七頁）とされ、労働契約書への署名拒否を理由とする解雇が違法とされている（学校法人M学園事件・東京地判平二四・七・二五労働経済判例速報二一五四号一八頁）。注目すべきは、処分の経緯や理由であり、意に沿わない労働者を排除する傾向が顕著になっている。

このような一連の事件をみると、職場で会社と対峙することがどれだけ大変かがよくわかる。これでは権利や権利主張を知らないことによってなんとか自分を守るという生き方にならざるをえず、高校生にワークルールに興味を持てと言っても説得力がない。最先端の労働法理論も結構だが、足下が危なくなっていることも知る必要がある。

28 ワークルール教育と労働法研究

はじめに

「労働法」教育ではなくなぜ「ワークルール」教育か。まずこの点から説明したい。その理由は、このテーマに取り組む実践的意義の違いに由来する。労働法学は、職場や労働をめぐる法がどのような規制をしているかを理論的に解明することを目的とし、労働法教育もこの理論面を教育することを主目的とする。条文や判例法理の「実務的な」学び・教育と言ってよい。実務的とは最終的には裁判所で使えることを意味し、法学部レベル、司法関係の専門家レベルが主に想定される。それに対し、ワークルール教育は、それを学ぶ目的が職場において働く主体が自らの権利を実現するという実践的目的をもち、教育はそのためのものになる。具体的には次の点に留意している。

その一として、学ぶ対象は、働くことに関連するあらゆる事象に及ぶ。子育てや自分の病気との関連で働き続けるためのルール等、労働法以外の社会保障法に関連する事項も対象となる。

その二として、教育内容は働く際に知っておくべき法的な知識・考え方なのであらゆる働く人を対象にする。一般市民が理解しやすいわかりやすい表現、概念で説明する必要がある。実際には、基本的には学校教育（中学校・高等学校）で行なうことが想定される。

その三として、個々の主体がどうしたら実際に権利主張ができるかに配慮する。そのためには、前提として法的なルールの特徴や労働法の全体像の知識が必要であり、それをふまえて「具体的紛争の解決」に着目する。具体的には、①問題の認識・発見、②関連する法的ルールの把握、③権利実現の手立て、についての検討が必要になる。

その四として、具体的紛争をめぐる以上の検討は、主に対立構造での議論を通じて行なう。対立する議論を通じて、何が問題か、どのような利害が対立しているか、どのようにそれを調整・解決するかを学ぶ。重要なのは、労使紛争の解決とは何か、解決の意味、さらに法的な処理の限界についてまで配慮することである。「労働法」的な議論ではなかなかここまでは検討は難しい。ここでは、実際に働く主体としての市民的感覚が重要視される。

その五として、権利実現の観点から既存の判例法理（実務）に対する批判的な視点を身につけることも目的とする。これは、労働法制に対する社会的な評価・改正運動の基盤となる。

全体として、アクティブラーニングの労働法版といえるかもしれない。もっとも、実際にこのようなワークルール教育の担い手をどう養成するかという大問題は残されているが。

以下では、私の問題関心のアウトラインを述べてみたい。

一　ワークルール教育をめぐる主要論点

ワークルール教育をめぐる一連の議論をふまえて基本的論点とも言うべきものを確認し、若干の私見も提示しておきたい。今後の本格的な論議のための準備作業に他ならない。具体的には、教育の基本的視座、教育の内容、権利実現の資質、担い手が問題になる。

（一）基本的視座

第一は、教育の基本的な視点に関する。ワークルールは法的なルールに他ならないので、使用者との関係における労働者の権利と義務が問題になる。この両者をどう調整するかは難しい論点である。バランスを重視しているのは二〇〇九年厚労省研究会報告書であり、「労働関係において、労働者は法的な権利のみ享受しているわけではない。労働者と使用者は、『契約（労働契約）』に基づいて、お互いに法的な『権利』

と『義務』を負っている。」としている。

明確に権利志向的なのは促進法の初期草案の立場（日本労働弁護団「ワークルール教育推進法の制定を求める意見書」）であり、基本理念として以下のように展開していた。「ワークルール教育は、労働者と使用者との間の情報の質・量及び交渉力等の格差の存在を前提として、労働者及び使用者がそれぞれの権利・義務について正しく理解するとともに、労働者が自らの権利・利益を守る上で必要な労働関係法制等に関する知識を習得し、これを適切な行動に結び付けることができる実践的な能力が育まれることを旨として行われなければならない。」としつつも、「ワークルール教育の推進にあたっては、労働者の義務や自己責任論が安易に強調されることによって労働者の権利・利益が不当に損なわれることのないよう、特に留意しなければならない」ことも強調している。高校でワークルール教育を実践している多くの先生の立場でもある。

権利と義務をどのようなバランスで教えるべきかは難問といえる。私は、以下のような理由で基本的には権利中心に教育すべきものと考えている。

労働者の義務は、勤労観レベルは国の教育の対象といえるが、具体的な労務管理上要請される義務については基本的には使用者の責任において教育すべきものであろう。実際にも、義務と連動する、働く際の心構え等はキャリア教育と就活でいやと言うほどたたき込まれているからである。なお、労働者の義務を具体的にどのように「教育」するかは案外難問であるが。

他方、権利的な側面は、公教育ではほとんど意味のある形では教えられていない。社会教育の対象ともなっていない。雇用が不安定化し職場における権利抑圧構造が強化されており権利を知るニーズが高まっている現状からしても、権利中心の教育となるのが自然なことと思われる。もっとも、義務とのバランスは必要である。

(二) 教育の具体的内容

第二は、教育すべきワークルールの具体的内容に関する。ワークルール自体の捉え方についてはほぼ共通の了解があるとしても、具体的な教育内容となると、教育ニーズの捉え方や対象者の置かれた状況から大別して二つのパターンが考えられている(ワークルール以外に、若者就労の実態や労働の社会的意義を話すこともある。出前授業では、非正規になったら決定的に不利になるから今のうちに勉強して「いい大学」「いい会社」に入りなさいという「脅迫めいた」メッセージを伝えることも期待されている)。

その一は、最近の主流派と思われる労基法等の強行法規を中心に教える立場である。まさに、ブラック企業・ブラックバイト対策といえる。法違反状態を前提に、それをどう是正するか、そのために外部機関にどう相談し、利用するかがポイントとなる。弱い労働者をどう守るかが主要課題となり、強行法の世界なので教えやすい。講義時間との関連で緊急のニーズに対応しこれだけ教えるのが精一杯という側面もある。

その二は、ワークルールは労働契約を前提としているとして、労基法等の強行法規とともに契約法理を重視する立場である。たとえば、二〇〇九年厚労省研究会報告書は、具体的な教育内容として以下をあげている。

「高校や大学の段階において、労働関係法制度に関する知識を網羅的に付与することは現実的とは言えない。むしろ、労働関係法制度の詳細な知識よりも、まずは労働法の基本的な構造や考え方、すなわち、

①労働関係は労働者と使用者の合意に基づき成立する私法上の『契約』であり、『契約』の内容についても合意により決定されることが基本であるということ、②労働者と使用者の間では一般に対等な立場で合意することが難しいことから、労働者の権利を保護するために労働契約法や労働基準法などの労働関係法令が設けられていること、③労働組合を通して労使が対等な立場で交渉し労働条件を決定できるように、憲法や労働組合法により労働三権が保障されていること等を分かりやすく教えることが有効である。また、例えば給与・賞与・退職金などの具体的な労働契約の内容については、法令に反しない限りにおいて労働者と使用者の合意に委ねられているため、採用時（労働契約締結時）に交付される書面や就業規則によって労働契約の内容を確認することが重要であること、さらに、時間的余裕があれば、必要に応じて、採用／解雇、労働条件、内定等の『契約』にまつわる基本的な知識を付与することも効果的であると考えられる。なお、労働関係法制度に関する知識だけではなく、職業選択や就職活動に必要な事項として、社会情勢の変化等も踏まえた多様な雇用形態（派遣、契約、請負、アルバイト等）による処遇の違い、仕事の探し方、求人票の見方、ハローワーク等の就職支援機関の利用方法等に関する知識を付与することも重要である。」

労働法の体系に沿った教育といえるが、契約法理を理解することとともに適切に教えることは法学の素養がなければかなり難しい。とりわけ高校生に対して正確に理解させることは困難であり、不可能に近い。さらに契約法理は自己責任を前提としているので、教え方によっては労働者に対し過度の自己責任を意識させる結果ともなる。これだけの知識を教えるだけの講義時間を獲得できるかという無視しえない問題もある。

まさにあるべき労働者像自体が問われているわけである。労働者の自立の観点からは、労働契約をめぐるワークルールを意味のある形でどう教育するかが最大の課題になると思われる。契約法を前提にしなければ労基法等の強行法規の意味を的確に理解しえないからである。しかし、これはきわめて困難な課題である。とりわけ、対立関係を前提とした「合意」の形成は学校的な世界にもっとも遠い事象に他ならないからでもある。

(三) 権利を実現する資質

第三は、権利を実現する資質の捉え方に関する。権利実現のためにはワークルールに関する知識を得るとともに、その実現を図る態度や力量が必要とされる。議論をしたり、相手を論破するパワー、さらに敵対的環境下で行動する力といえる。同時に、職場において同僚や先輩とフランクに話す関係を形成しておくことも見逃せない。

実際にも職場で紛争が生じた場合に、自分に共感・支援し、証言してくれる仲間がいるかいないかは決定的である。たとえば、会社イジメの実態については同僚しか目撃者はないからである。人は案外孤立しておらず、自分たちという広がり(同僚・仲間)が自分を支えてくれる。働きがいのある、働きやすい職場を作るためには、職場において一定の良好な人間関係をつくっておくことが決定的に重要である。

権利実現のために実際の職場に蔓延する抑圧メカニズムを適切に把握することや自立(自律)的な労働者像を自分のものにすることも必要とされる。このような態度や力を教育の場で養成することはとても困難と思われる。実際にもワークルール教育の一環としてこのようなレベルまで要求することは少ない。そのような問題関心も希薄である。というよりそれだけの余裕がないともいえる。しかし、権利実現の資質は重要である。具体的なアクションをする態度や力を発揮するという立場から知識を教えたほうが実際の力量が身につくからでもある。まさにアクティブラーニングの世界である。

関連して労働組合の位置づけも問題になる。個人レベルの力量だけではなく、集団化つまり労働組合の結成や組合への相談を通じての権利実現を図るべきかの論点である。対立した状況で自分たちの利益や権利を主張するために労働組合に頼ることは自然なことであり、団結権保障の観点からも適切な行為といえる。

しかし、労働組合に対する評価は社会的に必ずしも一定していない。また、労働組合の役割や意義は学校では教えにくいテーマである。スポーツや趣味での友情は身近といえるが、利益・権利追求を目的とする職場での連帯、とりわけ会社に対立するそれとなると生徒にとって想像を超えた世界かもしれない。多様な利益を内部調整しつつ相手と交渉するという形のリーダーシップを身につけることも困難である。これは、社会活動にとって不可欠な資質といえる。

(四) 教育の担い手

第四は、ワークルール教育の具体的な担い手や教育方法に関する。まず、担い手については、高校、専門学校、大学、社会教育によって異なる側面がある。高校教育では基本的に教科や就職担当の教師ということになる。実際には個々の先生の熱意と工夫によっており、学校全体としてこの問題に取り組んでいる例は少ないと思われる。

外部の者が関与するパターンとしては、労働基準監督署やハローワークの職員、大学教員・弁護士・社労士等の専門職、ＮＰＯの関係者、労働組合員等が考えられる。通常は、時間の制限もあり彼らによる「講演」や「体験発表」が多い。

次に、具体的な教育方法については、簡単なレジメやパンフを使った講演形式が多い。与えられた時間が一時間（実際は四〇～五〇分）となるとこうならざるをえない。それ以外としては、①講義と質疑、②講義とテスト、さらに解説、③具体的ケースを想定したワークショップ等が考えられる。教材としては、簡単なパンフ、ビデオ、検定問題等がある。全体としては試行錯誤の段階といえる。また、多様な試みを集約したり、情報を交換する全国的仕組みも完備されていない。

具体的な教育内容は、以上の論点に関連するので多様なパターンがありうる。経験交流以上の論議をする場自体の確保も必要とされる。教育を受ける生徒や学生のニーズや意向を知ることも重要である。

二　権利実現のためのワークルール教育――権利実現の仕組みとワークルール教育

ワークルール教育の基本的あり方を労働者サイドの権利実現のメカニズムとそれに見合った教育内容という観点から検討したい。

権利実現の仕組みのポイントは次の五点である。なお、関連して労働法の政策実現システムについても最近活発な議論がされている。

第一は、法に関する知識や情報である。条文や主要な裁判例、相談体制や救済機構等に関する知識が必要とされる。同時に、自分の契約上の権利内容、具体的には労働契約書、就業規則、また労働協約内容について知ることも重要である。

第二は、権利意識である。権利をわがものにし置かれた状況で行動を起こす資質といえる。

第三は、権利行使を支援する仕組みである。労働組合や外部の団体（労働ＮＰＯ）、法テラス等による法律扶助の役割が重要である。また、権利行使を促進する仕組みとして、特定の権利行使や中立・申請をしたことを理由とする不利益取扱いを禁止する規定の存在も見逃せない。

第四は、権利を実現する機構・手続きである。種々の相談体制以外に、労働局による個別斡旋制度、労働委員会、労働審判さらに裁判所等が整備されている。

第五は、具体的権利内容を規定する実定法自体の存在である。とりわけ、労働基準関係の立法が重要であり、ほとんどが強行規定なので知る必要性も高い。

以上の諸側面のうち、第一と第二は個人的資質・能力の向上である。第三は社会的支援、第四と第五は制度的仕組みの整備といえる。権利実現を目的とするワークルール教育としては第一と、第二が中心となる。もっとも、第三以降の側面についてもその理解にもとづくという点では第一の問題でもある。

次によりリアルに労働者サイドから見た権利主張・実現のプロセスを考えると具体的に以下の事項が問題になる。職場や働くことの意義が問われることにもなる。

①基盤的知識・態度、
②紛争化を回避し、紛争化した場合に解決する知恵・知識、
③ベーシックなワークルールの知識、
④具体的事案に関する法的な知識、
⑤裁判レベルでの法的知識、である。

①基盤的知識・態度。これは社会的仕組みや働くことについての基礎的な知識・態度といえる。もっともベーシックなのは自分の考えを適切に表現し、相手の立場を理解する能力である。他人と最低限の信頼関係を持つことも重要であり、「働く自信」といえるかもしれない。

②紛争化を回避し、紛争化した場合に解決する知恵・知識。具体的な利害状況に応じて適切なコミュニケーションをする能力といえる。適切さが特に必要になるのは、対立する場合である。また、コミュニケーション能力とは、「コミュニケーションが不調に陥ったときに、そこから抜け出すための能力」ともいえる。しかし、実際には、職場において目立たないこと、対立しないことが志向され、それが自分らしさを維持するための自己防衛となっている場合が多い。「自分らしさとは何か」、というような問いを発しないことによる自己防衛に他ならない。

①②は社会人基礎力ともいうべきものといえる。このような能力が適正に獲得されていなければ実効性のあるワークルール教育はできない。法的な世界の基盤ともいえる。この点については、法社会学にいう「法使用」という発想が示唆的である。

③ベーシックなワークルールの知識。労働法の全体的な知識であり、労働契約、労働条件の基礎的ルール、雇用終了、団結権等のアウトラインである。この知識がなければ④以降の問題に適切に対処できない。法の全体システムをある程度理解していなければ、個別裁判や法理の意味を適切に理解することは不可能である。

④個別的テーマに関する法的な知識。労働時間については、労基法上の関連条文・規定、ハラスメント事案については労働者人格権のアウトラインを知る必要がある。条文以上にどのような利益・権利がなぜ

保護されているか、さらに関連した重要な裁判例の知識が重要である。法学部における「労働法」の講義内容といえる。

⑤具体的裁判レベルでの法的知識。紛争化し明確な対立状態になれば、関連裁判例や学説についての詳細な検討も必要になる。また、具体的紛争を前提とした、事実関係の解明・理解、相手側の主張への理解、反論の仕方等も要請される。ロースクールのケーススタディや実務研修レベルといえようか。

③以降がワークルールに関する法知識といえる。⑤は弁護士等の専門職レベルである。ワークルール教育では労働者の置かれた状況に応じて主に③④が問題となり、学校教育ではとりあえず③が中心となる。なお、教育の仕方について次の諸点にも留意すべきものと思われる。法律論に特化した教育だけならば労使紛争の適切な解決ができないからである。

第一に、③が適切になされるためには①②、とりわけ②の教育が不可欠である。また、①②と③との架橋となるような知識、たとえば労使関係、労務管理、労働運動等に関する理解も必要とされよう。ワークルールが機能するフィールドに関する知識といえる。また、ハラスメント事案は人間関係的紛争ともいえるので、その点に関する洞察も不可欠である。はっきりいえば、労使紛争の多くは法理だけでは解決できない。「解決」の意味如何であるが。

第二に、②に関する教育をどうするかは最大の難問である。それを独自に教えることは難しい、とりわけ教室ではそうである。したがって、⑤のような明確な対立状況にある具体的紛争を想定したケーススタディが有用といえる。抽象的一般的な論議だけでは十分な理解が得られにくいからである。具体的なストーリーのなかで労使がどのような主張を戦わせたか、裁判所がどう判断したかをリアルに感じることができるからである。その点、労働判例には教材となる事例が豊富にある。しかし、それを適切に指導する力量のある教師は少ないが。

第三に、ワークルールを教える教師に関しては少なくとも④レベルの知識・能力が必要である。そのためには裁判例の捉え方を中心としたシステマチックな長期の研修を要する。テレビの特番や新聞報道でお茶を濁すようなワークルール教育ならば別であるが。

三　ワークルール教育がなぜ身近なものにならないのか

ワークルール教育の必要性に関する社会的機運は醸成しつつあり、具体的試みも続けられている。しかし、社会的関心はイマイチであり、ワークルール教育推進法の立法化の動きも停滞している。では、なぜワークルール教育の必要性が社会的に強くアピールされないのか。なぜ、身近なものとして関心をもたれないのか。ここでは以下の三つの観点からその理由を考えてみたい。ここでは日本社会のあり方自体も問われることになる。

(一)　教育の構造

ワークルール教育は、まさに教育の一環である。教育、とりわけ学校教育のあり方については、多くの課題が示され、「主体的、対話的、深い学び」のアクティブラーニングが提唱されている。正直言っていまさらの感があるが、しないよりはいい。

ワークルール教育は、まさにこのアクティブラーニングの一つの試みといえる。しかし、学校的世界でこれを意味のある形で実践することは以下のような事情から必ずしも容易ではないと思われる。

第一に、生徒の主体性の確保は困難である。受験勉強的学習環境では、受験を目的とした「主体的」学習はともかく自分を見つめ社会のなかで位置づける自主性は生まれにくい。学校において本気でそれを生徒に期待しているかは疑問である。さらに教師に対しても主体性はそれほど期待されていない。主体性のイメージは、せいぜい企業社会における「やる気」、指揮命令下における「自主性」のレベルといえる。それを超えた主体性については学校の管理能力を大きく超える。

第二に、生徒はおしゃべりはともかく対立関係下における対話は不得意である。就活用のコミュニケーション能力の養成はなされているが、対話というより相手（会社）に寄り添う、もしくは相手の機嫌を損ねない態度が重視されている。実際にも「『コミュ力』が、必ずしも適切な自己主張とか、議論・説得の技術などを意味しない」、大切なのは「場の空気を読む能力」「笑いを取る能力」といわれている。

また、学校的世界で根強い「正解主義」も意味のある豊かな対話を阻害している。たとえばディベートの仕方をみても、その内容は知識中心になりがちであり、相手の立論をふまえた丁々発止の議論はどうしても下手である。正しい答えはない、もしくはわからない、という立場から相手との話し合いを通じて正しさ（らしきもの）に接近する態度はみられない。どうしても勝ちか、負けかを強く意識している例が多いようにみうけられる。教師がそれを判定するようになれば最悪である。

第三に、深い学びは、何をもって「深い」といえるかが明らかでない。一応、理論的に精緻かと社会的に説得力があるかの二つの立場を想定しうる。ワークルール教育は後者に関連するが、第一、第二で述べたところから絶望的な状況といえる。さらにワークルールに関する教師の知識・認識不足も否定できない。

同時に生徒の社会的問題についての関心のなさや学習能力の低さも決定的であり、低さを問題視しない開き直りもしくはあきらめの態度も顕著である。「学ぶ」姿勢が無いといってよい。このような生徒に対し短期間、まして出前授業でワークルール教育をすることは不可能である。

(二) 職場の抑圧構造

前述のとおり職場には、労働者の自立や尊厳を害する抑圧構造があり、これはワークルール教育の必要性を示す事情である。仕事や職場、労働についてのリアルな教育は十分になされておらず、会社において自分(たち)を守る制度的仕組みやスキルについての学習も不十分である。

同時に、この抑圧の多様な側面が解明されていないことが意味のあるワークルール教育の形成を妨げているともいえる。それでも強行法規(違反)に関する議論、教育は基準の明確性からやりやすい。しかし、契約規範との関連における自立や自己責任については、その表現形式や会社へのインパクトから多様な形で抑圧される傾向にある。ハードとともにソフトな、さらに同僚からの抑圧行為もなされ、その全体の構造の解明がなされていないので、職場において適切にワークルールを教えるのが困難になっており、身近なものになっていない。

ただ、職場は仕事をする場に他ならないので、一定の強制・抑圧は不可欠といえる。ただ、それが労働者の健康、人格や尊厳を害することは許されない。パワハラ紛争はその典型であり、デリケートな事案になるとワークルール教育上の難問といえる。

(三) 同調圧力――忖度と無関心

社会意識的にみればワークルールの定着を阻害しているものは対立状態を許さない強固な同調圧力といえる。自主性や多様性が重視されてはいるが、多くは建前のレベルであり異端や対立関係は好まれてはいない。とりわけ、職場では明確な上下関係が形成されているのでより顕著に表れている。関係の形成は、議論や対話よりも責任関係が明確にならない「忖度」が好まれ、忖度のリスクを回避するためには無関心を決め込むことになる。忖度と無関心が社会生活上のスキルとなる。いずれにしても、自立した主体同士の健全な関係の形成は難しくなる。

もっとも、個人に着目する風潮も出ており、その点では同調圧力が弱まっている側面はある。しかし、個人「主義」という一貫した生き方ではなくその時々の個の感情を重視する生活態度として現象している。また、社会的関係の形成についてもとくに若い世代については、彼らが求めてやまない純粋な関係とは、思想や信条のような社会的な基盤を共有した関係や役割関係ではなく、「いわば直感的な感覚の共有のみに支えられた情緒的で不安定な関係であ」り、互いの関係を客観化し相対化する精神的余裕もない、と評されている。

連帯になるとより絶望的な状況である。連帯の基盤である平等意識については、他者との連帯・共闘の道筋は不透明になるばかりである。組合活動が沈滞する理由でもある。

四　労働法研究へのインパクト

ワークルール教育の主要な担い手は、弁護士・社労士の専門職や高校の教諭である。労働法の研究者は少なく、それほどの関心も示されていない。実際にも、日本労働法学会のミニシンポジウムのテーマとしてワークルール教育のあり方を企画委員会において提言した際にはその重要性を認める立場はすくなかったと聞く。当時の企画委員の小樽商科大学國武先生の精力的な働きかけで実現はみたが、それでも全体的な関心は低いままであった（シンポジウムの内容は、「ワークルール教育の意義と課題」日本労働法学会誌一二六号（二〇一五年）五九頁）。それは現在でも大きく変更してはいない。

最後に、ワークルール教育の意義、とりわけ研究へのインパクトについてふれてみたい。自分の経験にもとづいた実感でもある。

法の研究のためには理論的な精緻さと説得力が不可欠である。この精緻さについては、とりわけ労働契約法理論の展開は注目される。注目すべき判例法理の出現もあり、学会での議論も活発である。しかし、そこで想定されている「労働者像」についてははっきりしていない。議論が混迷しているというより実際の労働者をどうとらえるかという問題関心もおそろしく希薄である。研究者による研究者のための議論になっている。

それはそれで一定の意義はあるが、生の事実関係に判例法理を将来的にどう生かすかというリアルな事態になるとお手上げである。裁判規範と行為規範の距離はおそろしく広くなっており、実際の労使に適切に法、とりわけ判例法を教えることは難しくなっている（いわゆる出前授業の経験では、不利益変更合意の真意性や労働者に対する使用者からの損害賠償義務のあり方がその好例である。団結権の意義や権利性についてもそうである）。

理論的に精緻さを追求すれば説得力に欠けることとなる。ワークルール教育は、この架橋を果たすことを目的とする。では、説得力とはなにか。法の世界では理論と連動した説得力ということになろうが、ここでは実際の労使の感じ方に見合う説得力――普通の労働者が納得することを想定している。

具体的には、どのような労働者像を想定するか。一般的には、交渉力・情報収集能力が劣る、その点では従属労働（者）といえる。労働契約のメルクマールに他ならない。一方、市民的自由の担い手でもあり、自尊感情を持つ自立と自己責任の主体でもある。

この両者を関連づける視点は、自立した判断主体になるための基盤に着目することであろう。つまり、自立の前提として、それを支える社会的仕組み、教育・社会的支援のあり方さらに一定の経済力が不可欠である。同時に、働き方についても、指揮命令権の権力構造とともに自己実現を図るという勤労意欲、というよりモチベーションにも注目する必要がある。自立しつつ会社に取り込まれるところに仕事の実際のおもしろさがあるのかもしれない。また、職場の位置づけについても、権力構造的な側面とともに実際に同僚として働いているところに連帯の契機がある。この多様な側面をふまえて業務命令や労使間合意の効力を評価する必要がある。それを通じて法理論的精緻さの内実を明らかにし、労使に共通の了解・価値観の形成を促進すべきものと考える。法律家でない普通の市民のセンスを重視するわけである。その点からは、裁判を起こさない、もしくは起こせない人へのまなざしも見逃せない。

同時に、労働者間の連帯の基盤にも留意する必要がある。ワークルール教育はとりあえず個別労働者に着目しその権利実現を指向するものである。しかし、権利内容の充実化のためには一定の交渉力（集団化）が不可欠である。このための連帯をどう教えるも重要である。

ワークルール教育は、研究者にとっても奥が深い。

第六章

労働委員会と紛争解決

國武英生

平成7年 北海道地方労働委員会創立50周年記念

1　労働委員会実務と不当労働行為研究

労働委員会は、労働組合と使用者との間の集団的労使紛争を解決するため、不当労働行為事件の審査、労働争議の調整を行う行政機関である。多くの都道府県労働委員会は、個別労働紛争解決のあっせんも行っている。

道幸先生が不当労働行為研究の「第一人者」とされるゆえんは、長年の労働委員会実務の経験を基礎として、不当労働行為法理のあり方について理論的基礎を与えた点にある。道幸先生にとって、労働委員会実務と不当労働行為研究は密接に関連していた。北海道労働委員会の公益委員を退任した後に書かれた『労働委員会の役割と不当労働行為法理――組合活動を支える仕組みと法』（日本評論社、二〇一四年）は、それまでの労働委員会実務の知見をふまえて書かれた実践の書であり、類書がないという意味でも、不当労働行為法理のあり方を知ることができる貴重な一冊である。同書は、労働委員会実務に携わる者にもバイブル的な一冊になっている。

労使の紛争の解決を使命とする労働委員会は、労働法を専門とする研究者にとって、その知見を活かす実践の場となる。道幸先生は、労働者が人間らしく働くためには労働者の連帯が不可欠であるとして、労働者の連帯の重要性を強く信じ、労働組合のあり方を法的に分析し続けた。道幸先生にとっても、労働委員会は、学びの場であるとともに、人生の道場でもあった。

ここで紹介するのは、労働委員会について書かれたエッセイなどである。第六章では、労働委員会の公益委員としての経験知が示されている。

2　第六章のポイント

29「労働委員会委員としてJR採用差別事件に直面する」〈法学セミナー五一巻八号〈二〇〇六年〉一頁〉は、労働委員会で実際に担当したJR採用差別事件について言及したエッセイである。労働委員会で担当した実際の事件について言及した論稿はこれ以外にはみあたらず、労働委員会の公益委員としてどのようなことを考えていたのかがわかる貴重な資料となっている。エッセイは、「自分の子供は、清算事業団にいった人の子どもとしか遊びません」といって審問で証人が泣き出す姿からはじまる。今でも当時の緊張感が伝わる。

30「斡旋の実態　紛争処理ノウハウの共有を」〈労働法律旬報一四七九号〈二〇〇〇年〉四頁〉では、北海道労働委員会の斡旋の実態と工夫が書かれている。労使紛争を解決に導くことは、じつはかんたんなことではない。当事者からの信頼を得ることを含め、様々な工夫が必要になる。労働委員会の委員としてのノウハウがここに示されている。

31「どこが『個別的』か」〈労働法律旬報一五〇八号〈二〇〇一年〉四頁〉は、労働委員会で個別紛争のあっせんを取り扱う場合のポイントについて書かれたものである。あっせんの場合においても、職場全体に対する配慮や、紛争予防的に適切な指導をしていくなど、労働委員会の教育的体制の重要性を指摘している。また、紛争を解決していくためには労使の知識も重要であり、「的確な自己決定のために必要な知識をどう教育するかは、緊急の国家的課題である」とする。ワークルール教育の発想がここにも見られる。

32「労働委員会制度の検討」〈道幸哲也＝宮里邦雄＝福島正＝豊川義明「座談会　労働委員会制度の検討」労働

法律旬報一六一四号〈二〇〇五年〉一四頁）は、労働委員会制度に関する座談会における道幸先生の発言の抜粋である。ここでは、裁判所と違って労働委員会は将来的に一定のルールを形成することが重要であること、また、労使自治の実現が目的であって不当労働行為があったかどうかばかりが問題になるわけではないことを指摘している。道幸先生の労働委員会のイメージが端的に示されている。道幸先生のコメントのみを抜粋したが、四人の先生の議論は率直で読み応えがある。労働法律旬報でぜひ読んでいただきたい。

33「北海道労働委員会の広報・研修活動」（労働法律旬報一七六二号〈二〇一二年〉四頁）では、労働委員会における広報や研修活動について書かれている。紛争解決機関である労働委員会をいかに活性化させるか。道幸先生の労働委員会での活動記録となっており、労働委員会関係者にとっては今も参考となる点が多い。

34「労働委員会による団交支援」（労働法律旬報一九一一号〈二〇一八年〉四頁）は、労働委員会の役割について書かれたものである。交渉過程の団交ルールの確立に向けた支援や当事者の信頼を得ること、紛争解決に関する高い専門性と中立性を持つことなど、長年の労働委員会実務の経験を持つものにしか書けない文章になっている。労働委員会関係者に対する道幸先生からのメッセージである。

3　紛争解決に情熱を注ぐ

道幸先生は、不当労働行為研究をテーマとして長年研究されてきたが、一連の文章を読むと、労働委員会の紛争解決に人一倍の情熱を注いだことがわかる。印象に残るのは次の点である。

第一は、論稿29において道幸先生が最も印象の強い事件と述べておられるJR採用差別事件である。この事件では、国鉄改革法に基づき国鉄の分割民営化の際に、一部の組合員らが組合所属等を理由に新会社に採用されなかったことが不当労働行為にあたるかが争われた。この事件の調査で北海道各地を回り、月二回のハイペースで審問を進めたという。平成元（一九八九）年一月一二日、北海道地方労働委員会は、救済命令を発し、労働組合所属による採用差別と認め、JR北海道とJR貨物に対し国労一七〇四名、全動労三一三名を対象とした救済命令を出した。国鉄改革法と労組法との関連や行政救済とは何かが鋭く問われた事案に、正面から立ち向かった。命令当時、道幸先生は四一歳であった。

第二は、労働委員会実務のノウハウを残されていることである。道幸先生は、不当労働行為事件では、個々人の働き方や生き方が試されており、争点となっていない事項についても問題関心を持つことの重要性を説かれる。また、事実認定やコミュニケーション力が必要であると指摘する。不当労働行為事件は、個々人の働き方、生き方が試され、それをどう理論化するかが労働法の醍醐味であると語っている。

道幸先生は、労使紛争の当事者にとって耳の痛いことも含めて、はっきり伝えていた。相手に対して本質的な問いを投げかけ、ときには高い要求をするわけであるが、それでも嫌われないのは、道幸先生のキャラクターと人徳によるところも大いにあったと思う。

第三は、労働委員会の経験がワークルール教育の発想につながったことである。道幸先生は、労働委員会での経験を通じて、ワークルール教育の必要性を強く思うようになった。ワークルール教育に関する道幸先生の講演録のレジュメには、労働委員会での経験について、次のように書かれている。

「集団紛争は労働組合が関与しているので組合サイド、特に上部組織に一定の法的知識や経験があるケースが多かった。むしろ使用者のほうが法的知識に欠ける場合が多く、さらに経営者の団体に加入していなければ孤立していることさえあった。労組法に関する無知が無用な労使紛争を招来せしめ、不当労働行為を行う原因ともなった。同時に、無知ゆえに使用者が適切な交渉ができず、組合のいいなりに協約を締結している例もあった。適切な理解に基づかない安易な「解決・和解」が事後の紛争の遠因ともなることと少なくなかった。」

こうした労働委員会での経験が、ワークルール教育の発想につながっていく。労働委員会実務とワークルール教育の活動についても、じつに密接に関連していることに改めて気づく。

ワークルール教育もこれからである。労使が共にワークルールを身につける機会があるとともに、ワークルール教育が学校教育においても実践されていくことが重要である。労働委員会などの紛争解決機関において適切な教育的対応がなされていくことも、ワークルール教育を下支えすることになる。

29 労働委員会委員としてJR採用差別事件に直面する

「自分の子供は、清算事業団にいった人の子供としか遊びません」といって証人は泣き出してしまった。一九八七年に日本国有鉄道改革法等国鉄改革八法により国鉄の分割民営化が図られ、現在のJR体制ができた。その過程において、当時の国鉄の主流組合であった国労等の組合員に対する採用差別があったとして、北海道地労委を含め各地労委に救済申立てがなされた。労組法とともに国鉄改革法二三条の解釈が直接に問題となる特異なケースであり、救済対象者が千人以上になる社会的にもきわめて注目される事案であった。北海道地労委の新米委員であった私が国労事件を担当し、上述の証言はその事件の審問の際のものである。

「大学院では何を研究したいのですか」。北大大学院入試の折りの保原喜志夫先生からの質問に、とっさに「政治スト論です」と答えた。もっとも、興味があるだけで、質問に関しては要領の得ない答えしかできなかった。面接の最後に、集団法に興味があるならば不当労働行為がいいと助言された。今思えば適切な助言であった。マスター論文でワグナー法の立法史を書いてからもう三五年以上も不当労働行為法理を中心に研究を進めてきた。一九八二年には地労委の公益委員になり、これも二五年近くの実務経験を重ねた。

委員としてもっとも印象の強い事件は、JRの採用差別事件であった。この事件の調査で北海道各地を回り、その後月二回のハイペースで審問を進めた。審問といってもJRサイドは、使用者性のみを問題にしたので、不当労働行為の成否についてはもっぱら組合サイドの証人だけであった。理論的には、国鉄改革法と労組法との関連や行政救済とは何かが鋭く争われた。

ＪＲ事件をはじめ労働委員会実務で学んだことは多い。労使紛争の背景、紛争処理・解決のメカニズムや工夫を知ることができる。特に、実際の紛争解決のために法的ルールがもつ意味と限界、さらにシステムが機能する前提についての知見は貴重である。また、実際に裁判や法的な論点になっていないが実務的に重要、もしくは解決が迫られている論点を知る機会ともなった。さらに、労働委員会実務では事実認定や法的判断等多彩な能力が必要とされる。最近はやりのコミュニケーション力は、相談、斡旋・和解には不可欠である。はっきりものをいっても嫌われず、信頼を獲得する能力といえようか。とはいえ、労働組合のことを分かろうとしない使用者を説得し和解に持ち込むことは容易ではない。また、「従業員でもない外部組合の役員がなぜ団交で大きな顔をできるのか」、という素朴かつ核心的な疑問について相手がわかるように答えることも案外難しい。同時に理論的というよりは人間的な対応能力を要する事件も少なくない。

人間的といえば、ＪＲ事件で痛感したのは、不当労働行為事件では何よりも個々人の働き方、生き方が試されていることである。団結権や集団的労使関係ルールという形で収斂されにくい生身の人間の営為という部分がどうしても残る。これをどう「理論化」するかは労働法学の難しさ、醍醐味でもある。

30 斡旋の実態　紛争処理ノウハウの共有を

北海道地方労働委員会の公益委員に就任してから二〇年近くなる。「会社はそういうけど、本当は組合がイヤなんでしょ」、「部長さんは、今日の和解についてちゃんと権限があるの」。最初はいえなかったこんな言葉（実際にはもっと丁寧に言う）もスムーズに口にでるようになった。慣れとは恐ろしいものである。この地労委の経験は、人生修行の場であり、得がたい社会経験の機会でもあった。学問的な影響はいうまでもない。

私は、労働委員会による実際の事案処理をふまえて、不当労働行為の成否や救済の在り方を、司法救済の立場からではなく行政救済独自の観点から考察すべきであると考えているが、必ずしも十分な理解は得られてはいない。その理由の一つは、労働委員会の実際の事案処理についての理解が労働委員会関係者以外に十分になされていないためと思える。前提としている「労働委員会」や「不当労働行為事件」自体のイメージが異なっているわけである。不当労働行為の法理や制度の構築について、より深く論議するためには労働委員会の実際の事件処理について共通の認識が必要である。個別的労使紛争処理の在り方を考えるうえでも直接参考になる知見を得ることができる。

私の経験や印象では、労働委員会が実際はたしている役割は、労使紛争の円満な解決にある法律学の立場からは命令や取消訴訟までに至る事件に焦点をあてがちである。しかし、現実には、労使紛争の斡旋や不当労働行為事件の和解的処理も重要である。紛争解決につき実効性があるという点では、この役割のほうが重要ともえる。

ここでは、多様な形で紛争解決の工夫をしている労調法上の斡旋に着目して、自分の経験をふまえてその実態を紹介したい（より詳しくは、拙稿「実感的労働委員会論（上）（下）」法律時報七二巻四号、五号（二〇〇〇年）を参照されたい）。事件処理のイメージをよりリアルに感じてほしいからである。

斡旋は、労使の一方もしくは双方から申請される。実際には、組合からの申請が多い。申請を受けると事務局職員が、労使双方に調査を行い、事実関係、争点、当事者の主張、斡旋希望日時等を調べる。調査に協力的でない使用者もあり、最近増加する傾向にある。そのような使用者に対する説得は事務局の仕事であり、今後は一定の強制方法が必要かもしれない。ともかく、相手がこなければどうしようもない。

具体的な斡旋手続は、①事務局職員から公労使三者の斡旋員への事案の説明、②労使双方からの意見（事実関係をどうみているか、要求はなにか、どのように解決したいか）の聴取、③斡旋員三者による斡旋方針の決定（すっきり決まることは少ない、ともかくやってみようということになる）、④労使委員による各側への個別折衝・説得、⑤斡旋案の作成、⑥当事者による斡旋案の受諾、で一件落着となる。③以降は、斡旋委員毎、事案毎に多様な展開がなされており、一般的には④がハイライトといえる。不当労働行為事件と異なり斡旋についてては公益委員の役割はそれほど重要ではなく、労使委員への助言やサポートが中心となる。もっとも、全体のマネージメントの必要はある。私は、次の事項に特に留意しているが、実際になかなかそのとおりにはいかない。

第一は、会社側責任者の出席の確保である。斡旋の申請がなされるまでに労使間で激しい対立があり、紛争がこじれている場合が多い。したがって、会社内において実質的な権限を有する者が出席しなければ解決は困難である。小企業やオーナー企業の場合には、責任者が出席しないことが少なくない。このような態度だから紛争が発生するともいえる。また、このような企業の場合は、オーナーにちゃんとアドバイスできる役員やミドルは少ない。骨のある人はどうしても排除されやすいからである。

第二は、斡旋事項の明確化である。不当労働行為事件とは異なり斡旋は労使間における多様な懸案事項につきなされることが多い。紛争「解決」の観点からは全体として解決することが望ましいが、合意の実現のためには、当該斡旋で処理する事項と将来的に解決すべき事項をはっきり区別しなければならない。

第三は、当事者からの信頼の獲得である。斡旋は交渉に他ならないので、駆引がともなう。しかし、なるべく早く合意を実現させるためには、「本音」を早めに聞き出すことがどうしても必要である。そのためには、各側から信頼されることが前提になる。相手の主張をよく聞くこと、適切なアドバイスをすること、斡旋で処理できることとできないことをはっきりと知らせること、労使関係や当該産業、業種について豊富な知識を持っていること等が考えられる。信頼されるのが重要だとしても、あまりに過信されると斡旋は成功しない。その点は教育と同じかもしれない。

第四は、説得の仕方の工夫である。説得の仕方は、ケースバイケースであるが、通常次のような工夫をしている。その一として、斡旋は「互譲」であることを当初から強調している。どちらが正しいかの白黒をつける場ではなく、相手の同意を得るためには灰色の決着でやむをえないことをあらかじめ理解してもらうためである。その二として、解決基準としての「世間相場」を指摘している。できるだけ当事者の意向にそった解決を試みるが、どうしても合意を得ることができなければ、斡旋員としては一般的な取扱いの仕方、権利紛争の場合には、法的な基準になり、利益紛争の場合は、同業他社の水準を示すことが多い。

その三として、斡旋案を作成した場合には、その持つ意味、とりわけ当事者に対するメリット、デメリットをはっきりと示すことにしている。強引な斡旋は、新たな紛争の火種をつくるだけである。その四として、当事者の意向を重視しつつ、合意に向かうためには、労使の意向を「順番」に聞くことになる。つまり、ある問題について、組合の見解が明らかになってから次に使用者の意見を聞くわけである。多様な要求・主張の相互の関連性を明らかにし、意見の相違点を少しずつ縮めるためである。この点の工夫がポイントといえる。その五として、労使が念頭においている利害状況や問題関心が異なることを相互に理解させる必要がある。組合は自己の組合員だけを、使用者は会社全体へのインパクトを考慮していることが多いからである。併存組合下ではこの点の配慮・説得は不可欠である。その六として、労使は相互に対立しているとともに、各側内部において組織問題にも直面していることを前提にしなければならない。たとえば、組合については、内部的な意思決定のしやすさをも念頭において説明・説得する必要がある。

第五は、最終段階のツメを重視することである。この段階においては、公益委員の役割は大きい。合意が難しいと判断したら、別な日に斡旋を継続するか、斡旋不調として打ち切るかを判断する。打ち切りの場合には、当事者、とりわけ申請人の意向を重視する。他方、合意が可能であるという心証があれば、具体的な斡旋案作成作業にはいる。案の対象となる事項を限定し、各事項がどのように関連するか（解雇撤回が認められると会社の謝罪はいらない等）、個々の事項の内容をどの順番でどう定めるか、また、斡旋案に記載する事項と口答確認事項（斡旋内容は総会で報告されるのに対し、口頭確認事項は報告されない）を区別する場合もある。

基本線につき当事者の合意を得ることが出来たら具体的な斡旋案を作成し、確定的な合意を求める。その際、当該斡旋案に対し難色を示しそうな当事者に先に見せることが多い。私は必すあらかじめ文書を見せることにしている。労使委員による説得は、相手の同意を得るためにどうしても玉虫色の説明になる場合が多いからである。これはやむを得ないが、いらぬ誤解や理解不足が生じるのも事実である。斡旋案受諾のセレモニーの段階において異論がでて不調に終わった例も無いわけではない。

現在労働委員会制度については、個別的労使紛争をも対象とするかがホットな争点である。多様なアイデアが出されている割には、労働委員会による紛争処理実態について十分な理解は得られていない。多くの労働委員会関係者が、その処理実態について発言し議論することを期待したい。

31 どこが「個別的」か

「A組合員の復職は認めたいけれど、同僚がどういうか」、「中立組合に対し解決金を払うことはやぶさかではないけれど、別組合にどう説明しますか」。不当労働行為の申立でも労使紛争の斡旋でも、和解段階でよくこのような指摘が使用者からなされる。制度的には、申立組合・申請組合と使用者間の紛争という構図になっているが、事件処理の影響は多くの場合、職場全体に及ぶ。組合が自分の組合や組合員のことだけを念頭においているのに対し、使用者はどうしても会社全体のことを考えざるをえない。労使で考えている事件や紛争の内容が実質的に異なるわけである。確かに、使用者が和解をしないための戦術として前述のような主張をすることもあるが、本音であることも多い。

労働委員会による紛争処理に関するホットなテーマは個別的労使紛争処理の問題である。この処理システムについては、日本労働法学会における論議（一九九二年八三回『労使紛争の解決システム』日本労働法学会誌八〇号、一九九三年八五回『労働契約法制の立法論的検討』日本労働法学会誌八二号）、労使団体における提言（一九九八年四月・日経連「労働委員会制度の在り方について」、同年六月・連合「新しい労使紛争解決システムの研究」）、さらに、労働省の労使関係法研究会の報告書（同年一〇月「我が国における労使紛争の解決と労働委員会制度の在り方に関する報告」）と相次いだ。その間に、労基法が改正され一〇五条の三において労働条件についての「紛争の解決の援助」が規定され、現在かなりの実績が積み上げられている。

労働委員会レベルにおいても検討が開始され、二〇〇〇年七月に「労働委員会制度のあり方に関する検討委員会報告」が発表され、一一月に全国労働委員会連絡協議会で承認された。現在、愛知や高知等いくつかの地労委において個別的労使紛争処理制度の一環としてあっせんが開始されている。また、二〇〇〇年三月に発表された労働省内の「個別労使紛争処理システムに関するプロジェクト報告書」は、個別労使紛争解決委員会（仮称）による調停等による解決を目指していたが、その後の「個別的労使紛争処理問題検討会議」の報告書は、あっせん的な処理にトーンダウンした。それをうけて立法化が図られ、二〇〇一年六月に学識経験者からなる「紛争調整委員会」による斡旋的処理を実施する「個別労働関係紛争の解決等に関する法律」が制定され、二〇〇一年一〇月からの施行が予定されている。さらに、二〇〇一年六月に司法制度改革審議会は、労働調停制度設立の提言をしており、このような構想の実現可能性が一挙に高まった。ここに、労働委員会によるあっせん、労働局の紛争調整委員会によるあっせん、さらに裁判所による労働調停という方向が確定した。

現在、個別的労使紛争処理の問題は、構想からその実現の段階に到達しており、全体として相談体制の充実とあっせんによる個別紛争の処理が目指されている。では、あっせんによる処理が円滑になされるためにどのような現実的な課題があるか。ここでは、労働委員会によるそれを念頭において考えてみたい。

その一は、相談とあっせんとの連携・連動の問題である。たとえば北海道では、相談機能は中小企業労働相談所が担い、地労委があっせんを行うという構想が論議されており、その過程で紛争があっせんに適するか否かをどの機関がどのような基準によって判断するのかというデリケートな問題が提起されている。相手方（多くの場合使用者）に対しあっせんの受諾を説得するという厄介であるが、重要な仕事をだれが担うかの問題でもある。

その二は、あっせんを申請したりそこでの発言等を理由とする不利益取扱いをどう規制すべきかの問題である。あっせんを申請したことを理由とする不利益取扱いが許されないのは、当然といえば当然である。個別労働関係紛争の解決等に関する法律四条はその旨明文で禁止している。しかし、労働委員会による斡旋は法律に基づくものではないので、このようなかたちでの禁止は困難である。しかし、何らかの形の規制は必要と思われる。その点からは、要綱ではなく条例による制度設計が期待される。

その三は、労働相談にせよあっせんにせよ、紛争処理制度が的確に運営されるためには、その担い手たる相談員や斡旋員の能力・見識が重要である。同時に、相談者・相談の相手方たる労使の知識も重要といえる。しかし、実際には労働者は労働法に関する知識を全くといっていいほど持っていない。的確な自己決定のために必要な知識をどう教育するかは、緊急の国家的課題である。消費者教育なみのもしくは昨今のＩＴ教育レベルの対応が是非必要とされよう。

その四は、あっせんの具体的な進め方でありこの点がポイントといえる。地労委は、集団紛争とはいえ公労使の三者構成による紛争調整の実績があるのでそのメリットを生かすことができる。とりわけ、個別紛争といっても、現れ方が個別なだけで、紛争の性格や解決の仕方は必ずしも個別的とはいきにくい事件が少なくないからである。たとえば、賃金の切り下げ、労働時間の延長等の労働条件の不利益変更は、就業規則の変更事案と同様にほとんどの場合性格的には集団紛争である。また、個別の配転や解雇等の個別人事であっても、その処理の仕方は、多くの場合「前例」としてその後の人事に強い影響を与える。使用者としては、個別の相談者だけではなく常に職場全体や将来的影響を考える必要があり、そのぐらいの配慮がなければ労務管理はできない。もっとも、最近は能力・配慮不足の経営者も少なくなく、それゆえ個別的労使紛争がこれだけ増加したともいえる。まさに、個別的と把握するセンス自体が問題である。

以上のように考えていくと、実際のあっせんの仕方は集団紛争の場合とかなり類似する。とはいえ、労働者側は集団化していないので、むしろ厄介な場合が多い。ではどの点に配慮して解決が図られるべきであろうか。

第一は、職場全体に対する配慮である。具体的には、労働側相談者に対して使用者としては職場全体を配慮しなければならず、その点からの解決しかないことを十分説明する必要があるまた、斡旋過程において、必要があれば組合や他の関係者の意見を聞く機会を持つべきであろう。

第二は、紛争予防的な視点である。個別紛争といっても、労務管理のあり方や労働条件決定システム自体に問題があるケースは少なくない。こうなると、経営者に対する一定の「教育・指導」が必要となる。

集団紛争を取り扱っていて、命令やあっせん案を作成するよりも適切な指導をしたほうがずっと意味があるケースは少なくない。個別紛争でも同様と思われるので、なんらかの教育・フォロー体制を考えるべきである。

個別労使紛争処理問題全般については、拙稿「個別労使紛争の増加と処理システム」（季刊労働法一九五号）を、また、労働委員会の事件処理実態については、拙稿「実感的労働委員会論」（法律時報七一巻四、五号）を参照されたい。

32 労働委員会制度の検討

労働委員会が機能するための二つの前提条件

不当労働行為制度を考える場合におさえておかなければならないのは、不当労働行為制度が機能するには二つの前提があるということです。第一の前提は、労働組合が一定程度職場で影響力を持っている、力量があるということで、コミュニティ・ユニオン的な組合が不当労働行為制度を使ってもあまり機能しないのではないか。もう一つの前提は、使用者が組合運動について一定の理解を持っていることです。ですから、この二つの前提がない場合は、労働委員会制度は機能しないと思います。

ところがいま、実際にはこの二つの前提がない。つまり個人加盟的な組合の事件とか、ある種確信犯的な使用者の事件とかが多いため、労働委員会はうまく機能しない。つまり、先ほど言った前提がないところで機能することを要求されても、われわれとしてはお手上げだということです。そういう意味では、むしろ重要なのは制度をどうするかではなく、組合が職場で一定程度力を持つということが重要で、労働委員会のあり方の問題よりは、基本的には組合の運動のあり方の問題ではないかと考えています。

労働委員会の役割は労使自治の実現

なぜ組合に一定の力がなければ困るかというと、労働委員会は、裁判所とは違って過去の行為に対する判定が中心ではないのです。むしろ将来的に一定のルールを形成できる点が重要です。さらに組合員だけではなく、職場全体に一定のルールを確保できるという方向づけがある。まさに労使自治の実現が目的であって、不当労働行為があったかどうかばかりが問題になるわけではありません。先ほど言ったように組合が弱い場合とか使用者が確信犯的な場合は、裁判所に絶対勝てないと思います。団結権侵害という大上段の議論をする点では、裁判所の方が有効だと考えています。

不当労働行為意思

もう一つの問題は、判定のレベルでは不当労働行為法理をどう考えるか、とくに行政救済法理をどう考えるかという正面からの議論がなくなったのが決定的です。これは学者の責任であるとともに、弁護士の責任でもあるのではないかと思います。それがとくにはっきり出ていると思うのは、不当労働行為意思というものをどう考えるかという論点です。不当労働行為は、労使自治のためのルールですから、あまり個人意思というものを中心に考える必要はないのではと考えています。

結局、労働委員会制度が機能する前提は何かということをふまえて制度設計を考えたほうがいいのではないか、もう一つは、不当労働行為の法理がどういう目的を持っているかを常に考える必要があると思います。意思なんかあまり問題にしないで、結局はっきりしない事実を前提にどう広い意味の教育的な過程でアドバイスをしながら、いい労使関係を作っていくかということが重要ですから、はっきりしないということを前提にものを考えるセンスみたいなのが、労働委員会には必要ではないか。この場合、取消訴訟との関係だけを考えるとはっきりさせるということになりますが、それによって失われるものはかなりあるのではないか。

労働委員会での事実を見る視点

まず普通の場合、事実認定が非常に難しい。例えば反組合的な使用者の発言など。事実認定というのは聞いた人がこう言っていますぐらいであって、それ以上テープレコーダーの証拠なんてあれば、むしろそれは組合のほうが仕組んだのではないかと思うことさえあります。

だから、不当労働行為というのは、はっきりしないことをどう考えるかということが重要です。そのときにはっきりさせなさいということになると、私は逆に労使関係は悪くなるのではないかと思います。むしろはっきりしない問題であって、セクハラの事件では、立証を厳格にやれだなんてだれも言っていない。あれとすごく似ていると思っているのです。はっきりしないことを前提に考えたほうがいいのではないか。

それからもう一つ、これはあまり議論されていませんけれども、例えば北海道の場合には、必ず参与委員を含んで三者で審問をちゃんと聞くのです。そして、審問が終わったあとにやはり三人で話す機会が多いのです。そうすると、「これはどうもうそを言っているんじゃないか」といった発言も出ます。三者構成のメリットがあって、フランクに話せる三者構成だったら、だいたい証人尋問を聞いて、労使で意見が違うということはほとんどないのです。

だから、参与委員が最終命令を出す段階で意見を述べるよりは、日常的な審問のときにフランクに議論できる関係があれば、あまりバランスを欠いたような事実認定はしないのではないか。そういう意味では三者構成のメリットは、和解だけではなくて審問で使うこともできます。

やや柔軟なかたちの公平さというのが確保されていれば、いろんなかたちで三者構成のメリットを生かしていくことができると思います。

不当労働行為をどうとらえるか

陳述書が本当のことを書いているかどうかというのはすごく疑問ですから、陳述書を前提にいろいろ聞いて、こちらからの質問をする必要があります。記憶というのは、普通ははっきりしないですよね。陳述書になると、すごくきれいなかたちに記録が出てくるのです。正直言って、何も言わないよりうそをつくほうがいい側面もあります。うそのつき方からもいろんなことがわかってくることがある。

そうやって全体として労使関係を考えていくかたちで、不当労働行為の成否を判断する。ただ、ポイントポイントでちゃんと議論をして判断する必要はあります。あまり要件事実的に、きちんとした議論はできないのではないか。

要件事実的にやるならば、現行の七条の条文を変えなければならない。七条を全体としてどう考えるかという議論はあまりないです。だから、不当労働行為をどうとらえるかということをある程度ちゃんと理解しない限りは、現行もしくはシステムを変えても迅速にもできないし、意味のある救済もできない。実体的な法理レベルの議論をいまは全然やっていないでしょう。

これがやはり決定的で、どこかでやらない限りは、制度をいじくっただけでは非常に不十分ではないか。

33 北海道労働委員会の広報・研修活動

平成二一年に全国労働委員会連絡協議会のもとに「労働委員会活性化のための検討委員会」が設置され、二二年七月に第一次報告書、二三年六月に審査体制の迅速化・的確化を目的とした第二次報告書が発表された。現在第三次報告書の作成に着手している。私も委員としてこの作成に関与した。

検討委員会設置の基本的な課題は、労働委員会の認知度が低下しその役割が必ずしも適切に行使されていない原因と対応策を検討することにあった。まさに「活性化」を目的としていた。とはいえ、労働委員会の活性化とはなにか、という基本命題はあいまいなままである。「消防署の活性化」といえば、火事を起こすことではなく、起こった火事をどう効果的に消すかを目的とする。同様に、労働委員会の活性化とは組合活動自体を活性化することではなく、起こった紛争をどう迅速・効果的に解決するかが課題である。

もっとも、活性化検討委員会は、申立件数の減少自体をも問題にして適切な広報活動を重視している。

そう考えると中立件数を増やすべきという観点からは、組合活動を保護する仕組みやルール自体の見直しも必要になる。この点は、労働組合のあり方、労働組合法全般の見直しに関連する壮大なテーマであり、検討委員会の手に余る。

むしろ、労働組合サイドで現行労組法自体の見直しの議論もほとんどなされていないのでそこで取り上げるべきテーマといえようか（この点については、拙著『労働組合法の変貌と労使関係法』〈信山社、二〇一〇年〉参照。また、以下の見解はあくまで北海道労働委員会の公式のものではない。もっとも、現在会長職にあり、事務サイドのサポートもあるので一定の影響力はあると思う）。

第一次報告書は、(1)労働委員会制度の認知度を高めるための方策として、①わかりやすいホームページの作成・充実、②労働組合、使用者団体、法テラス等への周知と連携、③マスコミを通じた情報発信の工夫、④労働委員会の愛称等の採用、⑤「労働委員会の日」や周知月間の創設、(2)委員および事務局職員の資質の維持・向上を図るための方策として、①委員および事務局職員への研修の実施、②情報・資料の共有、③事務局職員の専門性を高めるための人事上の配慮、④中央労働委員会・自治体間、自治体相互間の人事交流、(3)紛争の未然防止のための方策（その一環として学生、生徒への労働関係法に関する基礎知識の付与も重要な方策とされた。もっとも、紛争の未然防止との関係ははっきりしない）、を提言した。

労働委員会の愛称や「労働委員会の日」は愛嬌といえる。もっとも、広報や研修はやはり緊急の課題であり、それを受けて各労働委員会は広報、研修のあり方を見直すことになった。

北海道労働委員会は、例年不当労働行為事件三〇件、調整事件三〇件、個別あっせん事件四〇件ぐらいを、各側七名の委員で処理している。不当労働行為事件は必ずしも減少してはいないが、個別あっせん事件は減少傾向にあり、広報の必要性は感じていた。また、研修についても、公労使三者の懇談会や判例研究等もなされていたが、新人職員の基礎研修のニーズもあった。そこで、二〇一〇年以降、提言を受けて次のような試みを続けている。

まず、委員と職員で構成される「広報委員会」を即座に立ち上げ新企画について検討を開始した。形から入るのは役所機構の常道である。これは二〇一二年から権限を拡大し「活性化」を目的とした委員会として衣替えをしている。リーフレット・ちらし、アルバイト情報誌への掲載以外に次のような試みをした。

第一は、広報DVDの作成である。労働委員会の役割を広く広報するには、理解のしやすさやインパクトの点から映像媒体が適切と考えたからである。不当労働行為事案、調整事案、個別あっせん事案を、それぞれドラマ仕立てでシナリオを作り、また最後に労働委員会制度を概観した一時間弱の「大作」を編集した。独自の予算がついたことから外部の専門業者に委ね、所属した俳優を使ったが、予算の少なさから撮影場所として労働委員会を提供し、職員も参加した。

このシナリオ作りの際に留意したのは次の二点である。その一は、事件や紛争が発生する経緯を重視することである。どのような経緯で労働組合を結成したか、なぜ不当労働行為事件として申し立てたかをやや詳しく表現した。労働組合に対する理解を深めるためでもある。その二は、労働委員会手続きについては、どのように事件処理がなされているかを公労使三者委員の役割に着目して演出した。当事者への働きかけとともに三者相互での話し合いで適切な解決案を提示するまでの過程を紹介した。手続きに関しては、

「中立書の書き方」等を重視すべきという見解もあったが、ＤＶＤの目的が職員研修ではなく、利用者の理解を得ることにこだわった。

ただ、労働委員会に関するドキュメントを作成するわけではないので、現場のリアルに肉薄する内容ではない。とくに、解決の仕方は、当初の案では全部のケースについて金銭解決であった。これでは、リアル過ぎるとして調整事案については期待を込めて復職の実現とした。現在このＤＶＤ内容は、北海道労働委員会のホームページから見ることができるようになっているのでぜひ見てほしい。

第二は、地域訪問事業である。北海道は調査に飛行機を使うことがあるほど広いので、各地でＰＲ活動をしている（現地調査のメリットについては、拙稿「労働委員会の窓から・ジェットで現地調査」中央労働時報一〇九八号〈二〇〇九年〉一頁）。当初は職員だけであったが、現在では公労使の委員も参加している。対象は、労働団体、商工会議所等の使用者団体、それに道庁の機関（振興局）である。二三年度は、岩見沢・滝川、稚内、留萌、浦河の四ヵ所を訪問した。労働委員会のＰＲ活動とともに各地の労働問題や労使紛争がどのように処理されているかを知るためでもある。実際には労働委員会の認知度の低さ、とりわけ道庁内部でのそれがよくわかる経験であった。

第三は、労使セミナーの開催であり、函館、旭川、札幌の三ヵ所で行なった。ＤＶＤの宣伝とともに労働委員会の役割を労使に啓発する目的を持つ。内容は、労働委員会制度の直面している問題についてのミニ講演、ＤＶＤの一部（調整ケース）放映、三者による労働委員会における紛争処理の仕方についてのシンポジウムの三部構成であった。労働委員会の、他の斡旋機関と比しての優位点は、三者によるきめ細かな解決にある。そこで、紛争をどのようなチームワークで解決するかを具体的紛争に即して話し合うことを重視した。当然、失敗した例も対象とした。このシンポジウムでは、DVDほど事件処理がうまくいかないことや、労使の委員がどうやって各当事者を説得するか、できないかという興味深い話も出た。もっとも、時間帯がウイークデーの午後だったので一般市民の参加は困難であった。今後の反省材料といえる。

研修については、北海道労働委員会が中心となって北海道・東北のブロック会議において新規の試みをした。今までは特定のテーマについて各労働委員会が順番に発表するだけで「論議」がほとんどなされなかったので、小規模の三分科会方式に変更し、各労働委員会の会長を分科会の司会者として、発表だけではなく議論の活発化を図った。テーマは、高齢法上の継続雇用協定締結をめぐる少数組合の団交権のあり方という話題性はあるが、理論的には難しいものであった。過半数代表制と団結平等原則との関連につき興味深い議論がなされた。ただ、法理的な議論が中心になり、労使の立場からの本音があまり聞かれなかったのが残念であった。

34 労働委員会による団交支援

働き方改革で労働問題について活発な議論がなされている。しかし、労働法学界からの発信力はイマイチである。労働組合法になると、社会的にはほとんど関心も示されず、学界内部の議論も低調である。せいぜい比較法的な関心が示されるぐらいである。もっとも、同一労働同一賃金原則の具体化や長時間労働の規制との関連では集団法の意義はそれなりに強調されている。ここでは、労使のコミュニケーションを支える団交権保障の意義を労働委員会による支援と位置づけて考えてみたい。

団交紛争の実態をふまえて団交を支援する労働委員会の役割はどうあるべきか。関与のパターンとして以下の三つを想定しうる。

第一は、団交実施に関するルールについて争いがあり、その点についてのみの判断が求められるものである。「交渉ルール確認型」ともいえ、その点が確認されるとその後は「自主交渉」が可能となる。判定自体に意味があるケースといえる。

第二は、交渉関係が未成熟なケースにおいて、将来の適切な交渉関係を形成するものである。団交紛争の多くは、使用者が組合自体を否認し、交渉関係を形成することを回避することに由来している。このケースでは、交渉関係をつくることによって将来的な労使関係の形成、さらに団結権を承認する目的をも持つ。「交渉関係育成型」ともいえ、多くは組合結成直後の団交紛争で問題となる。

労働委員会としては、判定的な対応よりは、職場において労使が話し合いをする関係を形成するための支援が要請される。対立状態を前提とした話し合いをする文化の育成である。これは裁判所よりは、労使関係の知識を有する三者（職員を含めた四者）構成のメリットを生かせる労働委員会の役割といえる。その際に留意すべきは、団交当事者だけではなく職場全体をふまえた円滑な労働条件決定の実現を支援するという視点である。

このケースにおいて労働委員会の具体的な作業として想定されるのは以下である。

まず、使用者に対しては労働組合法の基礎となる考えを教示する。①従業員は労働組合を自主的に結成しうること、その活動を禁止し、抑制できないこと、②組合からの団交要求があればそれに応諾しなければならないこと、③団交要求に対しては、関連資料を提出するなどして誠実に対応すべきこと、④労使間で合意に達したならば協約を締結し、それは強制力を持つこと、⑤使用者の団交拒否に対し強制力のある救済命令が出されること。

また、組合に対しても、労働組合法の基礎となる考え方とともに次のような一定の教示が必要なことも少なくない。①組合内部において要求集約のために適切な調整、民主的な意思決定がなされること、②要求の出し方や団交の進め方が適正であること。さらに、③組合の正統性について使用者に説明すること。なお、③が必要な理由は、組合結成とともに団交開始についての明確なルールがないために組合の正統性をめぐる紛争が起こりやすくなっているからである。団交が協約締結を目的としている場合は当然としてそれ以外の場合でも、団交を円滑に進めるためには原則として組合役員・組合員資格・組合員数・組合規約等の情報は使用者に開示すべきものと思われる。使用者サイドと同様に組合サイドの不信感も意味のある団交を阻害しているからである。もっとも、不利益取扱い等のおそれが現実化している場合や正統性への疑義がもっぱら団交回避のための場合は別である。

全体として、労使間で団交がスムーズになされるための手助けといえる。将来的な制度設計としても、労働委員会が組合の役割や団交の意義について労使に対し教育する機会をもつことは重要と思われる。そのような社会意識の醸成のためには、二重の対立構造（組合内・対使用者）の中で話し合う文化の形成も不可欠である。いわゆる「産業民主主義」の実現といえる。就活との関係で重視されるコミュニケーション能力とは異なり団交は内部調整をしつつ、外部との利害対立を前提とした交渉であり、このような社会的訓練はほとんどなされていないからである。アクティブラーニングの最適の教材といえる。

第三は、個別組合員の権利擁護を目的とする話し合いであり、コミュニティユニオンのいわゆる駆け込み訴えのケースがその典型といえる。このケースでは企業外部の組合役員が従業員の個別人事についての話し合いを求めるパターンが一般的で「苦情処理型」といえる。目的が苦情処理ということになると団交と言っても個別代理的側面が顕著となる。とはいえ、当該紛争に組合が関与するニーズがあり、その処理には以下のような集団的側面がある。

その一として、組合が個別組合員の権利・利益を擁護する役割は組合活動の一環としても重要である。それ自体は、不当労働行為制度上保護に値する行為といえ、組合独自の利益も認められる。

その二として、個別組合員の権利・利益のあり方について労使が「話し合い」をし、相互の理解を深めることは労使関係上も好ましいことである。その話し合いのために、事実関係や就業規則の関連規定の説明、さらに関連情報の開示が必要とされ、誠実交渉が要請される。組合にとって、労務管理のあり方を知る良い機会となり、恣意的な労務管理をチェックする機能も果たす。

その三として、組合と組合員との関係については個別代理的であるが、組合は本人の意向を重視するだけではない。また、労使が話し合う内容は権利・義務の側面だけではなく、そのような処理が適切か、またなんらかの妥当な解決があるのかも問題にすることができ、さらに組合の立場から組合員を指導することもできる。他方、使用者サイドのメリットとして、組合はたんなる「代理」ではなく本人への指導・アドバイスができ、組合が同種事件の処理に精通している（相場を知っている）点も見逃せない。

その四として、組合を通じた処理は、個別事案の解決が目的とはいえ先例として「職場のルール」を設定する基準設定的側面、その意味では集団性がある。この点と関連して、個別紛争を自主的に解決したケースにおいて解決内容を公表しないという条項が挿入されることが多く、慣行化しているともいえる。しかし、公正処遇の観点からは先例にもとづく職場ルールを明確にする必要がある。

以上の観点から、組合が個別組合員の人事等について使用者に対し話し合いを求めるニーズは否定できない。しかし、「話し合い」といっても通常の団交とはその目的や交渉形態が大きく相違するので、組合員を支援する形で（もしくは同席して）話し合う機会をもつ「個別人事協議権」として権利化して考えることも適切であろう。

わが国の団交「権」理解は、過度に法律的であり実際の団交促進についての関心がおそろしく希薄である。労使関係が成熟していない場合の拒否事例の多くでは、拒否の正当性の判断だけではなく、一連の交渉過程への団交ルールの確立に向けた「支援」も不可欠である。もっとも、そのためには労使の信頼を得ることが前提になり、労働委員会関係者が、法的な知識とともに紛争解決に関する高い専門性と中立性を持つことが不可欠である。

第七章

労働法教育と研究活動

所　浩代

平成29年道幸先生古稀パーティーにて

1　大学と大学院における労働法教育

大学における学生指導と大学院（法科大学院を含む）におけるそれは、性質が全く異なると私は思う。前者は、高校を卒業したての学生に法学の基礎知識を授けるのであるが、相手は社会経験の乏しい若者であるため、社会における紛争の実態を解説するところから丁寧に始めなければならない。一方、後者は学部を優秀な成績で卒業し、まっすぐ職業研究者をめざすエリートか、組織で辛酸を舐めて第二のキャリアを模索する社会人が集まるところであるから、法律条文を正確に読み解くための技術とか海外の文献を網羅的に収集する情報リテラシーとかそういう細かい職人技を伝承することが肝要である。

道幸先生は、どちらかというと前者の学部生教育を好んだ。労働法の授業を通じて「仕事という、人間にとってもっとも重要な営為」のダイナミズムを感じてほしいと願っていたのではないだろうか。「ゼミはその時々の若い感覚や雰囲気を把握する絶好の機会である。」と教育活動に従事するメリットを記したところに先生の教員としての姿勢が表れている（37「ゼミをおもしろくする工夫」労働法律旬報一五三二号〈二〇〇二年〉四頁）。他方で、法科大学院（ロースクール）というシステムには批判的であった。法科大学院は、二〇〇四年に始まった「理論と実務の架橋」を目指したプロフェッショナル・スクール（専門職大学院）であるが、道幸先生は「国主導で司法試験の予備校を作るようなものだ」と苦言を呈した（法科大学院は最盛期には七四校あったが現在（二〇二三年度）は三五校しか新たな学生を募集していない。）。道幸先生に直接大学院生の指導についての思いを伺ったことはない。私が先生の直接の弟子であったから、立場上ネガティブな感想を漏らすことはできなかったと思われる。

第七章で取り上げられた五編の著作はすべてエッセイである。四〇年以上にわたった教育活動を「おもしろく」続けていくための工夫が満載だ。

2 第七章のポイント

一本目の35「一言で労働法の魅力は語れない。でも……」（別冊法学セミナー一七五号『法学入門二〇〇二法学部でいこう!』日本評論社、二〇〇二年、三二頁）は、法学を学ぶ大学生・法科大学院生向けの雑誌「法学セミナー」に寄稿された論文である。一九八〇年代前半に生まれ幼少期にバブル景気の隆盛と崩壊を経験したミレニアル世代に向けて、労働法を学ぶことの大切さと面白さを伝える。道幸先生は、「労働法を知ることは厳しい社会の中で自己決定をし、自己責任をとりうるための前提」であり、裁判例を通じて職場で起こる「生身の人間のバトル」を体験することができると述べる。労働法は「個々の人の顔がみえる解決」が求められるのであり、「個々の労働者の気持ちや願い」を「権利として構成するセンスと力量」が試される学問であると説明する。

二本目の36「せめて労働法ぐらいは」（北海道労働委員会・随想〈一九九九年六月〉）は、日々現場の労働紛争解決に奔走する労働委員会の職員や労使問題紛争に関わる担当者に向けて書かれたエッセイである。「私のゼミは超不人気」「社会人だからといって問題関心が旺盛とはいえず、イヤイヤ勉強しているのは学生と同じ」と現状を憂いながらも、社会人の学びには事例（裁判例等）を用いた「自由」「活発」な議論が有効だと提案する。

三本目の37「ゼミをおもしろくする工夫」（労働法律旬報一五三二号〈二〇〇二年〉四頁）は、北大の労働法ゼミで親子ほどに歳の離れた学生を教育する苦労が描かれる。道幸先生はゼミを「おもしろくする」ためにゼミ生と一緒に映画鑑賞にくり出す。「社会を知らない」「自己チュウ」な学生に「社会や人間に対するリアルな認識」を身につけさせるためである。エッセイ中に登場する七本の映画に先生のセンスが光る。

四本目の38「土曜日の午後なのにどうして労働判例研究会に出なければならないの」（労働法律旬報一四二〇号〈一九九七年〉四頁）は、北海道大学の修士課程・博士課程に所属する大学院生と道内の研究者が参加する判例研究会の運営ポリシーが示されている（道幸先生が運営している間は、毎週土曜の午後が定例会だった）。道幸先生は、師の保原喜志夫先生から北大の研究会を引き継ぎ、メンバーが権威から自由になって活発に議論できるようにと「一定の配慮」をしたと述べている。「自由であることと内容のあることは別なので」「個々の人の能力が抑制しないよう」に気をつけるというのが先生なりの気配りだったようである。研究会参加者の報告資料や知見を「研究会全体の共通財産」として蓄積することは研究者としての大きなメリットであり、議論を通じて新たな視点や共通の了解を得たときは「とても楽しく、嬉しくなる」と知的好奇心が満足していた様子を披露する。「研究者のぜいたく」を享受する道幸先生の週末である。

最後は、39「問題関心を維持する工夫」（日本労働法学会誌一一六号〈二〇一〇年〉一一〇頁）である。二八年間勤務した北海道大学の退職まで残り半年という時期に、研究者向け定期雑誌（日本労働法学会誌）からリタイア記念として依頼された。「労働法・労働法学の将来」というお題だったが「いいアイデアが出てこない。リタイアする人間に書かせるテーマとはいえない。若手研究者に『三〇年後の私』というテーマで書かせたらどうか」とぼやいている。そして、代替案として「問題関心を維持する工夫」というテーマで筆を進めてしまう。たしかに二〇一〇年当時、新型コロナウィルスによってニューヨークのタイムズスクエアから人影が消えることや、全世界の人間が生成ＡＩと雇用を競うハメになることは予想し難かった。できないことはしないという先生のポリシーがうまく機能したようだ。このエッセイで開陳される「労働に対する生き生きした問題関心」を四〇年以上持ちつづける極意とは何か？　私のような人生の折り返しの研究者に贈られた道幸先生からの応援メッセージである。

3　指導者としての横顔

道幸先生は、「やりながら覚えさせる」というＯＪＴ（On-the-Job Training）方式で研究者を養成した。㊳のエッセイで描かれているように、毎週土曜に北海道大学の研究棟で開かれる研究会（勉強会）において、修士号・博士号の取得を目指す学生に研究報告の機会を与え、研究会に参加する他大学の教員と共に議論を重ねさせて、自らの見解を深められるように導いた。修士論文（原則二年で仕上げる学位論文）・博士論文（概ね三年程度をかけて仕上げる学位論文）の構想を説明したり、進捗を確認したりするのもこの研究会の場だった。

諸先輩と同じく私もこの道幸道場で育った研究者の一人であるが、北大生え抜き純粋培養の大学院生ではなく、他大学の商学部を卒業し会社員生活を一〇年弱送った後にアカデミアに中途参戦した社会人学生だった。道幸先生は、学問の扉をそのような社会人にも平等に開いたが、一旦門下生となった後は、二〇代の同期学生と同様の準備時間と報告内容のクオリティを要求した。私は大学院に入学したと同時に会社を辞めて専業学生となったが、フルタイムの仕事を持ちながら大学院に通っている社会人もいて、その方は時間のやりくりに大変苦労されたようだった。また、私が院生として所属していた当時は（二〇〇五―二〇一一年）、アジアからの留学生も複数受け入れていたのだが、日本語を母国語としない彼ら彼女らに対してもほぼ同水準の報告を求めた時は心底驚いた。道幸先生は当時大学教員として多忙な日々を送っておられたが、研究会は鍛錬の場だと言って自分自身にも厳しかった。研究会で検討される裁判例とそれに関連する裁判例は全て研究会が始まる前に読み込まれていた。率先垂範の人だった。

35 一言で労働法の魅力は語れない。でも……

労働法はおもしろいかといわれると正直困ります。おもしろいかおもしろくないかは、その問題に対する関わり方にもよるからです。「おもしろいか」ではなく、「おもしろくなるか」なわけです。その点では、ちゃんと勉強したら間違いなくおもしろくなります。仕事という、人間にとってもっとも重要な営為を対象にしているからです。

労働法とはなにか

多くの人が会社で働く社会では会社と従業員との間で多くの争いが発生し、それを円滑に解決する基準やシステムが必要になります。労働法は、ふるい、暗い、ダサイといわれましたが、職業生活がある限りその必要性は否定できません。食生活がある限り不滅の食品産業とおなじわけです。とりわけ、最近職場における人権保障や雇用保障の必要性が強く論じられているのが注目されます。たとえば、職場イジメ、セクハラの事案では、職場における人間関係形成の自由や職場環境整備義務等新たな法理が提唱されています。ことさらに「人間関係形成の自由」を持ち出さなければならない状況こそ問題といえますが。過労死事案では、働きすぎを助長する労務管理のあり方やそれを受け入れる労働者の意識が問題になっています。会社にはそれだけ有形、無形の統合力があります。受験体制がへんだと思っても、そこから抜けきれないのと同じです。生活がかかっている分だけ、ますますそうです。またリストラがらみの事案では、整理解雇や退職強要について多くの裁判例があります。ここでも雇用保障の立場から意に反する退職を避けることや解雇手続の適正さが追及されています。

右肩上がりの時代には、そこそこ働いていさえすれば労働法の知識など不用でした。結婚生活が順調なときに法律問題が発生しないようなものです。しかし、失業率が六%になりそうな時代には、労働法は職場において自分や仲間の権利や雇用をまもるために不可欠な法的知識に他なりません。よく労働法や社会保障法はセーフティネットとなるといわれますが、多くの人はどこにセーフティネットが張ってあるか、網目の粗さはどの程度かをよく知りません。落下したときにネットにかかるかどうかははっきりしないわけです。労働法を知ることは厳しい社会の中で自己決定をし、自己責任をとりうるための前提でもあります。バイトやフリーターにとっても不可欠な知的武器といえます。

労働法のここがおもしろい

（一）裁判はドラマ

職場は人間関係の場であり、そこでは生身の人間のバトルが展開されています。民法で想定している抽象的な取引の場とは大きく異なります。たとえば、勤務成績不良に基づく解雇が許されるかが裁判において争われると、勤務成績の悪さの程度、なぜ悪くなったのか、悪くなった場合に会社が一定の教育をしたか、さらに勤務成績の判断基準とはなにか等が問題になります。上司の引越しの手伝いに行かなかったことから勤務成績が悪いとされたらたまったものではないし、上司の指導があんまりズサンなので部下がやる気をなくしたケースも少なくありません。解雇の背景に組合を作ったことが原因かなと思われる場合もあります。事件全体を検討して初めて解雇が「濫用」にあたるかがあきらかになるわけです。解雇された人が、男か女か、二十代か定年まぢかか、管理職かブルーカラーか、正社員かパートかによっても事件の内容が大きく異なってきます。ここでは、個々人の顔がみえる解決が要請されています。

（二）権利といえば権利

法学は権利を考察対象とします。何が権利といえるかは時代や社会によって異なりますが、多くの人が気合をいれて権利といえば権利になります。その時代のニーズを的確に反映した気合でなければなりませんが。生存権、環境権などはその典型といえます。わがままや贅沢が文化を生むのと同様に、「こんな状況どっかへん」という素朴な思い込みが出発点となります。もっとも、生きることやきれいな空気が贅沢になる社会は間違っていますが。

労働法でも多様な権利が主張されています。争議権や団交権は、組合の力で「勝ち取った」権利といえるし、最近提唱されている労働者人格権やプライヴァシー権も職場においても生身の人間として自分を大事にしたいという熱意が生み出したものと評価できます。セクハラ事件では、性的自己決定権や使用者の職場環境整備義務がはなばなしく提唱されています。個々の労働者の気持ちや願いをなんらかの守るべき共通の利益、つまり権利として構成するセンスや力量が試されているわけです。正義感を隠し味にした斬新な発想が期待されています。

（三）自己決定のジレンマ

法学の世界では自己決定権が大はやりであり、労働法でもそうです。しかし、労働関係は契約に基づくので、労働者個人の自己決定は大きく制約されています。かろうじて会社を選ぶ自由はありますが（もっとも、会社も自分を選んでくれなければ意味はない）、多くの場合、労働条件や仕事の内容は使用者が決定することになります。

もっとも、この状態を逆転し、自己決定を完遂する方法はそれなりに考えられます。一つは、組合を作り集団的決定やプレッシャーにより大逆転を図ることですが、労働組合にそれだけの力はありません。組合自体が使用者とつるんで個々の労働者の自由を抑制する場合さえあります。このようにシャレにならない事態は少なくありません。二つは、真の自己決定を想定し、それに応じた契約解釈をすることが考えられます。魅力的な発想ですが、個々人の多様性は無視されることになりかねません。自己決定をあんたに頼んでいるわけではないということになりそうです。今まで学界でどんな議論をしていたのかとしかられそうですが、未解決の基本問題は少なくありません。

36 せめて労働法ぐらいは

労働関係における個別紛争処理の在り方につき、最近活発な議論がなされている。たしかに、裁判所に提起される事件数の増加や労働相談件数の急増から、個別紛争処理のニーズが高まっていることは否定できない。北海道でも労働相談はパンク状態にあり、労働相談員を増員させているほどである。

個別紛争を的確に処理するためには、相談員自身が高い法的な能力や資質を有していなければならない。と同時に、個々の労働者や使用者が労働法をそれなりに知っていることがどうしても必要である。しかし、実際には、労働法の知識を有している例はごく稀である。たとえ、知っていたとしても、正確でなかったりあまりにも旧いものであったりすることが多い。最近では、サラリーマンのカード破産にともなう賃金債権の確保や海外留学費用の返還にともなう訴訟等の新しい論点が発生しており、旧い教科書では対応不能である。セクハラだって一昔前には問題にならなかった。

労働法の知識を身につけるのは、大学等で受講するのが一番てっとりばやい。最近、リストラや均等法の改正で雇用問題が注目され、労働法の人気も一時よりはやや挽回をしている。学生達がリストラや出向で悩む親の姿を見ているからかもしれない。もっとも、私のゼミは超不人気である。はやらない労働組合法を研究対象にしたからかもしれないし、人徳もしくは教育能力のなさかもしれない。出来高給でないので賃金が減額されないのがせめてもの救いである。

社会に出てからは、企業及び組合研修がある。これは、特定のテーマだけのおざなりなものが多い。一般的にいって、社会人だからといって問題関心が旺盛とはいえず、イヤイヤ勉強しているのは学生と同じである。では、どうしたら労働法に興味を持ち、的確に知識を身につけることができるか。

まず、ある程度の専門家、たとえば地労委の職員や労使紛争処理の担当者に対してはシステマティックな研修が重要である。労働法の全般的知識を教えるとともに、少人数での事例を使った演習が効果的といえる。ともかく自由にかつ活発に議論をすることがポイントである。北海道地労委でも定期的に判例研究会を開催しているので、興味のある人はどうぞ参加してください。

次に、普通の労働者についてはどうか。私としては、講演よりも映画とかビデオのほうがずっと教育力があると思っている。そこで、労使、とりわけ労働組合が労働問題をテーマにしたインパクトのある作品を作ることを期待したい。

若いサラリーマンや学生に対し、労働や職場でも人格とか生き方が問われているというメッセージを伝えるためである。たとえば、最近公開された「ブラス！」や「フル・モンティ」はイギリス労働者気質を知るうえでとても興味深い。


〈追記〉大学及び大学院での労働法教育についての私の試みは、拙著『職場における自立とプライヴァシー』（日本評論社、一九九五年）のはじめの部分（本書四七頁）、また「土曜日の午後なのにどうして労働判例研究会に出なければならないの」（労働法律旬報一四二〇号、本書二三八頁）を参照されたい。

37 ゼミをおもしろくする工夫

役得といえばきこえが悪いが、大学教師のメリットとして、時間が自由なこと、自分の名前で仕事を発表できることとともに学生に教育するチャンスがあることがあげられる。教えることが苦手とか、他人と話すことが不得意ならば、学生への教育はチャンスどころか苦役に他ならない。そうでなければ、学生への教育、とりわけゼミはその時々の若い感覚や雰囲気を把握する絶好の機会である。とりわけ、学生の親の世代に属する私のような教師にとってそういえる。

大学のゼミは労働法をきっちり教えることが主目的である。ところが、法律を教えることは案外大変である。いいわけめいた議論になるが、その理由として考えられるのは以下の諸事情である。

第一は、学生は社会を知らない。受験中心の生活をしてきたので、社会の仕組みや企業についての理解に欠ける。法律は、社会における利害調整・紛争解決の技術なので、どうしても社会や人間に対するリアルな認識が必要になる。自己チュウの学生に過労死発生のメカニズムや年休を申請できない職場の状況を説明するのは困難である。

第二は、自己チュウといっても、本格的に議論をした経験に乏しい。友人とおしゃべりをし、頻繁にメールを交換し、興味のあることを覚えたり、オタク的に知識を競うことは得意であるが、特定のテーマについてマジに議論する機会に乏しい。特に、どういうわけか対立、敵対を極端にいやがる。対立や緊張状態から一定の関係を形成することは苦手である。対立しそうな人とは接点をもたないようにする。法律は紛争状態を前提としており、争いがあってナンボの世界なので、この対立をいやがるパーソナリティーは本当に困る。

とはいえ、私としては現状に甘んじているわけではない。労働法のゼミは自分の教育の主要なフィールドなので、非力ながら自分なりにいろいろな試みをしている。その一つは、職場や労働現場に興味をもたせるために一緒に映画をみることである。自分が映画を好きだからでもある。もう一つは、労働組合の活動家や会社の労務管理の担当者に労使の実態を話してもらったり、労働事件を担当している弁護士から話を聞くことである。地方で労働関係の「公職」をしているおかげで、この手のネットワークには事欠かない。

ゼミ生と一緒に見た映画に、舞台出身のスティーブン・ダルドリー監督の映画第一作、イギリス映画「リトルダンサー」がある。サッチャー政権下において規制緩和がなされていたイングランド北東部の炭坑町ダーラムで物語は展開する。石炭産業は斜陽で閉山もうわさされていたなか、英国全土で炭坑労働組合がストに投入していた。主人公ビリーは炭坑夫の二男で一一歳であった。ビリーは、放課後ボクシングジムに通っていたが、いまひとつ興味がもてず、となりで練習をしていたバレエに惹かれていく。父親はビリーの気持ちを理解しないが、ある時ビリーの踊りをみてロンドンの王立バレエ学校への進学を許す気持ちになる（ここまでの親子の葛藤、ビリーの才能を発見したバレエの先生の熱意等は結構泣かせるところがある）。ところがスト中でお金がない。そこで、父親は悩んだ末、スト破りをしてビリーの学費を稼ごうとし、活動家たる長男はそれに強く反発する。労働組合の連帯と生活の重さが相克する。私は、この部分に一番興味をもったが、多くの学生は親子の葛藤に心引かれたようである。スト破りといえば、大昔のイタリア映画の「鉄道員」もいい。また、アメリカのチームスターのボスによる組合組織化の光と陰を描いた「ホッファ」もみのがせない。

労働や職場に関係した映画は各国にあるが、イギリス映画、特にサッチャー時代の労働組合を描いたものに秀作が多い。一九九六年マーク・ハーマン監督の「ブラス！」は炭坑労働組合のブラスバンドの活躍を、また、一九九七年ピーター・カッタネオ監督の「フル・モンティ」は、鉄鋼労働組合所属の失業者が苦肉の策として男のストリップを敢行するまでを、夫婦の機微をもまぜながら展開している。日本でも、職場のリアリティーに肉薄する「ショムニ」や「釣りバカ日誌」を超える映画を期待したい。連合もアリバイ的な集会やデモをするよりは、閉塞する職場実態に肉薄し、職場における連帯の必要を示す映画を作ったほうがずっと効果的である。もっとも、勧善懲悪では困るが。

映画の楽しみは、終わった後の批評にもある。私は一応労働法の教師なので、当時の社会・経済状況や労働組合の状態等を解説するが、後は単なる飲み会になる。もっとも、この時ほど学生のセンスやものの見方がわかる機会もない。同じものを見てどう感じたかを知ることができるからである。ただ、一般的にいってあまりいい映画についていては、議論は盛り上がらない。愚作のほうが飲み会としては盛り上がる。他人の悪口の場合と同様である。

今年のゼミは映画のほうはまだだが、実務家から話を聞く機会を二回もった。一回目は、退職強要の適否が争われている労働事件の弁護士と原告に、訴訟までの経緯、事件の経過、裁判での争点等を話してもらった。ゼミ生にはあらかじめ関連資料を手渡しておき、当事者の話をふまえて請求が認められるか否かを論議した。大方の意見は、弁護士の期待に反して請求が認められないというものであった。原告の顔を見て、結論がぐらついたものもいた。どのような事実が明らかになると請求は認められるか、また、事件を異なったアプローチで処理できないかについても議論がなされた。生の事実からどう法律論を構成するかを考える良い機会であった。話の作り方で争点自体が大きく変化することに興味を示していた。

二回目は、労働相談を担当している三名の活動家から、労働相談、組合運動、女子労働問題の実態等について話を聞いた。学生がよく知っている企業で生じている労使紛争や、切羽詰った労働相談に強く興味を引かれた模様であった。組合の組織率の推移や人事管理システムの傾向という一般論・抽象論よりも、具体的な話ほど強いインパクトがある。また、話し手がどのような経緯で活動家になったか、また、現在仕事についてどのような問題関心を持っているのかにも興味を示した。もう二〇年以上も北海道地方労働委員会の公益委員をしているが、私が地労委での経験を話すよりは教育的効果は数倍高かったと思っている。ゼミ終了後、例のごとく「懇親」の機会をもったが、その場でもゼミ生の関心は組合の現状にあった。

なぜ、学生は法律に興味を持たないのか。どうすれば興味を引くことができるか。

興味をもちにくい主な理由は、法的紛争の背景にある社会や人間がよく見えていないからと思われる。上司から退職を切り出された時のショックや、一〇〇円であってもライバルと賃金格差が生じた時のあせり。これらがリアルにわかることができれば労働法はきっと面白くなる（労働法がどうしたらおもしろくなるかについては、拙稿「一言で労働法の魅力は語れない。でも……」別冊法学セミナ一七五号『法学入門二〇〇二 法学部でいこう！』本書二二九頁も参照されたい。また、北大労働法ゼミにおける多彩な教育的工夫？ については別の機会に紹介したい）。生身の人間の教育力を生かす工夫が今後とも必要であろう。

38 土曜日の午後なのにどうして労働判例研究会に出なければならないの

「大先生一万円、中先生、社会人七〇〇〇円」、「助手五〇〇〇円、院生三〇〇〇円」。北大（北海道かもしれない、その点はおおらかである）労働判例研究会のコンパの際の費用負担割合を決めるのは、研究会の主催者の重要な役割である。労働法を名乗っているからには、社会的公平の見地から適正な負担割合を即座にかつ不満がないように決定しなければならない。ここでは、民主主義も会話的正義も無縁である。このデリケートな作業にとどまらず、主催者には研究会の日常的運営というこれまたやっかいな仕事がある。

労働法の領域では、最近、労働時間の短縮とそれに伴う賃下げ、雇用機会均等法の改正、リストラに伴う退職・整理解雇・退職金請求事件の急増、規制緩和等論点が目白押しである。しかし、労働法学界ではどういうわけか論争、もしくは論争めいたことも少なくなってきている。重要な判例が出されても、判例法上の解説や比較法的な検討はなされるが、本格的論争は今いちである。立法的課題についても、研究者、それもその分野の専門家がなんらかの形で立法過程に関与している場合が多いので、学界あげての論争とはなりにくい。批判勢力を取り込むという自民党的な状態にあるわけである。たしかに、イデオロギー過剰、レッテル貼りに終始する論争より健全とはいえる。しかしあまりにも「健全すぎる」状況である。研究者に論争するだけのパワー、構想力、さらに原体験がなくなっている。研究や学界の在り方を再検討する時期かもしれない。

北大では、ほぼ毎週社会法関連の研究会がある。労働判例研究会月三回、社会保障法研究会一回のペースで年間四〇回ぐらいはこなしている。労働判例研究会は、その名のとおり判例研究が中心であるが、立法の動向、実務家との論議、比較法研究もなされている。幸いなことに、最近注目すべき裁判例が相次いでいるので、裁判例の選択の点では苦労がない。ただ、土曜日午後にひらかれているので、旅行ができない、遊べない、デートができない等院生には評判が悪い。文句をつける院生に対しては、試験面接時の合意、「研究会は土曜日だけれどちゃんと出席できる?」「はい、できます」、すなわち古典的民法意思理論を駆使して対応することにしている。将来的には、一定の日数は権利として(?)休むことができるという計画年休制度をモデルとした研究会欠席制度の導入も考えなければいけないかもしれない。もっとも、土曜日なので、研究者以外の参加が容易であるというメリットはある。

では、研究会は実際にどのように運営しているのか。個々人の研究および研究会の「活性化」のために次のことに留意しているつもりである。

第一は、自由な議論をすることである。これが簡単そうで案外難しい。特に、院生諸君はどうしても発言が少ない。その分、教師といっても北大以外の先生をも含めて、活発な議論がなされている。北大では、労働法研究では歴史が浅いこと、リーダーであった保原先生の自由な人柄、その跡目をついだ私のずさんな性質、北大の先生だけでは議論が心許無いという諸先生の義侠心、研究者が少ないため参加者の選択という苦労がないことから、権威から自由な（権威になれない？）学風が形成されているので、研究会でもその発言は極めて自由である。また、専攻も多彩であり、労働法や社会保障法の研究者だけではなく、憲法、民法、行政法の研究者も参加しており、さらに研究者だけではなく、弁護士、労働基準監督官、社会保険労務士、医師等も加わることがある。ただ、自由であることと内容のあることは別なので、この点では苦労している。少なくとも個々人の能力を抑制しないようには努力している。

第二に、院生の教育にも一定の配慮をすることである。議論が活発なことは結構であるが、院生の教育の側面では問題が多い。どうしても、彼等は発言しにくく、参加意識も希薄な者もいる。市場原理に委ね、俺の背中から学べというのも一つのゆきかたである。しかし、これではいまどきの院生は満足しないというより、能力の開発向上にプラスしない。やはり一定の市場原理による修正が必要とされる。そこで、発表の機会を院生に多く与え、研究や発言をせざるを得ない状況を作りあげることにしている。そうしなければ研究会の発表者を確保できないという台所事情や研究会参加が大学院の単位になっているという大義名分もある。さらに、年二回の割で、修士論文、博士論文の中間発表等の機会も設けている。指導教官だけではなく、多くの先生からアドバイスを得るというメリットが大きい。先生方も同様な論文発表会をしたらという院生からの提案もあるが、「そんなことを考える暇があれば勉強しろ」と今のところしのいでいる。

第三に、研究会全体の共通財産を作ることである。発表者は、関連判例を徹底的に調べてくること及び実務に関する資料を収集することが期待、もしくは要請されている。実際はなかなか守られていないが。特に、最近のデータベースはずさんで、キーワードとして、「解雇」と「服装」を入力したら、細谷服装事件がでてきたことがあった。これは笑えるが、研究では使えない。関連判例のフォローは、本人のためばかりではなく、参加者全員の共通資料や了解をつくるためである。

次に、研究会に参加する立場からするメリットはなにか。この研究会は私にとって「道場」であり、修業の場と自分なりに位置づけている。

その一は、真剣勝負の議論の場である。同一の専攻の研究者と自由な議論をできることは研究者のぜいたく、もしくは役得に他ならない。自由ということは間違ってもいいことを意味するので、これは教師にとって貴重な機会である。とりわけ、議論を通して、新たな視点や問題をみいだしたり、共通の了解を得ることができればとても楽しく、嬉しくなる。とはいえ、相手と一定の信頼関係がなければ自由な議論は困難である。どうしてもあいつにだけは負けたくないと思えば、力が変にはいってしまう。議論は自分との戦いでもある。

その二は、乱打で筋力を鍛える場である。どうしても判例を詳しく読む機会が少なくなるので、強制的にこの機会に最近の関連事例も含め読むことにしている。デリケートな事実関係やわかりにくい判示内容を理解するためには、多くの目があるほうが絶対に有利である。また、さらっと読んだだけでは気づかない部分も多く、間違って勝手な理解をしていたことも少なくない。法解釈は、職人仕事なので、ともかく継続し数多くの裁判例をこなすことが肝要といえる。事件はそれぞれの顔をもっている。

その三は、自分の研究の在り方や今後のテーマを考える黙想！の場である。現実の紛争を継続的に検討することによって、どのような問題が実際に解決を迫られているのか、なぜ既存の法理ではうまく解決できないのかを知ることができる。論文のアイデアはグラウンドではなく、裁判例に埋っているわけだ。特に、自分の専門以外の領域に進出する時には有効である。

「労働と法――私の論点」という学究的な表題とはかけはなれた内容になったが、私は研究の在り方や研究会の位置づけは今後より重要な問題になると考えている。できれば、研究の進めかたや研究会の運営の仕方について多くの方が知的財産権を放棄しない程度で情報を公開することを期待している。

39 問題関心を維持する工夫

学会創立六〇周年の記念エッセイとして代表理事経験者が「労働法・労働法学の将来」について書く。「還暦」パーティで、人生における自分の立ち位置が分からず面はゆかったことを思い出すような企画である。

学内騒然とした一九七〇年に北大を卒業し、大学院に入った。指導教官であった保原先生から、修学旅行でしか道外に出ていなかった私に対し、すぐ学会員になって外の世界を知りなさいという適確なアドバイスがなされた。

最初に参加したのは同年五月に慶応義塾大学で開催された三九回大会であり、「労働基準法と労働政策」のテーマであった。最初に聞いたのが宮島尚志先生の「協約化闘争の法理と協約法理論及び就業規則法理論の破綻」という個別報告であり、よく分からなかったが、迫力には衝撃を受けた。やはり東京は違う。

それから四〇年の間、学会理事や企画委員長、代表理事を経験し学会自体の運営にも関与した。とはいえ、日常的な運営は事務局長であった青野覚先生に任せっきりであった。

研究レベルでは、学会のシンポジウムはチームとして発表できる良い機会であった。私も、「誠実団交義務と自由取引」（一九七九年、日本労働法学会五七回大会）、「新法理への模索——労働組合の公正代表義務」（一九八六年、七二回大会）、「労働者組織と労働法」（二〇〇〇年、一〇〇回記念大会）、「公務員制度改革と労働法」（二〇〇二年、一〇四回大会）等で発表し、そこでの議論によって多くの示唆を得た。学会当日よりもそれまでの準備過程において、他の発表メンバーと議論する機会は、とても貴重であった。

さて、本題に戻ると、記念エッセイはリタイアの作法としては捨てがたいアイデアともいえる。そこで気を取り直して、「労働法・労働法学の将来」を考えたが、いいアイデアは出てこない。リタイアする人間に書かせるテーマとはいえない。若手研究者に「三〇年後の私」というテーマで書かせたらどうか。そこで、自分なりに問題関心を維持する工夫について考えてみた。これなら書ける。

研究といっても法学の場合は比較法の本格的な研究からスタートし、実定法の解釈論へとすすみ、定職を得たのちは大学の講義負担の中で労働や職場に対する鋭敏な問題関心が薄れていくというパターンが一般的である。その間に原稿を頼まれたり、有識者として社会的に発言したり各種委員になったり、さらに学内行政に邁進したり、多様なコースがありうる。さらに大学院を持つ大学の場合は研究者養成という地味でかつやっかいな仕事もある。

では、労働法の研究生活において職場や労働に対する生き生きした問題関心、興味を持ち続ける工夫はあるか。

まず、自らが定職のない不安定雇用になる非常手段もないわけではない。しかし、問題関心が自分の生活に特化し、社会的拡がりに欠けることになりやすい。経済的困窮のなかではなかなかいいアイデアや研究は生まれない。ワーキングプアの気持ちは分かるが、法理の構築は無理といえる。結果的に不安定雇用層になることはあるが、これはおすすめできない。

ここで追求すべきは定職をもったうえでのリアルな問題関心の維持方法である。私自身の体験では以下のことといえる。

その一は、一定程度労働関係の実務に携わることである。私は、たまたま三〇年近く北海道労働委員会の公益委員として多くの不当労働行為事件の審査をしてきた。世間を揺るがし続けているJRの採用差別事件はじめ印象に残る事件も少なくない。同時に、多様な斡旋事件にも関与してきた。それを通じて紛争処理の実際を知るばかりでなく、紛争の背景や企業内や組合内における決定のメカニズムをも知ることができた。労使の顔がみえ息吹を感じることができ、またその時々の適確な判断が要請されるだけに貴重な経験であった。やはり現場は違う。

公益委員は、不当労働行為事件の判定をするだけではなく、事件処理過程において、そのマネージメントの仕事もある。和解作業の手順やタイミング、和解案の内容を決める作業は紛争解決技法を学ぶのに最適であった。また、労使委員の意見を調整し、職員のアイデアをも採用する余裕も必要である。管理職の苦労も少しだけわかった。

同時に、理論的にも得ることも多かった。まず、学会ではほとんど論議されていないが実務的な難問、たとえば不当労働行為を一定程度追認する和解協定の効力、期間の定めのない和解協定の解約ルール等々である。また、事件処理手続において申立組合以外の別組合の意向を確かめる必要がある事件が多いのにもかかわらず、そのような手続が想定されていないことも問題といえる。

さらに、和解にせよあっせんにせよ、解決の際には、理論的な説得力が思いの外重要であった。ボス交やなあなあで解決することはほとんどないからである。労使双方を納得させるためには一定の理論化が不可欠といえる。労使当事者がそれぞれの組織を納得させるためにも必要な作業である。

法理論というより法理の背景となる考え方の重要性と深さを知ったことが私にとって最大のメリットであった。もっとも、ここ数年会長になってからは対外的な会議、労委内部における管理等の仕事が増加している。これは、不当労働行為法理だけではなく、労働委員会制度の在り方を考えるうえでは貴重な機会といえる。

その二は、永続的な研究会への参加である。研究者、とりわけ若手にとって労使関係の実際や最近の法的紛争の傾向を知るよい機会といえる。北大の労働判例研究会は、ほぼ毎週最近の裁判例の研究をしており、私はここで多彩な論点につき議論をし、さらに多くの論文作成の着想を得ることができた。問題関心を鋭敏にし論議のスキルを鍛錬するホームグラウンド、というより道場に他ならない。

さらに、裁判例の理解についても、多くの目でそれを読むので理解が深まる。いろいろな事実の評価や読み方があることを知るだけでももうけものだ。一定の時間集中して判決文を読む貴重な機会といえる。また、継続して同種裁判例をフォローすると全体的な傾向が見えてくるので総合判例研究も可能となる。問題関心を継続して持つことが前提になるが。

大学院生にとって研究会が重要なことはいうまでもない。しかし研究者になった後にこそ研究(継続)環境が重要である。現在学会の活性化が提唱され若手研究者に対する奨励賞が企画されているが、若手よりも元若手の研究奨励こそが課題であろう。そのためには、各地の研究会の活性化が不可欠である。その点、北大判例研究会の状況も予断を許さない。

その三は、学部での教育やゼミである。とくにゼミはその時々の二〇歳と接触する貴重な機会である。時代の感性や発想法が分かるとともに、食べ物や音楽、さらに異性の好みさえそれなりに感じることができる。そのために、ゼミ終了時に、担当者を決め、最近読んだ本の感想文を発表させ、また自由論題で五分くらいプレゼンテーションをしてもらっている。

同時に、演習では基本的な最高裁判例とともに最新の労働判例をも対象としているので、ゼミ生の議論は参考になることが少なくない。ほとんどの学生がユニオンショップ無効論を主張したり、労使間の合意の解釈につき労働者の「真意」を問題にするアプローチに批判的であったり、教師との間で激しい論争がなされることもある。教師の地位や経験だけではなかなか説得できない。どうしたら相手が理解しうるかの説得の仕方に悩むこともあり、教師としてのプレゼンテーションの修練でもあった。それでも、議論を中断する権限がある分教師にとって有利ではある。

第八章

遺作

浅野高宏

研究会で微笑む道幸先生

1　研究の〝テツジン（鉄人・哲人）〟

道幸先生は、単著だけで二一冊の研究業績を発表された。これに共著、論文（判例評釈・解説・書評・講演録・エッセイを除く）を加えると、先生の研究業績は一六〇本を超える（二〇二一年までの研究業績は、加藤智章ほか編『社会法のなかの自立と連帯――北海道大学社会法研究会50周年記念論集』旬報社、二〇二二年、六一八頁以下を参照されたい）。そして、先生が最晩年に発表されたのが、『岐路に立つ労使関係――労働組合法の課題と展望』（旬報社、二〇二三年）と、第八章で紹介する㊵「契約法理の危機――労働契約法七条についての研究ノート」（労働法律旬報二〇二五号〈二〇二三年〉六頁）である。両論文とも、長年考え抜いてきた道幸先生の問題意識をまとめたものであり、先生が最後の最後まで、あくなき探求心で研究に邁進されていたことをうかがい知ることができる。こうした先生の姿を、ある教授は、「鉄人道幸」と評しておられた。また、〝名は体を表す〟の言葉どおり、「道幸哲也」先生は、原理的に考えることにこだわって、本質的な疑問と向き合い続けていた。先生はよく「ファジーさに耐えられないと労働法の研究はできない」と仰っていたが、なかなかすっきりと答えの出ない疑問に時間をかけて向き合う姿は、まさに「哲人」であった。そして道幸先生が、基本的（原理的）な疑問として、最後まで考え抜かれていたテーマの一つが先に紹介した「契約法理の危機――労働契約法七条についての研究ノート」で取り上げられている、就業規則論の「周知」の問題と「合理性」の問題だった。

以下に紹介する論文は、労働法を専門的に学んでいる者でないと道幸先生が何を問題とされていたのかを的確に理解するのは難しいかもしれない。ただ、この論文は、研究の〝テツジン（鉄人・哲人）〟と呼ばれた道幸先生が、実務や学説で当たり前と思われている論点についても原理的に考え続け、わかったふりをせずに議論を提起し続けたテーマであり、先生らしさがよく表れた論稿といえるので、ぜひお読みいただきたい。なお内容面の理解に関しては、第二章で紹介した7「よくわからない就業規則と労働契約との関係」(労働法律旬報一四五一号〈一九九八年〉四頁)も参考になるので、以下では、あわせて内容を簡単に紹介していきたい。

2 第八章のポイント

道幸先生は、7「よくわからない就業規則と労働契約との関係」において、次のような文章からはじめておられる。「労働法は奥が深い。こちらの能力が浅いのかもしれないが、よくわからない論点として就業規則の法理がある。最近の学説は、やや倦怠気味で、判例理論の合理化、判例傾向の分析が中心になっている。実用法学の観点からはやむをえないが、原理的、批判的議論は研究者のエートスである」と述べる。そして、労働法では労働条件を労使対等な立場で合意することで決定するということが大原則であるにもかかわらず、実務(最高裁判例の立場)では使用者が一方的に定める就業規則の内容が合理的であるならば、それが労働契約の内容となるという考え方(便宜上、就業規則法理と呼ぶ)が確立し定着していることに疑問を呈した。この論稿は一九九八年三月に労働法律旬報の「労働と法　私の論点」に掲載されたものである。もちろん、当時(それ以前から)、判例の立場には学説からの批判も多く、道幸先生だけが原理的な疑問について問題提起をしていたわけではない。もっとも、その後、就業規則法理は労働契約法(二〇〇七年一二月五日公布、二〇〇八年三月一日施行)に取り込まれ、同法七条で条文化された。その内容は従前の最高裁判例の到達点を整理するものであり、労働契約の締結にあたり合理的な内容の就業規則が労働者に周知されていれば、就業規則の内容が労働契約の内容となるというものである。

しかし、ここでいう「合理的な内容」とは「すごく不合理でないこと」という程度であって基準がまったく不明確である上、「周知」についても、実質的に労働者集団がその内容を知り得る状態に置いているならば、個々の労働者が就業規則の内容を実際に知ったかどうかは問題とならないという最高裁判例の解釈が引き継がれた。

道幸先生は、このような解釈は明らかに労働条件を合意で決定するという原則に反していると批判した。そして、合理性の要件が一方的な労働条件決定の歯止めとして機能しているのかを裁判例を分析しながら検討している。

また、周知という要件についても、最高裁判例の考え方では不十分であるとして「個々の労働者が就業規則の内容を知っている、もしくは使用者が知らせる具体的努力をしたことが必要」であり、具体的了知のレベルでとらえるべきであるという立場を唱えられた。従前、学説から批判の強かった就業規則法理も、労働契約で立法化されて以降は、議論に終止符がうたれたとの受け止めが支配的となっている。労働契約法七条という条文の構造そのものに疑問を呈し、解釈上の論点を深化させる試みは活発とはいえないのが現状だ。しかし、論稿7から四半世紀を経て公刊された論稿40でも、なお、基本的な疑問にこだわり、「法律が出来てしまったから仕方ない」などと思考停止せずに、議論を挑み続ける道幸先生の姿は、〝テツジン（鉄人・哲人）〟と呼ぶにふさわしい。

3 挑み続けろ

道幸先生からは、大学院生時代はもとより、私が弁護士となり、二〇〇六年に札幌弁護士会に登録替えをして以降、毎週のように研究会、勉強会などでご指導いただいた。道幸先生が私の事務所で実務家向けに主催してくださった勉強会には、事務所の垣根や立場を越えて、若手・中堅の弁護士、社会保険労務士、労働組合関係者、司法担当の新聞記者などが参加した。道幸先生は、勉強会で報告担当となることが多い若手弁護士に「ただ、関連裁判例や学説を並べて、知っていることの多さをアピールするのは良くない。どのような事案で、何が問題なのか、基本的な争点は何かを端的に示してくれればよい。わからない問題はどこがわからないかを明示しなさい。あとは、議論する中で徐々にわかってくるから」と諭しておられた。

先生は、北海道大学を退官される間際のころ、「ロースクールの学生からは、教授なのに『わからない』と授業で言うのはやめてほしい」と言われるとぼやいておられたが、判例(特に最高裁判例)と聞くと、覚える対象で、それ以上、判旨を深く検討して批判的に議論することを避けがちな実務家の卵(ロースクール生)には、道幸先生の真意はわかりにくかったかもしれない。基本的な疑問を大切にして、わかったふりをしない。これこそが未解明の課題に取り組む際の道幸流アプローチの真骨頂だった。

弁護士となり、ある程度経験を積むと、判例を覚えたり、正解をネットで検索しようとしていたのでは解決できない問題が多いことがわかってくる。そのときこそ、法曹としての実力が試される。勉強会や研究会での道幸先生との議論は、未解明な問題を解決するための法的思考力を鍛える鍛錬の場であり、私にとっては唯一無二の道場だったといえる（先生は、私の風貌から勉強会を〝相撲部屋〟になぞらえて、「稽古をつけてやる」とも仰っていた）。私にとっては、生き方を含めたすべての学びの源泉に道幸先生の教えがあるといえるほど影響を受け続けてきた。おそらく勉強会に参加したメンバーも同様だろう。映画スターウォーズ風に表現すると、師との対話で私の中で労働法の〝フォースが覚醒した〟と言えるかもしれない。これほど長きにわたり、師との対話の機会を得ながら人生を歩むことができたのは僥倖というほかない。

だからこそ、道幸先生を失った悲しみと、虚無感は言葉では言い尽くせない。自分は、何のために、何をしたくて、労働法を学び続けるのか、これから何を拠り所に労働事件と向き合っていくべきか。原初的な壁にぶつかっている自分がいる。これまで道幸ワールドの中で、弟子という立場に甘えて、この年まで安穏と生きてきたことを思うと、情けない限りであるが、私たちは、いよいよ師からの自立が求められているのだろう。力不足ゆえ、〝一からやり直す〟しかないのかもしれない。しかし、稀代の理論派である池田悠先生と道幸イズムの継承者である國武英生先生が、北大労判研の新時代を切り拓くべく奮闘されている。私も道幸先生を師と仰ぐ仲間や後輩たちとともに、〝わからない〟問題に果敢に挑み続けるべく、歩みを進めよう。そのことが、労働法学の進展に多少なりとも貢献し、先生の学恩に報いることになると信じて。

40 契約法理の危機——労働契約法七条についての研究ノート

はじめに

労働契約法は、その一条において「この法律は、労働者及び使用者の自主的な交渉の下で、労働契約が合意により成立し、又は変更されるという合意の原則その他労働契約に関する基本的事項を定めることにより、合理的な労働条件の決定又は変更が円滑に行われるようにすることを通じて、労働者の保護を図りつつ、個別の労働関係の安定に資することを目的とする。」と定めている。労使の自主交渉にもとづく合意の原則がその主要目的であり、三条一項も、「労働契約は、労働者及び使用者が対等の立場における合意に基づいて締結し、又は変更すべきものとする。」と規定している。

他方、同法は就業規則の効力について、判例法理をふまえて三つの側面について規定している。契約内容補充効（七条）、不利益変更効（一〇条）、最低基準効（一二条）[1]である。

一〇条は、使用者の一方的な判断によって契約内容の変更が可能なので、合意原則からの説明は困難であり、一二条は労働者保護の観点から就業規則の規定が個別合意に優先することを規定しているので、これも合意原則からは説明できない。いずれも独自の就業規則法制と評価できる。

では、七条はどうか。同条は、「労働者及び使用者が労働契約を締結する場合において、使用者が合理的な労働条件が定められている就業規則を労働者に周知させていた場合には、労働契約の内容は、その就業規則で定める労働条件によるものとする。ただし、労働契約において、労働者及び使用者が就業規則の内容と異なる労働条件を合意していた部分については、第十二条に該当する場合を除き、この限りでない。」と定める。(2)

一〇条や一二条の内容は契約法理との齟齬が明確であり、独自の就業規則法理としての評価が可能である。他方、七条は契約法理の中に巧みにビルドインされており、個別契約の余地も示しているので契約法理としての特徴をも有している。しかし、実際に具体的事案への適用となると契約法理的側面はおそろしく希薄になっている。そこで本稿では労働契約法七条の意義・趣旨を明らかにし、契約法理としての特徴とともにその限界を検討するものである。多少残存していた契約法的側面が危殆に瀕しているからでもある。(3)

ところで、労働契約法七条の問題点については、その成立の前後を通じて多くの論者から多様な批判がなされており、(4)本稿も基本的にそれに追随するものである。内容的には研究論文というよりは自分の思考過程を整理する研究ノート的なものといえる。その点では、論述の重複がみられるが、理解の深まり（?）の過程として許してほしい。

全体の構成としては、一、二で労働契約法七条の解釈上の論点および支配的学説を紹介し、三で合意原則の維持の立場から支配的学説に対する批判を展開する。四で、労働契約の締結過程からのアプローチを試みる。以上をふまえて五で就業規則法制の基本問題を検討する。

一　七条の解釈上の論点

七条の解釈上の論点として以下をあげることができる。

(i)労働契約を締結する場合、(ii)合理的な労働条件が定められている就業規則、(iii)労働者への周知、(iv)労働契約の内容は、その就業規則で定める労働条件による、(v)労働契約において、労働者および使用者が就業規則の内容と異なる労働条件を合意していた部分、のそれぞれの意味が問題になる。

同条については、「労働契約法の施行について」(平二四・八・一〇基発〇八一〇第二号、最終改正平三〇・一二・二八基発一二二八第一七号)が的確な解説をしているので、まず立法者意思を知るために関連部分につきそれを紹介し、若干のコメントをしておきたい。

全体の趣旨については、「法第七条は、労働契約において労働条件を詳細に定めずに労働者が就職した場合において、『合理的な労働条件が定められている就業規則』であること及び『就業規則を労働者に周知させていた』ことという要件を満たしている場合には、就業規則で定める労働条件が労働契約の内容を補充し、『労働契約の内容は、その就業規則で定める労働条件による』という法的効果が生じることを規定したものであること。

これは、労働契約の成立についての合意はあるものの、労働条件は詳細に定めていない場合であっても、就業規則で定める労働条件によって労働契約の内容を補充することにより、労働契約の内容を確定するものであること。」と解している。

ポイントは、「労働契約の成立についての合意はあるものの、労働条件は詳細に定めていない場合であっても、就業規則で定める労働条件によって労働契約の内容を補充することにより、労働契約の内容を確定するもの」である。総論レベルでは、契約内容の「補充」効であることが指摘されている。

(i)について、「法第七条は労働契約の成立場面について適用されるものであり、既に労働者と使用者との間で労働契約が締結されているが就業規則は存在しない事業場において新たに就業規則を制定した場合については適用されないものであること。また、就業規則が存在する事業場で使用者が就業規則の変更を行った場合については、法第一〇条の問題となるものであること。」としている。

七条が契約の変更ではなく成立場面で問題になることを指摘している。

(ⅱ)について、「法第七条本文の『合理的な労働条件』は、個々の労働条件について判断されるものであり、就業規則において合理的な労働条件を定めた部分については同条の法的効果が生じ、合理的でない労働条件を定めた部分については同条本文の法的効果が生じないこととなるものであること。」としている。

もっとも、合理的な労働条件の具体例についてはまったくふれていない。

(ⅲ)の周知について、「例えば、

①常時各作業場の見やすい場所へ掲示し、又は備え付けること

②書面を労働者に交付すること

③磁気テープ、磁気ディスクその他これらに準ずる物に記録し、かつ、各作業場に労働者が当該記録の内容を常時確認できる機器を設置すること

等の方法により、労働者が知ろうと思えばいつでも就業規則の存在や内容を知り得るようにしておくことをいうものであること。このように周知させていた場合には、労働者が実際に就業規則の存在や内容を知っているか否かにかかわらず、法第七条の『周知させていた』に該当するものであること。」

なお、労働基準法第一〇六条の『周知』は、労働基準法施行規則第五二条の二により、①から③までのいずれかの方法によるべきこととされているが、法第七条の『周知』は、これらの三方法に限定されるも

のではなく、実質的に判断されるものであること。」としている。

また、「労働者に周知させていた」については、「その事業場の労働者及び新たに労働契約を締結する労働者に対してあらかじめ周知させていなければならないものであり、新たに労働契約を締結する労働者については、労働契約の締結と同時である場合も含まれるものであること。」としている。

事業所の労働者とともに当該新規労働者との関連においても周知していること（二重の周知）を指摘しており、労基法一〇六条との関連ではより広く周知の余地を認めている。

(iv)については、「労働条件は詳細に定めていない場合であっても、就業規則で定める労働条件によって労働契約の内容を補充することにより、労働契約の内容を確定するものであること」としている。

契約の成立（最近、この点が争われた例としてプロバンク（抗告）事件・東京高決令四・七・一四労働経済判例速報二四九三号三一頁が有る）を前提に契約内容の確定を目的とすることを重視している。

(v)については、「同条本文の規定による法的効果が生じるのは、労働契約において詳細に定められていない部分についてであり、『就業規則の内容と異なる労働条件』を合意していた部分については、同条ただし書により、法第一二条に該当する場合（合意の内容が就業規則で定める基準に達しない場合）を除き、その合意が優先するものであること。」としている。

個別合意の余地は指摘されている。もっとも、「就業規則の内容と異なる労働条件」を対象としているので、労働者が就業規則内容を知っていることが前提となるようなニュアンスである。

全体として、使用者が一方的に作成した就業規則の法システムと評価しうるが、契約上の個別合意原則に留意する側面もないわけではない。とりわけ、次の二点が注目される。

その一は、「就業規則の内容と異なる労働条件」を合意していた部分については当該合意が優先する部分である。もっとも、この優先原則は但し書きレベルであり、個別合意原則が強く打ち出されているわけではない。また、「就業規則の内容と異なる労働条件」を対象としているので、労働者が就業規則内容を知っていることが前提となるようなニュアンスである。

実際に、後述のように使用者の業務命令権限を一般的に定める就業規則規定と業務命令を制約する個別合意との関連をどう考えるか等が問題になっている。個別合意とは何かが問題となっているわけである。

その二は、適用される就業規則は、事業場の労働者および新たに労働契約を締結する労働者に対してあらかじめ周知させていなければならないことである。労使の現実を見ると「新たに労働契約を締結する労働者に対してあらかじめ周知」することは、具体的にどのような態様で可能か。その実現は必ずしも容易ではない。締結と同時についても同様である。実際には、どういうわけか個別事案でこの点が正面から争われることもほとんどない。

他方、使用者により一方的に作成される就業規則内容の拘束力に対する歯止めとしては、内容の合理性と周知があげられる。もっとも、合理性の基準はまったく不明確である（実際はすごく不合理でないこと）。また、新規採用者が既存の就業規則内容の説明を受けることも一般的ではないので合理性をどう担保するかも不明確である。さらに「周知」一般と新規採用者との関連での「周知」の異同も必ずしも明確ではない。とりわけ、契約原理との関連における「周知」概念の多様性への配慮も必要とされる。

こう考えると七条は、結局、就業規則により使用者の一方的な労働条件決定を法認するメカニズムに他ならない。労働「契約法理」としてのそれなりの位置づけ、説明はほぼ不可能と思われる。

二（支配的）学説の立場

では以上の諸点につき（支配的）学説はどのように評価しているのか。契約法を基本的に支持する菅野和夫教授のテキスト『労働法（第一二版）』（弘文堂、二〇一九年）によりその立場を紹介したい。この見解は実務に決定的な影響力があるからである。

第一は、個別合意原則との関連である。菅野は、条文の構造をふまえ、「就業規則が存在する企業における労働者の採用（労働契約の締結）に際しては、同規則とは異なる個別的な特約をしないかぎり、当該労働者は当該就業規則に従うことを前提として労働関係に入るのが通例である。」（前掲書二〇五頁）と指摘する。[5]

具体的争点の一は、就業規則の存在を前提にこの個別的特約をどう認定すべきか、とりわけ、「同規則とは異なる個別的な特約をしないかぎり」の解釈である。これは、使用者の業務命令権限を一般的に定める就業規則規定（たとえば、配転条項）と業務命令を制約する個別合意との関連をどう考えるか等で問題になる。この点は、後述したい。

争点の二は、個別契約レベルで就業規則内容をたまたま知った場合である。菅野は、「就業規則の内容が労働契約の内容として採用の過程で労働者に説明され、それに対する同意が得られた場合（就業規則が労働契約の締結に際しそのひな形として用いられた場合）には、就業規則の内容は契約内容そのものとして合意原則（六条）によって効力を取得する。」（同二〇五頁）と論じている。[6] この段階でなされた就業規則内容の説明を就業規則法制の中でどう位置づけるかという発想はない。その点では、逆説的に就業規則法制から個別合意的色彩を（全面的に）排除する解釈といえる。

第二は、就業規則内容の周知についてであり、一応二段階で問題になる。その一は、職場における周知である。その二は、新規採用者との関係における周知である。菅野は「実質的に見て事業場の労働者集団に対して当該就業規則の内容を知りうる状態に置いていたことと解することができる。したがって、そのような周知方法によって、当該労働者も採用時または採用直後において当該就業規則の内容を知りうることが必要である。そのような方法がとられれば、当該労働者が採用の際に実際に就業規則の内容を知ったかどうかは問わない。」（同二〇六頁）とする。

労働契約的観点からは「周知」とはなにか、またどう位置づけるかについては難問である。[7] とりわけ、「当該労働者も採用時または採用直後において当該就業規則の内容を知りうることが必要」であるとしているが、採用直後は別として、採用時にそれを実現することは容易ではない。しかし、就業規則が契約内容になるという強い効果が認められるので、その点は厳格に解釈すべきであろう。これは、労働条件明示義務（労基法一五条）や労働条件に関する理解の促進（労働契約法四条）という要請にも合致する。[8]

第三は、就業規則内容の合理性である。その合理性について、「労働契約法の施行について」は特段の判断を示していないが、菅野は、「労働者が就業規則を前提とし、これを受け入れて採用されたという状況のなかで問題となる合理性なので、企業の人事管理上の必要性があり、労働者の権利・利益を不相当に制限してなければ肯定されるべきものといえよう。」（同二〇七頁）として広く認めている。[9]

三　基本的疑問――個別合意的色彩の全面否定

就業規則法制に個別合意を尊重する側面が残されているのか。労働契約法の実際の運営を想定してこの点を検討してみたい。

1　個別合意成立の余地

第一は、個別合意原則との優劣であり、七条但し書き、「労働契約において、労働者及び使用者が就業規則の内容と異なる労働条件を合意していた部分については、第十二条に該当する場合を除き、この限りでない。」の部分である。一応二つのアプローチを想定できる。

その一は、最初に個別合意の有無を検討し、それがないもしくははっきりしない場合にのみ七条による契約内容の「補充」を構想するものである。契約法成立以前はそれほど意図的でなくともそのように解していたと思われる。まさに「補充」効たるゆえんである。[10]

その二は、七条の規定を前提にして、原則は（合理的、周知されていた）就業規則が契約内容となり、あくまで例外的な個別合意がなされた場合に限り当該合意が優先すると考える。就業規則内容を排除する旨の明確な個別合意（異議の表明）が必要である。契約内容「補充効」以上の効力といえようか。

この立場が学説上有力である。「たとえば、就業規則に包括的配転条項があり、これに異議を唱えて労働契約を締結した労働者の場合、使用者が異議を表明した労働者を採用した以上、包括的配転権限を使用者に付与しない旨の黙示の合意があったと解することができる。[11]」とか、たとえば、「就業規則で配転に関する一般規定が定められている場合、これを明示的に排除する合意をしない限り、職務限定の合意は認められない。[12]」との立論がなされている。そこで、「契約規律効の要件も、合意原則との整合性という観点よりもむしろ、一方的作成による文書が法規範類似の効力を付与されていることに対する客観的コントロールという観点から検討すべきと考える。[13]」という見解も現れている。

裁判例においても、職務限定につき配転実態とともに就業規則内容（包括的配転条項）の明確な排除の必要性が指摘されている。[14] たとえば、エルメスジャポン事件・東京地判（平二二・二・八労働経済判例速報二〇六七号二一頁）は、次のように説示している。

「本件就業規則には、被告は、業務の都合又は適材適所の配置を効果的に行うため、必要に応じ、従業員の就業場所、職務の内容、職務上の地位等の人事異動を行うことができる（三九条一項）と、この場合には、従業員は正当な理由なしにこれを拒んではならない（同条二項）と規定されているところ、実際、被告においては、平成一三年以降、情報システム部に所属する従業員に限ってみても、同部から他部署への異動者が三名存し、同年一月にロジスティック部へ一名が、平成一四年九月に総務部へ一名が、平成一七年九月にロジスティック部へ一名がそれぞれ異動していることは、前記(1)オのとおりである。そうすると、原告の経歴、その採用の経緯、被告における就労状況に係る上記各事実があるとしても、本件雇用契約を締結するに際し、原告に限って本件就業規則三九条の規定の適用を排除したとの事実を伺わせるような事情もない以上、原告と被告の間において、原告を情報システム専門職以外の職種には一切就かせないという趣旨の職種限定の合意が明示又は黙示に成立したとまで認めることはできない。」。もっとも、権利濫用で無効と判断されている。

同様な判断は、運行管理者から倉庫業務への配転命令の効力が争われた安藤運輸事件・名古屋地判令元・一一・一二労働判例一二四〇号一二頁（名古屋高判令三・一・二〇労働判例一二四〇号五頁の同旨）でも次のように説示されている。

「本件では職種限定合意があることを直接的に裏付ける雇用契約書、労働条件通知書などの書面はないこと、求人票……をみても採用後に運行管理業務以外の業務に従事することがないという趣旨の記載は見当たらないこと、第二回面接の際に被告から原告に手渡された『事務職員（運行管理業務）採用条件』と題する書面……には、原告の職務内容が列挙されているが（認定事実(1)エ（イ））、原告が従事する業務はこれらに限られる旨の文言の記載はないし、当該書面の趣旨、性質等からすれば、当該書面の記載は原告が当面従事する業務の内容を記載したものと解するのが相当であること（労働基準法一五条一項、労基法施行規則五条一項一号の三参照）、被告の就業規則……には、職種を限定した従業員の存在を前提とした規定はなく、他方で、業務の必要により職種の変更があり得ることが規定されていることによれば、原告と被告との間において、原告を運行管理業務以外の職種には一切就かせないという趣旨の職種限定の合意が明示又は黙示に成立したことは認められない。」

さらに、学校法人国際医療福祉大学事件・宇都宮地決（令二・一二・一〇労働判例一二四〇号二三頁）は、薬学部教授に限定する「明示」の合意がないとして以下のように判示している。「本件職種限定合意とは、債権者の職種（職位）を薬学部教授の地位に限定し、当該職種以外に債権者を異動させないことを内容とする合意をいうが、前記のとおり、本件雇用契約書においてはもとより、債務者の就業規則（職員・教員）のほか、債権者に対する募集内容や内定通知書の記載内容等によっても、債権者の職種（職位）を薬学部教授に限定することを定めた明文の規定は認められず、その他、採用時及びその後の交渉経過において明示的に上記職種限定合意が取り交わされた形跡もうかがわれないのであるから、明示の合意により本件職種限定合意が成立したとは一応も認められない。」。もっとも、黙示の合意が認められている。

以上の裁判例は、就業規則の文言だけを重視しているわけではないが、その適用を明確に排除しているかを問題にしている点に特徴が見られる。

では、どのように考えるか。契約法として個別合意を重視する立場からは、「その二」のような解釈は大いに疑問である。まさに、合意原則からは本文と但し書きは主客転倒しているといえるからである。[15] この点、労働契約法成立以前から、「こと就業規則の拘束力が問題となる事件においては、その法的規範性のドグマにより、裁判官は、当事者意思の解釈に消極的な姿勢がみられる。」と評価されていた。[16]

とりわけ、個別合意レベルで就業規則の関連規定の適用を明確に排除していることまで要求することは、就業規則規定の影響力を過大に評価することを意味する。同時に対象となる就業規則の規定内容を労働者が知っており、さらに適切に理解していることが前提となると思われるが、この点についても後述のように必ずしも厳格な解釈がなされているわけではない。

たしかに配転条項については、長期的な労務管理の要請からは包括的な内容にならざるをえない傾向にある。しかし、勤務場所や業務内容の特定は労基法一五条の労働条件明示義務の対象ともなるので（労基則五条一項一の三号）、個別合意による制限の意義も大きい。特定の職務・地域で働くとの合意があれば、そのような個別合意の存在を正面から認めるべきであろう。[17] 就業規則の関連規定をふまえてそれ以外の職種、地域では働かないという明示の合意がないからそのような制限を認めないというのは、ややナンセンスな議論といえる。

出向になると個別合意の重要性はより大きくなるとおもわれる。転籍出向についてはそのつどの個別合意が必要であることにほぼ異論はない（国立研究開発法人国立循環器病研究センター事件・大阪地判平三〇・三・七労働判例一一七七号五頁)。しかし、在籍出向については個別合意の必要性について見解が分かれている。[18] 最高裁(新日本製鐵事件・最二小判平一五・四・一八労働判例八四七号一四頁)は、就業規則と協約により根拠づけをしている。

では、個別合意を介さず就業規則のみによる根拠づけは許されるか。社会福祉法人奉優会事件・東京地判(平二八・三・九労働経済判例速報二二八一号二五頁)は「就業規則において、『法人は、職員に対して業務上必要のある場合は、出向を命じることがある。』と定めていること、別に定められた出向規程において、出向規定の定義、出向期間、出向中の社員の地位、服務、給与、賞与、人事評価、退職・解雇及び退職金など出向者の処遇に関して出向者の利益に配慮した詳細な規定が設けられていることからすれば、被告は、原告に対し、その個別的同意なしに、被告の職員としての地位を維持しながら出向先であるやさしい手においてその指揮監督の下に労務を提供することを命ずる本件出向命令を発令することができるというべきである」としてそれを肯定している。もっとも、採用時において当該就業規則の周知がなされているかははっきりしない。周知がなされていなければ就業規則の関連規定の適用はないことになる。出向は配転と異なり、労働契約に内在しているものではないので、契約締結時にその旨の規定があることを労働者に具体的に指し示すことが不可欠と思われるからである。

2　就業規則内容の周知

第二は、周知概念についてである。[19] 労働契約的観点から「周知」とはなにか、またどう位置づけるかについては難問である。また、関連する事案として、賃金に関する規定の交付要求に応じなかった使用者の不誠実な対応は著しく社会的相当性に欠け不法行為を構成するという判断（代々木自動車事件・東京地判平二九・二・二一労働判例一一七〇号七七頁）や外国人非常勤講師の事案につき、「労働者が使用者に対して就業規則の謄写を請求する権利を規定した法令上の根拠はなく、就業規則の謄写自体の可否及びその方法については、基本的に使用者の裁量に委ねられているものと解するのが相当である。」という判断（学校法人文際学園事件・東京地判平三〇・一一・二労働判例一二〇一号五五頁）もなされている。

ところで、七条の解釈では、周知は一応二段階で問題になる。その一は、職場における周知である。その二は、新規採用者との関係における周知である。とりわけ、「当該労働者も採用時または採用直後において当該就業規則の内容を知りうることが必要」であるとしているが、採用直後は別として、採用時にそれを実現することは容易ではない。しかし、就業規則が契約内容になるという強い法的効果が認められるので、その点は厳格に解釈すべきであろう。

実際には、この点はかなりルーズであり、シナジーコンサルティング事件東京地判（令三・二・一五労働判例一二六四号七七頁）は、「労働契約を締結する場合において、『就業規則を労働者に周知させていた場合には、労働契約の内容は、その就業規則で定める労働条件による』ところ（労働契約法七条本文）、ここでいう『周知』とは、実質的に見て事業場の労働者集団に対して当該就業規則の内容を知り得る状態に置いていたことをいうものと解される。」と判示しており、新規採用者との関連について特別の配慮をしていない[20]。というよりそのような問題関心に欠ける。

さらに、「当該労働者が採用の際に実際に就業規則の内容を知ったかどうかは問われない」、という立論も疑問である。後述のように内容の合理性も問題になるので、この点につき一定の説明も必要と思われる。

これは、労働条件明示義務（労基法一五条）や労働条件に関する理解の促進（労働契約法四条）という要請にも合致する。判例はどういうわけかこの点につき正面から問題にしていない。もっとも、学説は批判的見解が多い(21)。

なお近時、労働契約法一〇条についてであるが、周知だけではなく変更内容等に関する説明もなかったことやその内容の不適正さから拘束力を認めない裁判例も多い。特別職群移行時の賃金額等について説明がなく、周知もない（NTT西日本事件・大阪高判平一六・五・一九労働判例八七七号四一頁、最一小決平一七・一〇・二〇労働判例九〇一号九〇頁）、退職金減額につき具体的に説明せず実質的周知も無い（中部カラー事件・東京高判平一九・一・三〇労働判例九六四号七二頁）、定年年齢の引き下げに必要な手続きが履践されず、説明もない（学校法人純真学園事件・福岡地判平二一・六・一八労働判例九九六号六八頁）、退職金支給基準の変更につき周知がなく相当性もない（芝電化事件・東京地判平二二・六・二五労働判例一〇一六号四六頁）、退職手当規程改正は説明もされず周知もないので無効（T大学事件・東京高判平二七・一〇・二八労働経済判例速報二二六八号三頁）という判断が示されている。このような視点は、七条についても同様に追求すべきものと思われる。

ところで、個別契約レベルの合意の「真意性」を厳しく解する見解として山梨県民信用組合事件の最高裁（最二小判平二八・二・一九労働判例一一三六号六頁）の立場があり、次のように判示している。

「使用者が提示した労働条件の変更が賃金や退職金に関するものである場合には、当該変更を受け入れる旨の労働者の行為があるとしても、労働者が使用者に使用されてその指揮命令に服すべき立場に置かれており、自らの意思決定の基礎となる情報を収集する能力にも限界があることに照らせば、当該行為をもって直ちに労働者の同意があったものとみるのは相当でなく、当該変更に対する労働者の同意の有無についての判断は慎重にされるべきである。そうすると、就業規則に定められた賃金や退職金に関する労働条件の変更に対する労働者の同意の有無については、当該変更を受け入れる旨の労働者の行為の有無だけでなく、当該変更により労働者にもたらされる不利益の内容及び程度、労働者により当該行為がされるに至った経緯及びその態様、当該行為に先立つ労働者への情報提供又は説明の内容等に照らして、当該行為が労働者の自由な意思に基づいてされたものと認めるに足りる合理的な理由が客観的に存在するか否かという観点からも、判断されるべきものと解するのが相当である」。

これと比較すると、就業規則法理による説明・情報提供レベルの議論は恐ろしいほどルーズである。さらに、「当該労働者が採用の際に実際に就業規則の内容を知ったかどうかは問われない」ことになると「意思理論」と言えるかも疑問である。同じ労働法の世界とは思われない。この点からも就業規則法理は使用者にとって一方的に使い勝手が良いものになっている。契約法レベルにおける「周知」概念の根本的見直しは緊急の不可欠の課題である。

3　合理性という要件

七条につき、なぜ就業規則内容の合理性が要件とされるか、同時に合理性の内容如何も問題になる。合理性審査の正当化根拠として、①対等な立場で契約内容を形成できないにもかかわらず、補充効を認めることは合意原則に重大な修正を加えているので当事者間の合意にもとづく労働条件の決定から「著しく乖離しないように規制する」必要があること、②就業規則およびそれが対象とする労働条件の集団的性格があげられている。就業規則に労働条件を規制する強い拘束力を認めたために、使用者の一方的行為の歯止めとしての意味があるといえる、という立論がなされているわけである。(22)

では、就業規則の規定自体が合理性を欠くとはどんな場合か。(23) 賃金額や労働時間自体については、労基法等に違反する場合は別として、労働条件部分については想定しにくい。もっとも、労働条件の細則的なルールや業務命令・職場秩序に関する部分については想定しうる。労働契約法以前では、指定病院での総合検診命令の根拠条文（電電公社帯広局事件・最一小判昭六一・三・一三労働判例四七〇号六頁）や時間外労働義務の根拠条文（日立製作所武蔵工場事件・最一小判平三・一一・二八労働判例五九四号七頁）等の例がある。近時の事例としては、雇用期間の満了日の上限条項につき七条の合理性があるとしたケース（日本郵便事件・最二小判平三〇・九・一四労働経済判例速報二三六一号三頁、最近の例として、ビジネスパートナー事件・東京地判令四・三・九労働判例一二七二号六六頁）がある。

実際の裁判例では、七条の合理性のレベルではなく、法令の趣旨に反する（マーケティングインフォメーションコミュニティ事件・東京高判平二六・一一・二六労働判例一一一〇号二六頁、なお、労基法九一条の趣旨が問題となった例としてマーベラス事件・東京地判令四・二・二八労働判例一二六七号五頁）とか公序良俗違反（穂波事件・岐阜地判平二七・一〇・二二労働判例一一二七号二九頁）等の判断が示されている。同時に就業規則自体ではなく、就業規則の規定にもとづく個別の措置について権利濫用で対処（労働契約法三条五項、一四条、一五条、一六条）している例も多い。事案に応じた柔軟な処理が可能だからである。もっとも、その分就業規則の合理性判断が回避されており、この側面からのチェックはなされていない。就業規則の規定自体の合理性をそれ自体として判断することは難しいからでもある。(24)

4　七条の位置づけについて一応の小括

近時の裁判例は、七条の解釈につき、個別合意の内容は就業規則の規定を明確に排除するものでなければならないと解している。あくまで、就業規則というフィールドでの個別合意の成立・解釈となる。このような解釈には以下のような観点から基本的疑問がある。

第一は、実際に新規採用者は就業規則規定やその運用を知らない場合が多い。にもかかわらず知らなくとも拘束力があるというのは合意原則に明確に反する。

第二は、個別合意の余地があるとしても就業規則の関連規定を明確に排除する旨の個別合意がなされる可能性も少ない。就業規則内容を正確に知っていることは少なく、また採用過程でその点をはっきりさせようとすることには不採用のリスクがあるからである。たとえ疑問があっても曖昧にせざるをえないと思われる。

第三は、労働契約法七条で定める「周知」や「合理性」という歯止めも前述のように歯止めとしてきわめて不十分である。

さらに、就業規則の作成・運営について次のような規制がなされているので、広く就業規則の利用が促進されることになる。

その一は、労基法により作成の義務づけがなされ刑事罰（労基法一二〇条一号）によって強制されている。同時に、労基法二条二項は、就業規則の遵守につき「労働者及び使用者は、労働協約、就業規則及び労働契約を遵守し、誠実に各々その義務を履行しなければならない。」と定めている。

その二は、就業規則の規定内容は広く網羅的である（労基法八九条）[25]。このように規定内容を整備するほど補充的効力との関連では個別合意の余地は少なくなる。他方、最低基準効のレベルでは労働者にとって有利になり、相矛盾する側面がある。

結局、個別労働契約の役割を重視するという労働契約法の制定のニーズにまったく合致しない状況である。[26]もっぱら就業規則による一方的な労働条件決定システムの成立・完成と評価しうる。

四　労働契約の締結過程からのアプローチ

労働契約の締結過程は、会社による募集→労働者による応募→採用試験・面接→内定通知→（内定期間）→入社→（試用期間）→本採用という過程をたどるのが一般的である。この過程において法的には、採用の自由、労働契約の締結時期・内容、内定の取消事由、試用期間の意味、本採用の拒否事由等が争われる。この点についてはリーディングケースとなる最高裁判例（三菱樹脂事件・最大判昭四八・一二・一二判例時報七二四号一八頁、大日本印刷事件・最二小判昭五四・七・二〇労働判例三二三号一九頁）等があり、判例法理が確立している。

労働契約法七条は、新規採用者に関する条項なのでこの採用過程を対象とする。しかし、そこでは労働条件内容の明示、関連情報の開示等の議論はなされているが、[27]七条を念頭に置いた論議はほとんどなされていない。そこで、ここでは両者の関連について考えてみた。

1　契約の成立過程における情報開示

採用過程での主要論点は、いつどのような契約が成立するかである。[28]判例法理は、企業の労働者募集を「契約の誘引」、応募を労働者からの「申込み」、それに対する会社の内定を「承諾」と構成している

（前述・大日本印刷事件最判）。申込みと承諾で合意が成立するので、内定通知段階で労働契約は成立している。次にどのような内容の契約が成立するかについては、「解約権留保就労始期付き」（前掲大日本印刷事件最判）と「解約権留保効力始期付き」（電電公社近畿電通局事件・最二小判昭五五・五・三〇判例時報九六八号一一四頁）、の二つの見解が示されている。いずれにしても、内定段階で労働契約は成立している。

次に、契約内容の明示・特定については、内定段階で契約が成立するので、その時点もしくは出社までに労働契約内容の特定が必要になる。労基法は労働条件明示義務および主要な労働条件についての書面化を定め（一五条）、労働契約法四条は、労働条件の書面化による確認を要請している。また、パート・有期雇用労働法六条は労働条件に関する文書の交付等を定め、さらに、労働者募集については職安法上の労働条件等の明示（五条の三）等の規定がある。

この時点における主要な論点は、募集段階において表示された労働条件とその後の面接時で示された労働条件が異なる場合の契約内容の特定である。[29] 裁判上、求人票記載の労働条件は原則として労働契約上のそれになると解されている。たとえば、千代田工業事件大坂高判（平二・三・八労働判例五七五頁五九頁）は、職安法一八条の主旨をふまえ「求人票の真実性、重要性、公共性等からして、求職者は当然求人票記載の労働条件が雇用契約の内容になるものと考えるし、通常求人者も求人票に記載した労働条件が雇用契約の内容になることを前提としていることに鑑みるならば、求人票記載の労働条件は、当事者間においてこれと異なる別段の合意をするなど特段の事情がない限り、雇用契約の内容になるものと解するのが相当である。」と判示している（福祉事業者A苑事件・京都地判平二九・三・三〇労働判例一一六四号四四頁も同旨。事案の特異性にもよるが異なった見解もある。藍澤證券事件・東京地判平二一・九・二八労働判例一〇一一号二七頁）。ただ、面接時に求人票と異なった明確な合意をしたならばデリケートな問題が発生する。

2　契約締結時に明示すべき事項（労基法一五条、一二〇条）と就業規則法理

労基法一五条をうけて、労基則五条は、契約締結時に明示すべき事項につき次のように規定している。

「使用者が法第十五条第一項前段の規定により労働者に対して明示しなければならない労働条件は、次に掲げるものとする。ただし、第一号の二に掲げる事項については期間の定めのある労働契約であつて当該労働契約の期間の満了後に当該労働契約を更新する場合があるものの締結の場合に限り、第四号の二から第十一号までに掲げる事項については使用者がこれらに関する定めをしない場合においては、この限りでない。

一　労働契約の期間に関する事項

一の二　期間の定めのある労働契約を更新する場合の基準に関する事項

一の三　就業の場所及び従事すべき業務に関する事項

二　始業及び終業の時刻、所定労働時間を超える労働の有無、休憩時間、休日、休暇並びに労働者を二組以上に分けて就業させる場合における就業時転換に関する事項

三　賃金（退職手当及び第五号に規定する賃金を除く。以下この号において同じ。）の決定、計算及び支払の方法、賃金の締切り及び支払の時期並びに昇給に関する事項

四　退職に関する事項（解雇の事由を含む。）

四の二　退職手当の定めが適用される労働者の範囲、退職手当の決定、計算及び支払の方法並びに退職

手当の支払の時期に関する事項
五　臨時に支払われる賃金（退職手当を除く。）、賞与及び第八条各号に掲げる賃金並びに最低賃金額に関する事項
六　労働者に負担させるべき食費、作業用品その他に関する事項
七　安全及び衛生に関する事項
八　職業訓練に関する事項
九　災害補償及び業務外の傷病扶助に関する事項
十　表彰及び制裁に関する事項
十一　休職に関する事項
②使用者は、法第十五条第一項前段の規定により労働者に対して明示しなければならない労働条件を事実と異なるものとしてはならない。
③法第十五条第一項後段の厚生労働省令で定める事項は、第一項第一号から第四号までに掲げる事項（昇給に関する事項を除く。）とする。
④法第十五条第一項後段の厚生労働省令で定める方法は、労働者に対する前項に規定する事項が明らかとなる書面の交付とする。ただし、当該労働者が同項に規定する事項が明らかとなる次のいずれかの方法によることを希望した場合には、当該方法とすることができる。
一　ファクシミリを利用してする送信の方法
二　電子メールその他のその受信をする者を特定して情報を伝達するために用いられる電気通信（電気

通信事業法（昭和五十九年法律第八十六号）第二条第一号に規定する電気通信をいう。以下この号において「電子メール等」という。）の送信の方法（当該労働者が当該電子メール等の記録を出力することにより書面を作成することができるものに限る。）」

労基法八九条に比し、労基則五条は、①契約期間、②有期契約の更新基準、③就業の場所・従事すべき業務、④所定労働時間を超える労働の有無、⑤休職が付加されている。

就業規則より詳細な内容の明示が要請されており、両者の関係につき、就業規則の内容について不十分な説明しかしなかった事例では一五条違反が生じるとの指摘はあるが、[30]明示義務と就業規則の周知との関連についてまではほとんど議論されていない。

注目すべきは、就業規則法理においては「周知」が要件であり、内容を知っていたことまでは要請されていない。労働条件の明示義務についても原則は労基法上のそれなので、契約法上の意義や効果についてまでは十分に議論されていない。「労働契約法の施行について」では、労働契約法四条との関係で次のように説明されているぐらいである。

「法第四条第一項の『労働者の理解を深めるようにする』については、一律に定まるものではないが、例えば、労働契約締結時又は労働契約締結後において就業環境や労働条件が大きく変わる場面において、使用者がそれを説明し又は労働者の求めに応じて誠実に回答すること、労働条件等の変更が行われずとも、労働者が就業規則に記載されている労働条件について説明を求めた場合に使用者がその内容を説明すること等が考えられるものであること。」（第二・四(2)オ）

積極的な説明というよりは疑問に対する回答という消極的なニュアンスである。

労働契約上の周知は、労働契約法七条について、「労働者が知ろうと思えばいつでも就業規則の存在や内容を知り得るようにしておくことをいうものであること。このように周知させていた場合には、労働者が実際に就業規則の存在や内容を知っているか否かにかかわらず、法第七条の『周知させていた』に該当するものであること。」(第三・二(2)イオ)と解されている。しかし、これでは不十分であり、個々の労働者が就業規則内容を知っている、もしくは使用者が知らせる具体的努力をしたことが必要と思われる。これは、契約合意の真意性確保(前述・山梨県民信用組合事件最判)の前提でもある。

労働契約法七条の法的効果の重要性に鑑みるならば、そこでいう「周知」は具体的了知のレベルでとらえるべきものと思われる。(31)(32) この点は強く強調しておきたい。

五 就業規則法理の基本問題

七条以外にも就業規則法制には全体として次のような基本的問題があり、適切な労使関係の形成を大きく阻害している。

その一は、集団性に見合った紛争処理システムが欠如していることである。就業規則をめぐる紛争において実際は集団的側面があるが、集団紛争に見合った独自の訴訟システムはなく、通常の民事訴訟で処理している。たとえば不利益変更の合理性の判断基準も、変更の必要性は経営上の理由とされる一方、不利益の程度は結局原告個人に着目している。実際には、変更の適否とその適用という二段階での判断となっているわけである(朝日火災海上保険事件・最三小判平八・三・二六労働経済判例速報一五九一号三頁、不利益の程度において合理性の判断も相違することもある(クリスタル観光バス(賃金減額)事件・大阪地判平一八・三・二九労働判

例九一九号四二頁、大阪京阪タクシー事件・大阪地判平二二・二・三労働判例一〇一四号四七頁)。

この種の紛争については、独自の形態での集団訴訟(たとえば、「消費者の財産的被害の集団的な回復のための民事の裁判手続きのための特例に関する法律」参照)は認められておらず、実際には複数の原告からなる共同訴訟や第二次・三次訴訟のパターン(たとえば、みちのく銀行(第二次、第三次訴訟)事件・青森地判平一七・三・二五労働判例八九四号六六頁)にならざるをえない。

また、就業規則の作成段階についてその違法性を独自にチェックすることも難しい。労調法上の斡旋の利用も考えられるが、「就業規則の作成」については労働者サイドにつきその代表性への疑義が発生し、斡旋内容は職場全体に対する影響力があるので調整事件の斡旋には適さない側面がある。

就業規則の作成・変更についての紛争処理システムについては、個別契約上の処理以外に集団性に見合ったなんらかの工夫(集団訴訟・確認訴訟)が必要と思われる。

その二は、対象となる紛争の限定がなされていないことである。就業規則法理は、多様な労働条件や職場規律につき適用される。しかし、不利益変更事案については、そもそも変更に合理性があれば拘束力があるかと解される紛争なのかが問題となるケースも想定しうる。あくまで契約上の「個別合意」で処理されるべき問題とみなされるからである。(33)

たとえば、契約内容の量的な変更ではなく、質的な変更についてはどうか。契約形式の変更(労働契約から委託契約へ、無期雇用から有期雇用へ)や賃金計算方法の質的な変更(年功賃金から成果主義賃金へ)についても就業規則の不利益変更法理が適用されるのであろうか。裁判例は前者についてはともかく、後者については当然のように適用している(ハクスイテック事件・大阪地判平一二・二・二八労働判例七八一号四三頁、同事件大阪高判平一三・八・三〇労働判例八一六号二三頁、ノイズ研究所事件・東京高判平一八・六・二二労働判例九二〇号五頁、同事件・最二小決平二〇・三・二八労働経済判例速報二〇〇〇号二二頁、トライグループ事件・東京地判平三〇・二・二二労働経済判例速報二三四九号二四頁等）が疑問である。制度導入時にどの程度の不利益性があるかが不明であるし、働き方自体の変更を意味するからでもある。(34)

その三は、労使自治の大幅な後退である。労基法や労働契約法は就業規則の作成・変更等につき労働組合の一定の関与を次のように定めているがきわめて不十分である。

①就業規則の作成変更につき、「使用者は、就業規則の作成又は変更について、当該事業場に、労働者の過半数で組織する労働組合がある場合においてはその労働組合、労働者の過半数で組織する労働組合がない場合においては労働者の過半数を代表する者の意見を聴かなければならない。」（労基法九〇条一項）と規定している。しかし、協議ではなくあくまで意見聴取にすぎない。

②不利益変更の合理性の要素として、「労働者の受ける不利益の程度、労働条件の変更の必要性、変更後の就業規則の内容の相当性、労働組合等との交渉の状況その他の就業規則の変更に係る事情」をあげている（労働契約法一〇条）。労働組合に限定していないが「労働組合等との交渉の状況」として、労働者集団の意向に配慮していが、どの程度のウエイトかははっきりしない。判例法上、労働者集団がはっきり反対した場合でも、その事実はそれほど重視されていない。(35)

③協約との関連につき、労基法九二条は「一項　就業規則は、法令又は当該事業場について適用される労働協約に反してはならない。二項　行政官庁は、法令又は労働協約に抵触する就業規則の変更を命ずることができる。」と定めている。同時に労働契約法一三条は「就業規則が法令又は労働協約に反する場合

には、当該反する部分については、第七条、第一〇条及び前条の規定は、当該法令又は労働協約の適用を受ける労働者との間の労働契約については、適用しない。」と定めている。明確な協約規定がある場合には、就業規則との関係における優先が規定されているが、協約関係を解消し、就業規則により労働条件を変更することは制約されていない。(36)

④リアルに考えると、組合の関与の仕方につきそれをはっきりさせないことにこそ「労」使にメリットがあるといえるかもしれない。つまり、多数組合に交渉力があれば就業規則内容に一定のコントロールが可能である。場合によれば、不利益変更を回避するもしくは不利益の度合いを少なくすることができ、実際に一定の「交渉」は可能となる。その場合には、協約締結を前提とした組合内部手続きを回避しうる余地があり、組合執行部の責任をはっきりさせなくともよい「メリット」がある。一方、不満のある組合員は個人の立場で独自に裁判を提起でき、「合理性」の有無の観点から裁判所によるチェックが可能となる。裁判所による司法審査という歯止めがあるわけである。よくできた（？）集団的労働条件決定システムといえるかもしれない。

六　どのような対応が可能か

個別合意を尊重する契約法の原則を実現するためには、現行の判例法理を前提にすれば、どのような対応策が考えられるか。

第一は、個別合意の効果が認められるためには、労働者サイドに就業規則内容の適切な認識・理解が不可欠である。就業規則内容の正確な了知、その前提としての使用者による適切な説明は欠かせない。そのためには、採用過程における労働条件の明示義務自体にも着目する必要がある。個別合意の実質化のためであり、それをふまえて「就業規則法理」を再構成することが考えられる。個別合意「的」な世界を残すためともいえる。判例・学説ともにこのような問題把握はあまりなされていないからである。就業規則法理に関するワークルール教育やそれをふまえた実際の就業規則の学習も重要である。

同時に、理論的には個別合意の認定に関する法理の構築も必要である。就業規則内容との関連をどの程度意識して合意したかを問題にする論点である。就業規則法理から自由な契約論の可能性の追求でもある。

第二は、労働協約によるチェックである（労働契約法一三条、労基法九二条）。集団的合意による合意原則の実質化であり、現行システムに於いて就業規則法制から自由になる「唯一」の方法といえる。そのためには組合運動の活性化が必要であり、その際に組合による協約内容の組合員への開示・説明も不可欠である。さらに、協約内容につき、就業規則規定との関連についての教示をすることも重要と思われる。就業規則は、組合員だけではなく非組合員に対しても適用があるので、このような学習・教育活動は非組合員の組織化にもプラスになる。関連して、就業規則の作成・変更に関する団交要求を法的にどう位置づけるかという基本問題も残されている[37]。同時に、事業所単位の就業規則と企業単位が多い労働協約によるルール形成の相違をどう調整するかという難問もある[38]。

（1）使用者が就業規則の拘束力を否定するのは禁反言の法理に反するとの判断も示されている。大島産業ほか（第二）事件・福岡高判令元・六・二七労働判例一二一二号五頁。
（2）労働契約法七条の立法サイドの位置づけについては、「労働契約法の施行について」（平二四・八・一〇基発〇八一〇第

二号)、菅野和夫『労働法(第一二版)』(弘文堂、二〇一九年)二〇四頁、荒木尚志・菅野和夫・山川隆一『詳解 労働契約法(第二版)』(弘文堂、二〇一四年)一〇一頁等。

(3)就業規則変更法理の成文化に再考を求める労働法研究者の声明「禍根を残す就業規則変更法理の成文化――契約原理に反する労働条件変更法理の固定化は避けるべきである」(労働法律旬報一六三九+四〇号(二〇〇七年)五頁)で危惧したとおりの事態といえる。

(4)毛塚勝利「労働契約の成立が与える労使関係法への影響と今後の課題」季刊労働法二二一号(二〇〇八年)二七頁、米津孝司「労働契約法の成立と今後の課題」労働法律旬法一六六九号(二〇〇八年)七頁、三井正信『現代雇用社会と労働契約法』(成文堂、二〇一〇年)、唐津博『労働契約と就業規則の法理論』(日本評論社、二〇一〇年)、野川忍『労働法原理の再構成』(成文堂、二〇一二年)等。なお、労働契約法以前の就業規則法理については、浜田冨士郎『就業規則法の研究』(有斐閣、一九九四年)、王能君『就業規則判例法理の研究』(信山社、二〇〇三年)等。

(5)合意要件の排除は契約法の基礎を揺るがすとの評価がなされている。土田道夫『労働契約法(第二版)』(有斐閣、二〇一六年)一六四頁。

(6)当該合意につき(就業規則の)合理性審査が必要か否かについては論点となる、詳しくは石田信平「就業規則による労働条件決定――採用時の合意と労働契約法七条との関係」日本労働法学会誌一二六号(二〇一五年)三二頁、土田・前掲書注⑸一七〇頁等。

(7)拙著『労働組合法の応用と課題』(日本評論社、二〇一九年)二七頁。

(8)労働条件の明示・説明義務に関する裁判例とその問題点については、拙著『成果主義時代のワークルール』(旬報社、二〇〇五年)七二頁参照。

(9)具体的な検討例として土田・前掲書注(5)一六五頁参照。

(10)契約法以前の就業規則の判例法理の問題点については、拙著『職場における自立とプライヴァシー』(日本評論社、一九九五年)一九三頁。なお、「残業代は出向手当と別途に精算する」という個別合意を認めた例として、グレースウイット事件・東京地判平二九・八・二五労働経済判例速報二三三三号三頁がある。

判示していた。

(11) 荒木・菅野・山川・前掲書注(2)一一九頁。

(12) 佐々木宗啓他『類型別労働関係訴訟法の実務』(青林書店、二〇一七年)二〇五頁。

(13) 奥田香子「労働条件決定規範の法的構造と『合意原則』」日本労働法学会誌一二六号(二〇一五年)三二頁。

(14) 契約法成立以前においても、ブックローン事件・神戸地判平二・五・二五労働判例五八三号四〇頁、チェースマッハタン事件・大阪地決平三・四・一二労働判例五八八号六頁等は、配転の実態や就業規則の関連規定から勤務地限定ならずと

(15) 唐津博『労働契約と就業規則の法理論』(日本評論社、二〇一〇年)三六七頁。

(16) 本久洋一「就業規則の法理」北海道大学労働判例研究会編『職場はどうなる 労働契約法制の課題』(明石書店、二〇〇六年)一三二頁。関連裁判例として、日産自動車村山工場事件・最一小判平一・一二・七労働判例五五四号六頁、九州朝日放送事件・最一小判平一〇・九・一〇労働判例七五七号二〇頁等があった。

(17) 合意内容を時間的・地理的に限定する余地はある。たとえば、特定期間だけの例として、ジブラルタ生命(旧エジソン生命)事件・名古屋高判(平二九・三・九労働判例一一五九号一六頁)は、「以上の諸事情から総合的に判断すれば、控訴人とエジソン生命との労働契約においては、少なくとも固定給の保証された入社後二年程度の間は、控訴人の職種をSPLに限定し、その業務内容としては、SPの採用育成及びユニットの運営等に限定されており、直接的な営業活動を行うことは義務的な業務とはされていなかったものと認められ、その限度での職種限定合意は存在したものということができる。」と判示し、地域的特定については、ジャパンレンタカーほか(配転)事件・津地判(平三一・四・一二労働判例一二〇二号五八頁)は、特定店だけではなく近接店舗に限定する合意と判示している。また、採用面接の経緯等から勤務地限定の合意が認められた例として、新日本通信事件・大阪地判平九・三・二四労働判例七一五号四二頁、日本レストランシステム事件・大阪高判平一七・一・二五労働判例八九〇号二七頁がある。

(18) 必要とする見解として西谷敏『労働法(第三版)』(日本評論社、二〇二〇年)二五七頁。

(19) 就業規則については周知、了知、合意のレベルを想定しうる。拙著『労働組合法の応用と課題』(日本評論社、二〇一九年)二七頁、三六頁。なお、最近でも周知の有無は問題になっている。されてない例として、エスケーサービス事件・

東京地判平二七・八・一八労働経済判例速報二二六一号二六頁、無洲事件・東京地判平二八・五・三〇労働判例一一四九号七二頁、ＰＭＫメディカルラボ事件・東京地判平三〇・四・一八労働経済判例速報二三五五号一八頁、フジクラ事件・東京地判平三一・三・二八労働経済判例速報二三八八号三頁があり、他方、周知がされた例として富士運輸（割増賃金等）事件・東京高判平二七・一二・二四労働判例一一三七号四二頁がある。

（20）「貴社の就業規則及び服務に関する諸規定に従い、誠実に勤務すること」の記載のある誓約書の提出からも周知性を認めており、この部分も疑問である。

（21）土田・前掲書注（5）一六七頁は、就業規則の契約内容補充効や労働契約法四条から、「労働者の求めに応じて適切な説明・情報提供を行い、労働者が規則内容を認識できる状況を提供する必要がある」と同時に「周知の対象が、労働条件内容を特定するのに必要なすべての情報に及ぶ」と指摘している。また、矢野昌浩「七条解説」労働法律旬報一六六九号（二〇〇八年）三六頁は、「労基法一五条や法四条を前提した場合、遅くとも労働契約締結時について書面を交付されるなどして就業規則に関して説明を受けるなど、新規採用者を対象に情報提供があることを意味する」と論じ、山下昇「就業規則と労働契約―最低基準効と規律効」日本労働法学会編『講座労働法の再生（第二巻）労働契約の理論』（日本評論社、二〇一七年）九八頁も周知における情報の具体性・的確性をふまえてその点は厳格に解すべきとする。

（22）土田・前掲書注（5）一六九頁。

（23）本久・前掲論文注（16）一三〇頁は、「条文化に際しては合理性の内容を具体化した判断基準なり、詳細な例示規定を置くといったことが、最低限、必要である」と指摘していた。

（24）野川忍『労働法原理の再構成』（成文堂、二〇一二年）一六五頁は「労働者集団を代表しうる労働組合等が公正な交渉により了解した内容」としている。この問題についての最近の議論は、本庄敦志「労働契約法七条による契約上の規範形成と制約のあり方」日本労働法学会誌一三三号（二〇二〇年）六八頁、髙橋賢司「労働契約上の合意と一方的決定に対する制約法理」日本労働法学会誌一三三号（二〇二〇年）八五頁参照。また、定期昇級に関する就業規則規定が長年に渡り適用されず形骸化した部分については「合理的規範」とはなりえないという判断も示されている（学校法人大阪経済法律学園事件・大阪地判平二〇・一一・二〇労働判例九八一号一二四頁）。

(25) たとえば、厚労省のモデル就業規則案では以下のような規定が示されている。
第一章　総則
　第一条（目的）
　第二条（適用範囲）
　第三条（規則の遵守）
第二章　採用、異動等
　第四条（採用手続）
　第五条（採用時の提出書類）
　第六条（試用期間）
　第七条（労働条件の明示）
　第八条（人事異動）
　第九条（休職）
第三章　服務規律
　第一〇条（服務）
　第一一条（遵守事項）
　第一二条（職場のパワーハラスメントの禁止）
　第一三条（セクシュアルハラスメントの禁止）
　第一四条（妊娠・出産・育児休業・介護休業等に関するハラスメントの禁止）
　第一五条（その他あらゆるハラスメントの禁止）
　第一六条（個人情報保護）
　第一七条（始業及び終業時刻の記録）
　第一八条（遅刻、早退、欠勤等）

第四章　労働時間、休憩及び休日
［例1］完全週休二日制を採用する場合の規程例
第一九条（労働時間及び休憩時間）
第二〇条（休日）
［例2］一か月単位の変形労働時間制（隔週週休二日制を採用する場合）の規程例
第一九条（労働時間及び休憩時間）
第二〇条（休日）
［例3］一年単位の変形労働時間制の規程例
第一九条（労働時間及び休憩時間）
第二〇条（休日）
第二一条（時間外及び休日労働）
第五章　休暇等
第二二条（年次有給休暇）
第二三条（年次有給休暇の時間単位での付与）
第二四条（産前産後の休業）
第二五条（母性健康管理の措置）
第二六条（育児時間及び生理休暇）
第二七条（育児・介護休業、子の看護休暇等）
第二八条（慶弔休暇）
第二九条（病気休暇）
第三〇条（裁判員等のための休暇）
第六章　賃金

第三一条（賃金の構成）
第三二条（基本給）
第三三条（家族手当）
第三四条（通勤手当）
第三五条（役付手当）
第三六条（技能・資格手当）
第三七条（精勤手当）
第三八条（割増賃金）
第三九条（一年単位の変形労働時間制に関する賃金の精算）
第四〇条（代替休暇）
第四一条（休暇等の賃金）
第四二条（臨時休業の賃金）
第四三条（欠勤等の扱い）
第四四条（賃金の計算期間及び支払日）
第四五条（賃金の支払と控除）
第四六条（賃金の非常時払い）
第四七条（昇給）
第四八条（賞与）

第七章　定年、退職及び解雇

［例1］定年を満六五歳とする例
第四九条（定年等）
［例2］定年を満六〇歳とし、その後希望者を再雇用する例

第四九条（定年等）
第五〇条（退職）
第五一条（解雇）
第八章　退職金
第五二条（退職金の支給）
第五三条（退職金の額）
第五四条（退職金の支払方法及び支払時期）
第九章　無期労働契約への転換
第五五条（無期労働契約への転換）
第一〇章　安全衛生及び災害補償
第五六条（遵守事項）
第五七条（健康診断）
第五八条（長時間労働者に対する面接指導）
第五九条（ストレスチェック）
第六〇条（健康管理上の個人情報の取扱い）
第六一条（安全衛生教育）
第六二条（災害補償）
第一一章　職業訓練
第六三条（教育訓練）
第一二章　表彰及び制裁
第六四条（表彰）
第六五条（懲戒の種類）

第六六条（懲戒の事由）
第一三章　公益通報者保護
第六七条（公益通報者の保護）
第一四章　副業・兼業
第六八条（副業・兼業）
なお、標準就業規則におけるデフォルト条項については、大内伸哉『人事労働法』（弘文堂、二〇二一年）二八八頁参照。
（26）山川隆一「労働契約法の制定—意義と課題」日本労働協会雑誌五七六号（二〇〇八年）四頁。
（27）拙著・前掲書注（8）七二頁、國武英生「契約締結過程における使用者の労働条件明示と説明義務・情報提供義務」季刊労働法二五二号（二〇一六年）一九四頁等。
（28）所浩代「労働契約の成立」日本労働法学会編『講座労働法の再生（第二巻）労働契約の理論』（二〇一七年、日本評論社）四七頁参照。
（29）契約締結上の信義則も重要な論点といえる。詳しくは、小宮文人「採用過程の法規制と契約締結上の信義則」西谷敏先生古稀記念論集『労働法と現代法の理論（上）』（日本評論社、二〇一三年）二九九頁参照。
（30）水町勇一郎『詳解　労働法二版』（東京大学出版会、二〇二一年）四六一頁。
（31）土田・前掲書注（5）一六七頁。大内・前掲書注（25）九六頁も、「企業は、労働者と労働契約を締結する際に、標準就業規則を提示してその内容について誠実説明をして納得同意を得るよう努めていなければ、就業規則の適用はできない」と指摘する。
（32）職業安定法五条の三（さらに、職安法施行規則四条の二、指針第3等）において求人者等につき「労働条件等の明示」についての規定が整備されている。就業規則との関連についてはほとんど議論がなされていないが、このような要請を労働契約レベルでどう構成するかも重要な課題といえる。
（33）野田進「労働契約の多面的機能—労働契約論のフォーマットチェック」日本労働法学会編『講座労働法の再生（第二巻）労働契約の理論』（日本評論社、二〇一七年）一二頁は、七条が労働契約の内容決定を受け持つのは、就業規則に定められる集合的労働条件に限られ、多様な個別的労働条件は」対象とならないと指摘する。

（34） 拙稿「成果主義人事制度導入の法的問題（一）（二）（三）」労働判例九三八号一三頁、九三九号五頁、九四〇号五頁（二〇〇七年）参照。

（35） 函館信用金庫事件・最二小判（平一二・九・二二労働判例七八八号一七頁）は、完全週休二日制実施のための就業規則改訂につき、「本件就業規則変更により被上告人らに生ずる不利益は、これを全体的、実質的にみた場合に必ずしも大きいものということはできず、他方、上告人としては、完全週休二日制の実施に伴い平日の労働時間を画一的に延長する必要性があり、変更後の内容も相当性があるということができるので、従組がこれに強く反対していることや上告人と従組との協議が十分なものであったとはいい難いこと等を勘案してもなお、本件就業規則変更は、右不利益を被上告人らに法的に受忍させることもやむを得ない程度の必要性のある合理的内容のものであると認めるのが相当である」と判示している。

（36） 組合が団交を要求しているにもかかわらず就業規則変更によって交渉対象となった労働条件を決定することは、組合法上は団交権を侵害するか、一方的な労働条件の変更にあたるか。また、不利益変更の合理性につきどう判断すべきか等の問題がある。リオン事件東京地立川支部判（平二九・二・九労働判例一一六七号二〇頁）は、まさにこの点が正面から争われたものであり、その問題点については拙著・前掲書注（7）九五頁参照。

（37） 就業規則と集団法との関連については、拙著・前掲書注（7）四一～六三頁、拙稿「過半数代表『組合』と組合の自主性・民主性」労働判例一二七〇号（二〇二二年）五頁参照。

（38） 西谷・前掲書注（18）六七頁。

●初出一覧

1「働く市民の常識としての労働法」日本労働研究雑誌五五六号（二〇〇六年）一頁
2「労働法をどう学ぶか」法学セミナー五〇巻二号（二〇〇五年）六頁
3「雇用と法」法学セミナー五五巻六号（二〇一〇年）一四頁
4「自立を求めて連帯をおそれてはならない」道幸哲也『職場における自立とプライヴァシー』（日本評論社、一九九五年）ｉ頁以下、二五三頁以下
5「職場におけるプライヴァシー」北海道労働委員会・随想（一九九一年二・三月）一頁
6「面白い労働法――新たなコンセプトの必要性」北海道労働委員会・随想（一九九六年八月）二頁
7「よくわからない就業規則と労働契約との関係」労働法律旬報一四五一号（一九九八年）四頁
8「容易ではない成果主義人事制度の導入」労働法律旬報一六六三・一六六四号（二〇〇八年）四頁
9「法理を支える構想力」労働法律旬報一六九〇号（二〇〇九年）四頁
10「わからない懲戒権法理」労働法律旬報一九六一号（二〇二〇年）四頁
11「自己宣伝になってしまうけれど不当労働行為法理のここがわからない」労働法律旬報一四〇六号（一九九七号）四頁
12「やっぱり団結権――団結権研究の課題」労働法律旬報一四三四号（一九九八年）四頁
13「労働組合になぜ公正代表義務が課せられるのか」労働法律旬報一五七二号（二〇〇四年）四頁
14「まだまだわからない司法救済の法理」労働法律旬報一七一六号（二〇一〇年）四頁
15「コミュニティユニオンの提起するもの」労働法律旬報一七四二号（二〇一一年）四頁
16「個人申立の法理」労働法律旬報二〇三四号（二〇二三年）四頁

⑰「組合法から見た就業規則法理」労働法律旬報一八八九号（二〇一七年）四頁
⑱「働き方改革と集団的労働法」労働法律旬報一九三四号（二〇一九年）四頁
⑲「労基則六条の二第四項」労働法律旬報一九八三号（二〇二一年）四頁
⑳「労働組合を作るということ」労働法律旬報二〇〇九号（二〇二二年）四頁
㉑「従業員代表制の常設化よりも労組法の見直しを」法律時報九四巻六号（二〇二二年）一頁
㉒「ワークルールを生かす――NPO『職場の権利教育ネットワーク』の立ち上げ」労働法律旬報一六八一号（二〇〇八年）二九頁
㉓「『職場の権利教育ネットワーク』の船出」北海道労働委員会・随想（二〇〇九年四月）二頁
㉔「ワークルール検定制度」労働法律旬報一七八六号（二〇一三年）四頁
㉕「ワークルール教育をめぐる論点」労働法律旬報一八六一号（二〇一六年）四頁
㉖「ワークルール教育と契約的世界」労働法律旬報一八三四号（二〇一五年）四頁
㉗「権利主張のリスク」労働法律旬報一八〇七・一八〇八号（二〇一四年）四頁
㉘「ワークルール教育と労働法研究」労働法律旬報一九五一・一九五二号（二〇二〇年）三四頁
㉙「労働委員会委員としてJR採用差別事件に直面する」法学セミナー五一巻八号（二〇〇六年）一頁
㉚「斡旋の実態　紛争処理ノウハウの共有を」労働法律旬報一四七九号（二〇〇〇年）四頁
㉛「どこが『個別的』か」労働法律旬報一五〇八号（二〇〇一年）四頁
㉜「労働委員会制度の検討」道幸哲也＝宮里邦雄＝福島正＝豊川義明「座談会　労働委員会制度の検討」労働法律旬報一六一四号（二〇〇五年）一四頁
㉝「北海道労働委員会の広報・研修活動」労働法律旬報一七六二号（二〇一二年）四頁
㉞「労働委員会による団交支援」労働法律旬報一九一一号（二〇一八年）四頁

35 「一言で労働法の魅力は語れない。でも……」別冊法学セミナー一七五号『法学入門二〇〇二　法学部でいこう!』（日本評論社、二〇〇二年）三二頁
36 「せめて労働法ぐらいは」北海道労働委員会・随想（一九九九年六月）
37 「ゼミをおもしろくする工夫」労働法律旬報一五三二号（二〇〇二年）四頁
38 「土曜日の午後なのにどうして労働判例研究会に出なければならないの」労働法律旬報一四二〇号（一九九七年）四頁
39 「問題関心を維持する工夫」日本労働法学会誌一一六号（二〇一〇年）一一〇頁
40 「契約法理の危機――労働契約法七条についての研究ノート」労働法律旬報二〇二五号（二〇二三年）六頁

●道幸哲也先生の略歴と著作

【略　歴】

一九四七（昭和二二）年一一月一三日　北海道函館市に生まれる
一九七〇（昭和四五）年三月　北海道大学法学部卒業
一九七二（昭和四七）年三月　北海道大学大学院法学研究科修士課程（民事法）修了
一九七二（昭和四七）年四月　北海道大学法学部助手
一九七五（昭和五〇）年四月　小樽商科大学商学部講師
一九八三（昭和五八）年四月　北海道大学法学部助教授
一九八五（昭和六〇）年六月　北海道大学法学部教授
一九八八（昭和六三）年三月　法学博士（北海道大学）
二〇〇〇（平成一二）年四月　北海道大学大学院法学研究科教授（〜二〇一一（平成二三）年三月）
二〇一一（平成二三）年四月　北海道大学名誉教授、放送大学教養学部教授
二〇一六（平成二八）年四月　放送大学教養学部客員教授（〜二〇一八年（平成三〇）年三月）

【所属学会】

日本労働法学会（二〇〇五（平成一七）年一〇月〜二〇〇七（平成一九）年四月代表理事）
日本社会保障法学会

【主たる社会貢献等】

学術審議会専門委員科学研究費分科会（旧文部省、一九九七（平成九）年一月〜一九九九（平成一一）年一月）
北海道地方社会保険医療協議会委員（旧厚生省、二〇〇〇（平成一二）年一〇月〜二〇〇二（平成一四）年九月）

北海道労働委員会公益委員（北海道庁、一九八二（昭和五七）年五月～二〇一二（平成二四）年一一月）、同委員会会長（二〇〇八（平成二〇）年一二月～二〇一二（平成二四）年一一月）
北海道最低賃金審議会委員（北海道労働局、一九八八（昭和六三）年五月～二〇一七（平成二九）年四月）、同委員会会長（二〇〇五（平成一七）年五月～二〇一七（平成二九）年四月）
一般社団法人日本ワークルール検定協会代表理事（二〇一四（平成二六）年一〇月～二〇二三年（令和五年）八月）
NPO法人「職場の権利教育ネットワーク」代表理事（二〇〇七（平成一九）年四月～二〇二三年（令和五年）八月）

【受　賞】
一九八八（昭和六三）年三月　冲永賞（受賞作：『不当労働行為救済の法理論』（有斐閣、一九八八年））

【著　作】
単著
『不当労働行為救済の法理論』（有斐閣、一九八八年）
『労使関係のルール――不当労働行為と労働委員会』（労働旬報社、一九九五年）
『職場における自立とプライヴァシー』（日本評論社、一九九五年）
『不当労働行為の行政救済法理』（信山社、一九九八年）
『労働組合活用のルール』（旬報社、二〇〇六年第二版、二〇〇一年初版）
『不当労働行為法理の基本構造』（北海道大学図書刊行会、二〇〇二年）
『成果主義時代のワークルール』（旬報社、二〇〇五年）
『労使関係法における誠実と公正』（旬報社、二〇〇六年）
『15歳のワークルール』（旬報社、二〇〇七年）
『不当労働行為の成立要件』（信山社、二〇〇七年）

『ワークルールの基礎――しっかりわかる労働法』（旬報社、二〇〇九年）
『労働組合の変貌と労使関係法』（信山社、二〇一〇年）
『パワハラにならない叱り方――人間関係のワークルール』（旬報社、二〇一〇年）
『教室で学ぶワークルール』（旬報社、二〇一二年）
『労働委員会の役割と不当労働行為法理――組合活動を支える仕組みと法』（日本評論社、二〇一四年）
『雇用社会と法』（放送大学教育振興会、二〇一六年）
『労働組合法の基礎と活用』（日本評論社、二〇一八年）
『労働組合法の応用と課題』（日本評論社、二〇一九年）
『ワークルールの論点――職場・仕事・私をめぐって』（旬報社、二〇一九年）
『ワークルール教育のすすめ』（旬報社、二〇二〇年）
『岐路に立つ労使関係――労働組合法の課題と展望』（旬報社、二〇二三年）

共著（括弧内は共著者・共編者）
『リストラ時代　雇用をめぐる法律問題』（小宮文人・島田陽一）（旬報社、一九九八年）
『職場はどうなる　労働契約法制の課題』（小宮文人・本久洋一・紺屋博昭他）（明石書店、二〇〇六年）
『変貌する労働時間法理《働くこと》を考える』（開本英幸・淺野高宏編）（法律文化社、二〇〇九年）
『新訂　市民社会と法』（加藤智章）（放送大学教育振興会、二〇一二年）
『18歳から考えるワークルール』（加藤智章・國武英生編）（法律文化社、二〇一八年第二版・二〇一二年初版）
『ワークルール検定二〇一三』（開本英幸・平賀律男）（旬報社、二〇一三年）
『ワークルール検定問題集』（加藤智章・開本英幸・淺野高宏・國武英生・平賀律男・上田絵理）（旬報社、二〇一五年より年度版）
『ワークルール検定　中級テキスト』（加藤智章・開本英幸・淺野高宏・國武英生）（旬報社、二〇二〇年第五版、二〇二〇年

第四版、二〇一九年第三版、二〇一六年第二版、二〇一四年初版）
『ワークルール検定　初級テキスト』（石田眞・浜村彰・國武英生）（旬報社、二〇二一年第四版、二〇二〇年第三版、二〇一九年第二版、二〇一五年初版）
『判例ナビゲーション労働法』（小宮文人・本久洋一）（日本評論社、二〇一四年）
『多様なキャリアを考える』（原田順子）（放送大学教育振興会、二〇一五年）
『学生のためのワークルール入門』（淺野高宏・ＮＰＯ法人職場の権利教育ネットワーク編）（旬報社、二〇二一年第四版、二〇二一年第三版、二〇一八年第二版、二〇一八年初版）
『労働法理論の探究』（西谷敏編）（日本評論社、二〇二〇年）
『社会法のなかの自立と連帯――北海道大学社会法研究会50周年記念論集』（加藤智章・國武英生・淺野高宏・片桐由喜編）（旬報社、二〇二一年）

あとがき

本書は、道幸哲也先生が亡くなった後に有志で企画したものである。道幸先生は、多くの著作を発表されているが、エッセイや短い論稿などは、人目のつかないところで埋もれていたものも多かった。しゃれた文章が多く、道幸先生の本音が率直に書かれている。

そこで、道幸先生の意図を紐解き、その教えを共有する本としたいというのがこの企画の出発点であった。まとめたものを読んでみると、思いのほか、意図したとおりに道幸理論の本質が立ち現れているように思う。

道幸先生とは、ゼミや研究会はもちろん、その後の飲み会も含めて、たくさんの時間を共にした。道幸先生と過ごした日々を思い返してみると、道幸先生が口にしていた台詞がたくさんある。道幸先生の台詞を頭のなかで再現できる人も多いと思う。

北海道大学の道幸ゼミ生の多くが記憶している台詞の一つは、「再提出だな。」である。出来の悪い報告をすると「再提出だな。」と言われるのが定番であった。報告した本人は固まっているのだが、道幸先生の少し函館訛りの入った言い方と、そのタイミングが絶妙なこともあって、ゼミ生はそれぞれ内心で「あ〜、言われた。」と思いながら笑っていた。

ゼミの後には、先生の研究室で飲むのが定番であった。今から考えてみれば、いい時代であった。学生と同じ目線で、時間を共にして一緒に楽しんでくれた先生であった。基本的に笑いの絶えないゼミだった。

道幸先生の牽引する研究会は、自由闊達であった。道幸先生のダメだしは、「もっと考えたほうがいい

金婚式のお祝いにお孫さんとご夫婦で

んでないか。」、「五秒で終わる議論だな。」、「何が言いたいんだ。」といったところが定番だった。嫌味がない言い方で、何度もおっしゃるので記憶に残っている。覇気がない報告には、「盛り上がってなんぼ。」と気合いを入れた。

ワークルール検定の活動にあたっては、一〇年以上の歳月にわたって、道幸先生を筆頭に、関係者が一丸となって努力を重ねた。いいときもあれば、大変なときもあった。道幸先生から、「そのうちいいことがあるかな。」と言われ、「はい。」と返事をするやりとりを何度したたろうか。「いいからやれや。」、「つべこべいうな。」の台詞を思い出す人も多いかもしれない。ときに、「おまえもえらくなったな。」と褒められ、「いえいえ。」と切り返しつつ、嬉しくなった日々が思い出される。

道幸先生との濃密な時間で思い出すのは、道幸先生とその場にいる人々の笑顔と印象的な道幸先生の台詞である。道幸先生と過ごした日々は、自分自身の財産になっている。

道幸先生が亡くなってから、ご自宅に伺って奥様の真里子さんと話す機会を何度かいただいた。道幸先生は、ご自宅の台所のすぐ横の窓際に机を置いて、そこを書斎としていた。かつて、自宅で個室の書斎を設けた時期もあったそうだが、先生は落ち着かなかったようである。

道幸先生は、台所にいる真里子さんに「なかなかわからない。」とよくつぶやいていたという。真里子さんは、「哲也さんにわからないんだったら、日本にわかる人はいないいんじゃないの。」と声をかけ、それを聞いて道幸先生は再び机に向かった。論文の構想も、道幸先生は真里子さんにその構想を話しながら頭の中を整理され、論文が完成した後には、「これは日本で誰も言っていないんだ。」と話をしていた。道幸先生の研究活動は、札幌西高等学校時代からのお付き合いである奥様との、二人三脚の日々であった。

道幸先生は、ご家族との時間を大切にされていた。娘さんが旅行を企画し、旅行のたびに写真のアルバムを作って、思い出を家族で共有されていた。道幸先生は、お孫さんと過ごす時間が好きだった。前の頁の写真は、小樽でご夫婦の金婚式のお祝いをした際に、お孫さん全員と撮った写真である。道幸先生の研究活動は、ご家族とともに成り立っていた。

道幸先生の論稿を集めてそれに解説をつける作業は、道幸先生と対話をしているかのようなひとときであった。道幸先生との共同作業がこれで最後になると思うと寂しいが、道幸先生も、この本の完成を「まいいんでないか。」と空の上でおっしゃってくれるだろうか。

二〇二四年一月　道幸先生を思い出しながら

國武 英生

[**執筆者紹介**]（50音順／●は編者）

●**淺野高宏**（北海学園大学法学部教授・弁護士）第二章、第八章

北岡大介（東洋大学法学部准教授・特定社会保険労務士）第四章

●**國武英生**（小樽商科大学商学部教授）第一章、第六章

所　浩代（福岡大学法学部教授）第七章

戸谷義治（琉球大学人文社会学部教授）第三章

開本英幸（弁護士）第五章

労働者の自立と連帯を求めて

――道幸哲也先生の教えと実践の軌跡

2024年3月24日　初版第1刷発行

編　者―― 國武英生・淺野高宏

装　丁―― 河田　純（ネオプラン）

発行者―― 木内洋育

発行所―― 株式会社 旬報社

〒162-0041 東京都新宿区早稲田鶴巻町544

TEL 03-5579-8973　FAX 03-5579-8975

ホームページ　https://www.junposha.com/

印刷・製本―モリモト印刷株式会社

 ISBN978-4-8451-1886-1